国宝流失百年祭

常青　黄山——著

REMEMBERANCE OF LOST NATIONAL TREASURES

浙江古籍出版社

图书在版编目(CIP)数据

国宝流失百年祭 / 常青，黄山著. -- 杭州：浙江古籍出版社，2022.6
ISBN 978-7-5540-2234-4

Ⅰ. ①国… Ⅱ. ①常… ②黄… Ⅲ. ①历史文物—介绍—中国 Ⅳ. ① K87

中国版本图书馆 CIP 数据核字(2022)第 057139 号

国宝流失百年祭

常青　黄山　著

出版发行　浙江古籍出版社
（杭州市体育场路347号　电话：0571-85068292）
责任编辑　黄玉洁
责任校对　吴颖胤
责任印务　楼浩凯
照　　排　杭州兴邦电子印务有限公司
印　　制　浙江新华印刷技术有限公司
开　　本　710 mm × 1000 mm　1/16
印　　张　25.25
插　　页　1
字　　数　310千字
版　　次　2022年6月第1版
印　　次　2022年6月第1次印刷
书　　号　ISBN 978-7-5540-2234-4
定　　价　168.00元

前　言

19世纪初，一系列相关考古发现和古代文献的解读，促成西方学术界一门新学科——东方学的产生。1840年的鸦片战争，英国人用炮火打开了中国通商的大门，西方列强从此开始了在中国的势力瓜分。1865年，中亚浩罕国的阿古柏侵入中国新疆，使得区域局势动荡，一些西方探险家趁机深入新疆。西方发达国家的文化领域里掀起了去遥远东方探险的热潮。这些国家不仅兴起了东方文化（特别是中国文化）热，还认为在古代贯通欧亚的丝绸之路上蕴藏着巨大的古代文化宝藏。于是，西方的探险家们沿着古老的丝绸之路，纷纷踏上了中国这片神秘的东方国土，在那寂寞荒凉、杳无人迹的沙漠之中，在那佛寺的残垣断壁之中，在那无人问津的山崖间的石窟之中，探寻中国的文化宝藏。

1879年，匈牙利地质学家洛克齐（Loczy Lajos，1849—1920，中文名洛川）到中国西北甘肃一带考察地质地理，无意中在敦煌莫高窟中见到精美的塑像与壁画。从此，这处中国现存最大的佛教艺术宝库开始闻名于西方。

1895年12月，瑞典地理学家斯文·赫定（Sven Anders Hedin，1865—1952）到中国探险，在新疆完成了一次穿越塔克拉玛干沙漠的危险旅行。此行虽未达到预期目的，且以失败告终，却给西方人以极大的精神鼓舞，激发了更多西方学者前往中国探险的热情。1899年9月，在瑞典国王奥斯卡二世（Oscar II，1829—1907）和诺贝尔家族的支持下，赫定再次进入塔克拉玛干，发现了湮废已久的楼兰古城，震惊了西方世界。

在接下来前往中国的探险活动中，英国人、日本人、俄国人、德国人、法国人、美国人相继登上历史舞台。斯坦因（Marc Aurel Stein，1862—1943）是居住于匈牙利的犹太人，1904年入英国籍。斯坦因曾在印度北部的旁遮普大学任督学，在东方学院任校长。1900年，作为考古学家的斯坦因在新疆塔克拉玛干沙漠南沿米兰、和田发掘古代佛寺遗址，发现了大量珍贵的佛寺建筑、佛教雕塑与壁画。1907年，斯坦因在第二次中国之行中收获巨丰——从敦煌莫高窟新发现的藏经洞中获取了9000多卷古代写本和300多幅唐五代时期的佛画。这些文物现藏大英博物馆（the British Museum）与印度新德里国家博物馆（National Museum, New Delhi）。

1902—1905年，德国考古学家格伦威德尔（Albert Grunwedel, 1856—1935）、勒柯克（Albert von Le Coq，1860—1930，中文名李谷克）等人在新疆吐鲁番发掘了高昌故城与柏孜克里克石窟、拜城克孜尔石窟等遗址，搬走大量佛教泥塑像，切割带走众多精美佛教壁画。这些德国人获得的绝大部分中国佛教文物现藏柏林亚洲艺术博物馆（Museum für Asiatische Kunst，Berlin），还有相当一批大型壁画毁于第二次世界大战的战火。

1903年，在日本京都净土真宗西本愿寺第22代法主大谷光瑞（1876—1948）的资助下，日本人渡边哲信（1874—1957）和堀贤雄到新疆一带探险，从拜城克孜尔石窟中切割走大批佛教壁画。1911年，日本人吉川小一郎（1885—1978）和橘瑞超（1890—1968）在敦煌莫高窟获取360多卷中国古代写经。

在对中亚地区探险中，还有十分积极的俄国人。1907—1909

年，俄国考古学家彼得·库兹米奇·柯兹洛夫（Pyotr Kuzmich Kozlov，1863—1935）在位于今内蒙古额济纳旗东北的黑水城遗址发掘了300多幅佛教绘画与大量雕塑，以及众多古代文书。1909—1915年间，俄国著名东方学家谢尔盖·费多罗维奇·奥登堡（Sergey Fyodorovich Oldenburg，1863—1934）先后两次组建新疆考察队，在喀什、吐鲁番、库车、敦煌等地挖掘与考察古代遗址，特别是在对敦煌莫高窟的考察中，获得大量包括古代彩塑像、壁画、文书等在内的珍贵文物。这两个俄国人所获文物现均藏于圣彼得堡艾尔米塔什博物馆（the State Hermitage Museum，Saint Petersburg）。

法国汉学家伯希和（Paul Pelliot，1878—1945）于1908年来中国考察，从敦煌莫高窟获取了6000余卷古代文书与200多幅佛画，它们现藏法国巴黎的吉美国立亚洲艺术博物馆（Musée National des Arts Asiatiques-Guimet）。

这一时期，美国人也不甘落后。兰登·华尔纳（Langdon Warner，1881—1955）是美国考古学家与东亚艺术史学家，1924年，在担任哈佛大学教授与福格艺术博物馆（the Fogg Art Museum）东方艺术策展人之时，组织考古队远赴中国考察丝绸之路。华尔纳在莫高窟用胶布粘去与毁损26方唐代石窟壁画，共计32006平方厘米；搬走了唐代开凿的莫高窟第328窟中一尊高120厘米的半跪式彩塑菩萨像。纽约大都会艺术博物馆东方艺术策展人普爱伦（Alan Priest，1898—1969）则看上了河南洛阳龙门石窟宾阳中洞前壁的大型浮雕《孝文帝礼佛图》。他以14000银圆从北京琉璃厂古玩商人岳彬（？—1954）手中购得，最后如愿以偿将这幅无与伦比的礼佛图留藏于大都会艺术博物馆。

这些西方探险家仅仅是使中国文物外流的第一类人。他们的所谓“壮举”，引起了外国收藏家与古董商的极大兴趣，而这些人则是使中国文物外流的第二、第三类人。

一件中国文物“销”往国外并进入公共或私人的收藏过程常有以下因素：中国文物的出售者，中国与西方市场的古董商，西方收藏家或博物馆策展人。中国文物的出售者可能是某个家传收藏的继承者，在家道中落的情况下以出卖家传收藏来维生或用以挥霍。还有一类文物的出售者是为谋求利润而特意去搜求古董。这些人可能是走街串巷的文物二道贩子，也可能是主动去遗址盗窃文物的盗墓贼。古董商是这个文物流散渠道的中间环节：他们经手收购文物，再出售文物，从中谋取差价。在西方，绝大多数文物购买者是私人收藏家。他们出于对古代艺术品的热爱与兴趣而购买文物，但随着年老或离世，他们中的相当一部分人或将收藏捐赠给博物馆，或自建博物馆向公众展出。而博物馆策展人可以在某个基金的资助下直接从卖家、古董商、拍卖行或私人收藏家手中购买艺术品，供馆内收藏、展出。这种流通渠道是美国大小博物馆内艺术品收藏的主要来源。

于是，在20世纪上半叶，大量外国收藏家与古董商前往中国搜求古代艺术品，中国的古董商们也抓紧“商机”，主动向外国人献上自己搜集的文物。还有不计其数的中国破落贵族的败家子们、穷途末路的不法之徒等，也纷纷加入使不计其数的中国文物流往西方与日本的大军。就在这些合作牟利的活动中，近千万件文物流往海外。

卢吴公司与山中商会是在中国文物外流中起关键作用的两大古董商行。卢吴公司的创建人卢芹斋（Ching Tsai Loo，1880—1957），活跃于20世纪上半叶的西方古董界。他将古董店总部设在法国巴黎，并在英国、美国以及中国国内开设分号。卢吴公司向西方国家特别是美国出口文物长达30年之久，不计其数的国宝被源源不断地运往欧美，包括著名的国宝级文物、唐太宗昭陵六骏中的“飒露紫”和“拳毛䯄”两幅浮雕作品，现藏美国费城宾夕法尼亚大学考古与人类学博物馆（University of Pennsylvania Museum of Archaeology and Anthropology）。有人说，在20世纪上半叶，从中国流往海外的古董一半是经卢芹斋之手。此言虽有夸张，但可说明卢在当时中国文物流散过程中的作用。

另一大出售中国文物的古董商行是由日本人创建的山中商会（Yamanaka & Company）。山中商会的实际掌控者山中定次郎（1866—1936）从1894年起，在纽约、波士顿、芝加哥、伦敦、巴黎、北京等地开设分店，通过30多年的经营，从中国搜集了大量珍贵文物，致使无数中国国宝流失海外。尤其在1927年以后，山中商会参与了对山西太原天龙山石窟造像的盗凿。在开凿于东魏、北齐、隋、唐时期的25所洞窟里，150多件精美雕刻被盗凿，整个石窟群基本被毁。

但欧美各大博物馆所藏艺术品的主要来源还是私人收藏之捐赠。美国人弗利尔（Charles Lang Freer，1856—1919）便是收藏家中的代表，他将毕生收藏捐赠给了史密森博物学院（Smithsonian Institution），并提供资金修建了位于美国首都华盛顿的弗利尔美术馆（Freer Gallery of Art），用来收藏、展出他收藏的艺术品，并设立基金资助美术馆购买东方艺术品及东方文明研究项目。

本书主要介绍19世纪末20世纪初使中国文物外流的第一类人——外国探险家，并简要介绍他们从中国带走的国宝。针对使中国文物外流的第二类人——古董商，我们仅介绍最重要的卢芹斋和山中商会。至于使中国文物外流的第三类人——外国收藏家，只介绍其中的一个代表人物——弗利尔。

本书所举，只是流失海外的国宝中的荦荦大者，限于篇幅，还有大量国宝未能进入笔者的叙述范畴，如洛阳金村东周大墓出土的金链双舞人双龙玉组佩、流散于海外12个国家的两万余片甲骨等。此外，整个西方世界（包括日本）的公共博物馆中收藏了约160万件中国古代艺术品，但这只是流失的中国文物的20%左右。其他80%左右的海外中国文物收藏在私人手中，且多没有公开。这是另一个值得我们去探索的无尽宝藏！

从外国探险家开始造访中国的晚清至今，一个多世纪过去了。国宝流失海外，一方面是西方探险家和列强的掠夺；另一方面是当时中国的社会现实所决定的：国家孱弱，部分主权丧失，战乱频仍，民不聊生，国宝根本得不到重视和保护。今天，许多流失国宝保存在外国的博物馆里，我们有机会一睹真容；而有些流失国宝落入私人手中，可能再难得见。

1949年以后，特别是改革开放以后，许多学者开始研究流失海外的文物，大致摸清了流失海外文物的情况；近20年来，更通过国家和爱国人士的努力，部分国宝回到祖国的怀抱。如天龙山第8窟北壁主尊佛首、青铜皿方罍等。这些流失文物是全体中国人共同的财富，其中蕴藏着丰富的历史、艺术、科学价值。笔者在美国三大博物馆都从事过研究工作，参观过欧美大部分重要的博物馆，常常在中国国宝的展柜前嗟叹不已。阅读本书，希望读者不仅限于为国宝的流失而扼腕叹息，更希望读者明白，只有国家强盛，世界和平，国宝才不至遭受厄运。

目录

3

因敦煌而辉煌的斯坦因

4

后来者居上的伯希和

5

大谷光瑞佛教队伍的西征

6 探索黑水城宝藏的柯兹洛夫

7 眼光独到的奥登堡

8 不甘落后的美国人

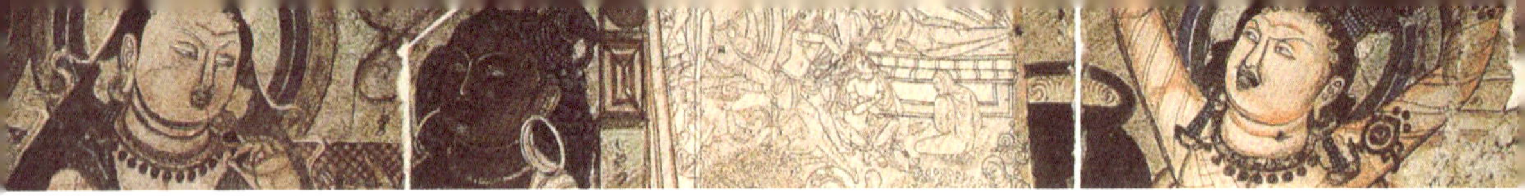

9

奔走于东西方的古董商——卢芹斋

10

山中定次郎与日本山中商会

11

热爱中国文化的美国工业家——弗利尔

文物，是承载文化的物质遗存。

它们背后是一个完整的文明系统，

它们的命运亦是一个民族历史的记录。

1 中国西部探险第一人

——斯文·赫定

斯文·赫定探险路线

1886年

前往伊朗，短暂停留

1888年

第一次去中国，只在新疆短暂停留

1890年

从伊朗前往马什哈德—阿什哈巴德—布哈拉—撒马尔罕—塔什干—喀什

1893—1897年

第一次探险，斯德哥尔摩—圣彼得堡—塔什干—帕米尔山脉—喀什—塔里木盆地北沿—塔克拉玛干沙漠南沿—和田丹丹乌里克—喀拉峻湖—博斯腾湖—和田—西藏北部—北京—蒙古—俄罗斯—斯德哥尔摩

1899—1902年

第二次探险，克什米尔—加尔各答—叶尔羌河、塔里木河、开都河—罗布泊—楼兰古城遗址—西藏北部—拉萨附近（未准进入）—列城—拉合尔—德里—阿格拉—勒克瑙—贝拿勒斯—加尔各答

1905—1909年

第三次探险，前往西藏

1927—1933年

第四次探险，涉足蒙古、新疆和西藏北部的大部分。北京—包头—蒙古—乌鲁木齐—塔里木盆地的北部和东部地区等

1.1
与中国结婚的地理学家

与现在不同，对100年前的欧洲来说，中亚和中国都还蒙着神秘面纱。那时，尽管东西方已经有贸易往来，也发生过战争冲突，但文化领域的研究者还没有进行过深入交流。19世纪开始的探险热、考古热逐渐揭开了这层面纱。在初来中国的西方探险家中，地理学家、地形学家、探险家、摄影家和旅行作家斯文·赫定无疑是最著名的一位。领先他人的探索时间、深入中国边境的足迹和非凡的考察成就，让他在世界探险界和考古学界留下浓墨重彩的一笔。

斯文·赫定1865年出生于瑞典首都斯德哥尔摩，当时正处于19世纪地理大发现席卷世界的年代，各国探险家、地理学家纷纷在世界地图的空白处标注上自己的名字（图1-1）。在这种热潮的促使下，斯文·赫定也有了成为探险家的想法。19岁中学毕业后，斯文·赫定借助前往沙俄担任家教的机会，顺利在伊朗完成第一次纵贯中亚国家的旅行，并被中亚广袤的地域和独特的人文环境吸引。回去后，斯文·赫定确定了未来的职业方向——成为一名地理探险家。1886年，他进入柏林大学，师从德国地理学家和中国学专家李希霍芬（Ferdinand von Richthofen，1833—1905），潜心学习多种东方语言，为他成为探险家的目标做准备。

李希霍芬是著名的地理学家。在他之前，没有人将连接东亚、

图1-1　罗伯特·哈格伦德（Robert Haglund）的版画《1880年4月24日“织女星号”（Vega）返航斯德哥尔摩》，“织女星号”是第一艘环欧亚大陆航行的船只

中亚直至欧洲的路线称为“丝绸之路”。正是因为他，这条数千年来连接亚欧大陆贸易、战争、迁徙的重要路线有了一个家喻户晓而富浪漫色彩的名字。

跟随李希霍芬完成学习后，斯文·赫定于1900年10月成功将深埋在塔克拉玛干沙漠之下的楼兰古国带入国际探险家与考古学家的视野。这座千年古城、丝绸之路上的明珠，自此成为国际考古界的一个焦点，斯文·赫定也因此被誉为西伯利亚和中亚地理大发现第一人。

图1-2　24岁的斯文·赫定（1889年5月31日）

从斯文·赫定留下的照片来看，他身材瘦削，戴着眼镜，略带学究气（图1-2）。可这样一副躯体下却藏着极为坚定的意志，以及对事业的奉献精神。斯

文·赫定终身未娶，有人曾询问他为何一生不结婚，他的回答是："我已经和中国结了婚！"这个回答足以看出他对探险的热爱和对探索中国地理和古代遗址的执着。

斯文·赫定一生四次考察中亚，深入探索了喜马拉雅山脉、雅鲁藏布江、印度河和象泉河的发源地等"无人之地"；发现了位于新疆罗布泊及沙漠中的楼兰古城遗迹、楼兰墓地和长城遗址。从这个角度来看，说他和中国结婚似乎也没有错。

1.2 沙漠死亡之旅

斯文·赫定的首次中国之旅十分短暂。1888年，他进入新疆，只稍做停留。这次匆匆经过，甚至连旅游都算不上，却为他后续的探险行为埋下一颗种子。1890年4月，恰逢瑞典王国外交团访问亚洲，斯文·赫定担任翻译。工作完成后，在国王支持下，他从德黑兰一路向东开始了第二次探险，也是他真正意义上进入中国的探险行动。

1890年12月，他由沙俄进入中国新疆，驻留在当地名城喀什，直至次年离开。这几个月里，他意识到中亚这块神秘的地区是众多探险者还没有发现的宝地。他详细绘制了喀什周边的精细地图，为日后的探险打下了坚实基础。1893年10月16日，斯文·赫定第三次前往亚洲，次年2月进入帕米尔高原，试图攀登有"冰山之父"之称的慕士塔格峰。登顶失败后，斯文·赫定于1894年5月1日抵达喀什。正是这次旅程，让他第一次接触到"死亡之海"塔克拉玛干大沙漠（图1-3）。

图1-3 沙漠中的斯文·赫定驼队（20世纪初）

这段穿越大沙漠之旅是从新疆的麦盖提开始的。斯文·赫定选择从叶尔羌河由西向东穿越塔克拉玛干沙漠。他是西方探险家中穿越塔克拉玛干沙漠的第一人，也可能是唯一一人。他在麦盖提准备的时候，多次从当地百姓口中听说沙漠绿洲旁有“沙埋古城”的传说。根据传言和自己的判断，斯文·赫定认为这里一定有古城遗址。对探险的热爱让他格外冲动。1895年4月10日这一天，他的驼队离开了麦盖提的拉吉里克村。这支队伍有8峰骆驼、2条狗、3只羊、1只公鸡和10只母鸡，有够一行人食用三四个月的粮食，有全套皮大衣、冬装，以及足够装备一个警卫班的3支步枪、6支左轮手枪，还有温度仪、测高仪、罗盘等一应科学仪器。可是，由于疏忽，在真正进入沙漠腹地之前，他们没有补充上足够的饮水。

当旅程进行到十几天时，携带的水用完了，探险队的众人不得不靠喝人尿、骆驼尿、酒精炉的燃料来维持生命，甚至最后准备杀羊喝血止渴，然而这时才发现羊血也因缺水已经成了凝固的“玛瑙”。在沙漠中，缺水就意味着死亡，整个探险队陷入危机，唯一能让他们活下去的希望只有远处的和田河。然而，等他们挣扎着来到

图1-4
新疆“赫定水塘”路牌

河边时，才发现地图标注的和田河是一条季节河，他们去的时候正是枯水期。面对这个残酷的现实，驼队失去了希望，再也没有了斗志。最后，只剩下斯文·赫定一人坚持前行，终于在距离河谷3英里远的地方找到了一处残存的水潭（此处后来被称为“赫定水塘”，图1-4）。

有了水源，斯文·赫定先痛饮一番，然后将自己的马靴灌上水原路返回，再次穿越沙漠找到他几近昏迷的随从，救了他们的命，又给迷路的向导留下标记。做完这些后，他们跟随绿洲中偶遇的牧羊人和商队，走出沙漠。

这次探险，斯文·赫定的队伍牺牲了2名驼夫，失去了全部的8峰骆驼、绝大部分辎重、2架相机和1800张底片，损失惨重。斯文·赫定也真正见识到了塔克拉玛干沙漠作为“死亡之海”的恶劣环境。而他的收获是，历史上第一次有了关于塔克拉玛干沙漠的地质学、生物学和古代文物遗迹资料。这次旅行，他长途跋涉26000公里，在552张地图上绘制了其中的10498公里，穿越了3600公里现代文明从未涉及的地区。回到欧洲的赫定到处演讲，向人们介绍他在新疆的死亡之旅。每当人们听完他的演讲，就会感到焦渴难耐，不禁对他肃然起敬。

从古至今，有太多不敬畏自然、穿梭在这条东西方交通要道上的人永远留在了塔克拉玛干沙漠。这次死里逃生的经历并没有让斯文·赫定退缩，而是让他初步摸清了塔克拉玛干沙漠的地理情况，并学会了让他受用终身的、能够在极端恶劣艰苦的条件下生存和探险的经验与教训。一是认识了水源补给的重要性，自此他的探险多选择冬天，并携带冰块进入沙漠；二是他不再依赖于笨重的机器设备和照相机而坚持用速写代替摄影，这也造就了一个极具个人特点的画家，一生留下了5000多幅与地理探险有关的画作。从此，无边的沙漠臣服在了他的脚下，将他引导到一处处重要古城遗址——丹丹乌里克、喀拉墩、玛扎塔格古堡……直到楼兰古城。

1896年，斯文·赫定再次踏上塔克拉玛干沙漠。根据前次考察的资料，他在塔瓦库勒组建了探险驼队向东穿越沙海。1月23日黄昏，驼队找到一片久无生机的废墟，这就是后来闻名丝绸之路的丹丹乌里克（维吾尔语意为“象牙房”）遗址（图1-5）。丹丹乌里克虽然深入塔克拉玛干沙漠腹地，远离近代河道，但它曾经是古于阗国的重镇，有诸多佛教寺院建筑。尽管斯文·赫定发现它的时候，大部分遗址已经被沙子掩埋，仅有数个建筑露出顶端，但斯文·赫定依旧被它的雄壮宏伟深深震撼。也许是没有挖掘的人力和物资，也许是供给不够、时间紧迫，也许他的兴趣是地理而非考古，斯文·赫定当时并没有在这座遗址上耗费太多精力，只进行了基

图1-5
丹丹乌里克遗址出土的壁画
（1900—1901年，斯坦因拍摄）

础标注就继续前行。阴差阳错的是，不久之后，英国考古学家斯坦因，德国地理学家、探险家特林克勒（Emil Trinkler，1896—1931）等人在这里获取了大量文物。

但毋庸置疑，斯文·赫定是第一个发现这个塔里木河流域古城堡遗址的西方探险家。1896年丹丹乌里克遗址的发现也成为新疆探险史的里程碑事件。自此，各国探险家不断涌入新疆，数个千年古城逐渐从黄沙中浮现。

1.3
幸运的铲子和楼兰古城

楼兰古城位于新疆罗布泊西北部。古楼兰国的范围东起古阳关附近，西至尼雅古城，南至阿尔金山，北至哈密。早在公元2世纪以前，楼兰就是西域著名的“城廓之国”，商旅云集，市场热闹，这里有整齐的街道，雄壮的佛寺、宝塔，在古代丝绸之路上有极为重要的地位。司马迁（前145—约前86）在《史记·大宛列传》里记载：“楼兰、姑师邑有城郭，临盐泽。”东汉班固（32—92）在《汉书·西域传》中记载：“鄯善国，本名楼兰，王治扜泥城，去阳关千六百里，去长安六千一百里。户千五百七十，口万四千一百。”这是中国史籍中关于楼兰的最早记载，标明了楼兰古城的地理位置和当时的人口数量。即便在今天来看，楼兰人口也不算少，在当时更是繁华的西域重镇。

《汉书》中还记载了楼兰古城的生态环境和生物多样性。“地沙卤，少田，寄田仰谷旁国。国出玉，多葭苇（芦苇）、柽柳（红柳）、胡桐（胡杨）、白草（芨芨）。民随畜牧逐水草。有驴马，多橐它（驼）。能作兵，与婼羌同。”东晋僧人法显（337—422）《佛国记》还记载道：“其地崎岖薄瘠。俗人衣服粗与汉地同，但以毡褐为异。其国王奉法。可有四千余僧，悉小乘学。”唐代高僧玄奘（602—664）在《大唐西域记》中也对楼兰作了极其简单的记述：“复此东北行千余里，至纳缚波故国，即楼兰地也。”这些文献记录了唐代以前楼兰古城作为游牧城邦的特性，留下了楼兰古城当年的境况、楼兰人的宗教信仰以及他们的生活习惯。

从历史和地理角度来看，楼兰作为西域三十六国之一，是一个游牧民族的城邦，与汉族居住地临近，是标准的汉人管理西域的关隘重地。当年汉武帝（前140—前87年在位）派兵讨伐楼兰胜利后，楼兰王子被送到汉朝做人质。为求中立，楼兰国也向与汉朝对立的匈奴送去一个王子为质，以图在两大国中间求得生存。商贾驻留，兵家必争，独特的地理优势形成了楼兰古城独有的特征。这里不仅充满着异域风情，有异国美女的舞蹈、满载金银和香料的驼队，更有金铁交鸣、兵戎相见的残酷战争。汉昭帝（前86—前74年在位）时期，朝廷驻军伊循（今新疆若羌县东五里处），楼兰改国名为鄯善，成为汉朝控制西域的战略要地。此后直到唐代，楼兰国始终在战火兵戎与商贸交通中坚强存活。在中国的历史文献中，它共存在了800多年。

唐代大诗人李白（701—762）在《塞下曲》中写道：“愿将腰下剑，直为斩楼兰。”著名的边塞诗人王昌龄（698—757）在《从军行》中也写道：“黄沙百战穿金甲，不破楼兰终不还。”“明敕星驰封宝剑，辞君一夜取楼兰。”从这些大气磅礴的诗篇中可以看到这座古代城邦所经历的硝烟与磨难。同时可以看出，楼兰在唐朝还是边陲重镇。然而这座西域名城突然在史籍中消失无踪。自唐以后的近千年时间，没有任何记载，这个神秘的王国以不为人知的原因被掩埋在风沙之下，直到斯文·赫定的脚步出现，才重新露出曾经的辉煌（图1-6）。

1899年9月，在瑞典国王奥斯卡二世和诺贝尔家族的资助下，斯文·赫定开始自己的第二次塔克拉玛干之行。他与同伴沿着河流行动，在木筏上度过了近半年的时间，终于在1900年3月到达孔雀河下游，开始寻找楼兰古城。相较于第一次进入沙漠，这一次斯文·赫定的准备相当充分，不仅携带了冰块，还带足了干粮和帐篷。不过探险的旅途依旧充满危险，黑风暴和低温让他的驼队四散，物资丢失，骆驼死

图1-6 刚刚被发现的楼兰古城，遗址上散落着车轮和木简（20世纪初）

亡，最关键的是他们带来装水的羊皮囊开始不断漏水。1900年3月底，最后一次在绿洲补给后，他们还是没有找到任何关于楼兰古城遗址的信息。但此行的收获已经不小，获得了不少的文物与地质信息。为了避免重蹈覆辙，斯文·赫定当机立断，决定先行离开，等待第三次寻找时机。

返程的时候，他们意外遗失了掘井取水的铲子。同行的罗布人向导奥尔得克返回寻找，没想到竟然撞到了此行最大的惊喜。斯文·赫定在记载中描写道："奥尔得克刚出发就被一阵风暴困在路上。闷头乱闯的时候意外进入一座如海市蜃楼般的古城，里面有高大的佛塔，黄色的城墙，蜿蜒曲折的街道，层叠的房屋，甚至还有烽火台……"斯文·赫定的知识储备告诉他，这就是他苦苦寻找的楼兰古城！

他知道，他的探险生涯最辉煌的一页要从这里翻开了。在他

图 1-7 斯文·赫定探险队在发掘楼兰古城房屋（20世纪初）

的文章《我的探险生涯》中，他当时的心情被这样记录了下来："这把铲子忘得多么幸运！如果奥尔得克没有忘记带走铲子，我就不可能有机会回到这座古城，完成这趟探险之旅最重要的发现。由于这座古城的发现，后代对亚洲核心古代史的认识才露出新的曙光。"只是当时，斯文·赫定知道自己必须离开，并决定第二年再来古城探寻。

次年，斯文·赫定带够了钱财，再次来到罗布泊，正式开始发掘楼兰古城（图 1-7）。为了揭开这个遗址的秘密，他向当地居民悬赏所有关于古城遗迹的文物："若是有人能最先找到任何形式的人类文字，重重有赏。"闻讯赶来的当地劳工找到了小块毛毡、红布、棕色发辫、陶片，以及大批的佉卢文木简、36张汉字纸文书和一些粟特文书。除了这些文物外，还有钱币、粮食、陶器和精美绝伦的丝、毛织品及别具风格的木雕饰件等。这里的文物之多、种类之广让斯文·赫定感到震惊，从没有一处古城能够像楼兰古城这样拥有数不尽的文物。它如同谜一般的意大利庞贝古城，似乎在一夜之间被人遗弃，连细软都来不及带走。

斯文·赫定团队找到的一些文书残件，有力地证明了他们发现的这个遗址就是楼兰古城。例如，一件纸质汉文文书残件（图1-8）上以行书写着：“三月一日楼兰白书。济逞白：违旷遂久，思企委积。奉十一月书，具承动静。春日和适，伏想御其宜。”文中提到的“济逞”还出现在别的文书残件里，他很可能是西晋时期在楼兰的一位官员。地理位置与考古文字材料结合得如此贴切，楼兰，这个消失了1000多年的中亚古国终于重见天日了。

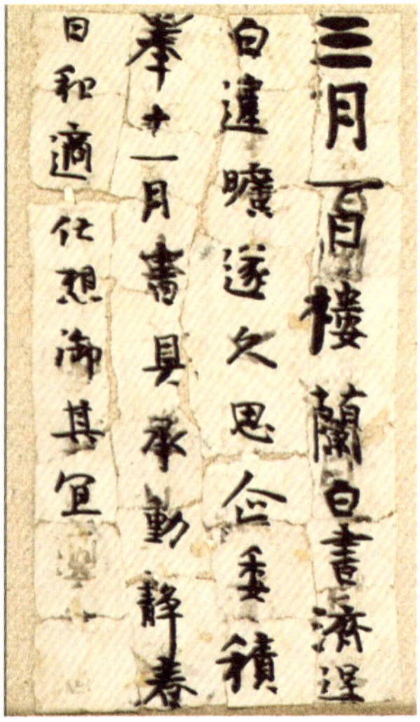

图1-8　1901年3月斯文·赫定在楼兰遗址发掘出土的《三月一日楼兰济逞白帖》（西晋，纵22.5厘米，横12.5厘米，纸本，行书，现藏瑞典斯德哥尔摩民族学博物馆，编号：1903.26.0302）

此后，楼兰古城的部分遗址也在持续的挖掘中不断有新发现。残留的黄土城墙高4米，宽8米，是当时难得一见的边境雄城才有的配置。城内的居民就地取材，用沙漠盛产的胡杨木建造房屋。城中心坐北朝南的唯一土建筑似乎是古楼兰统治者的住所。城外沙漠中的烽火台遗迹也被发现了。城里的佛寺与佛塔遗址，说明当时楼兰人信仰佛教（图1-9）。一切都在证明，万里长城曾经延伸到新疆地区，这座古城，远比他们想象的还要繁华。

楼兰古城的发现使斯文·赫定名声大震，他告别向导奥尔得克，约定“一定还会回来”，返回瑞典开始进行楼兰文化研究。因为这些研究成果，1902年，他被瑞典王室封为贵族，也是瑞典历史上最后一个获此殊荣的瑞典人。

在斯文·赫定之后，这座有着高度文明的古城吸引了许多探险家来寻宝。相继而来的有1905年美国亨廷顿（Ellsworth Huntington， 1876—1947）的探险队，1906年英籍匈牙利人斯坦因的探险队，1908—1909

图1-9 约建于晋代的楼兰古城佛塔遗址（1901年3月，斯文·赫定拍摄）

年、1910—1911年日本大谷光瑞的探险队，等等。这些探险队在楼兰古城及罗布泊地区发掘出的文物数量之丰富和价值之高震惊世界。这些文物包括新石器时代的石斧、切割器，也包括各个历史时期的木器、陶器、铜器、玻璃制品、古钱币等等，其中以晋代手抄本《战国策》最为珍贵——这份手抄字纸，比欧洲人最古的字纸要早六七百年。另外发掘出的汉锦、蕃锦，色彩绚丽，相当精致，其中绣有汉字“韩仁绣文广右子孙无极”“延年益寿”“昌乐光明”或“延年益寿宜子孙”等字样。这些制作年代在公元1—2世纪的锦缎有的来自中原，还有许多来自中亚，证明了当时中亚与汉朝已经建立了紧密的交流。它们是西域探险热中最早流散出国的文物。

今天，在新疆巴音郭楞蒙古自治州若羌县北境、罗布泊以西地区，这个被风沙湮没1600多年的古城仍然静静地守候在那里，一如当年。人们还没有完全明白它为什么会突然消失，也不知道它为何又突然出现，只知道它会与同样神秘的罗布泊永远守候下去。

1.4
行踪不定的罗布泊

1933年，与上一次时隔34年后，69岁的斯文·赫定重返罗布泊，再次与当年的维吾尔族向导奥尔得克重逢。斯文·赫定以真挚又略带感伤的笔触描写了那个因为坚信他的诺言——“一定还会回来”而等候30多年的老人的形象：

> 船斜穿过河面，在骑士下马的地方靠岸。那位老人从岸上滑到船上，来到我面前。他眼含热泪，拉着我的双手，苦难的岁月在他手上留下了厚厚的老茧。这真的是奥尔得克!我仔细地打量着这个老朋友，时光的磨难留在了他的脸上。他很瘦，额头上刻下了深深的皱纹，胡子挂在尖尖的下巴上，看上去很衰弱。老人戴着一顶羊皮镶边的破帽子，披着件已发白的破旧维吾尔式短大衣，腰上扎条布带子，脚上那双破靴子告诉人们它曾穿行过了多少沙漠、草原和树丛。

罗布泊，这个随时迁移的湖泊，是斯文·赫定魂牵梦萦的地方。他在《漂泊的湖泊》一书里曾经详细解释了他为何对罗布泊如此着迷。早在1878年，俄国军官探险家普尔热瓦尔斯基（Nikolay Przhevalsky，1839—1888）考察罗布泊时就发现中国地图上标注的罗布泊的位置有误。“它不是在库鲁克塔格山南麓，而是在阿尔金山山麓。”那时寻找到罗布泊的普尔热瓦尔斯基描述道：“那里湖水涟漪，野鸟成群，而今却是荒漠盐泽。”而距离斯文·赫定到达罗布泊的时间不过20年，罗布泊的位置居然向南偏离了2个纬度。这成了斯文·赫定百思不得其解的疑惑，作为地理学家，破解这个移动湖的秘密对他来说远比寻找宝藏更有吸引力。

图1-10
斯文·赫定在楼兰地区的塔里木河（1901年）

1891年1月初，斯文·赫定离开中国前往伊塞克湖（在今吉尔吉斯斯坦境内）东岸的小城，祭扫了普尔热瓦尔斯基的坟墓。那时，他就把破解这个谜团当作自己毕生的追求。在三次进入塔克拉玛干沙漠寻找罗布泊的路上，斯文·赫定一直在研究罗布泊移动的秘密（图1-10）。直到他最后一次进入罗布泊，终于有了结论。他在自己的研究报告中指出，罗布泊南北游移的周期是1500年左右。根据当地遗存的痕迹，他认为在3000多年前罗布地区居住过一支欧洲人种部落，在罗布泊游移后消失。1500多年前，罗布泊回归，生态的恢复使楼兰进入繁荣时代。而促使罗布泊游移的原因是塔里木河和孔雀河中的泥沙汇聚在罗布泊的河口。数百年的泥沙堆积淤堵住河口，使塔里木河和孔雀河改道，罗布泊北移。在炎热的气候中，湖水蒸发使楼兰水源枯竭，作物枯死，居民不得不弃城转寻生路，留下死城一座。在肆虐的沙漠风暴中，楼兰这个位于罗布泊的西域古国终被黄沙湮没。这就是罗布泊移动和楼兰古城荒废的秘密（图1-11）。

得出这一结论后，斯文·赫定还向当时的南京政府提出恢复罗布泊的提议：“将塔里木河下游及孔雀河的水引入罗布沙漠，使2000年前的古楼兰附近的村庄复活，把那里的冲积平原变成良田和花园。”这个梦想自1900年斯文·赫定抵达罗布泊时就已开始，然而未能实现。

图1-11
楼兰古城遗址一角

1.5
斯文·赫定的学术成果

斯文·赫定探险的目的和其他许多探险家不同，他的主要兴趣是发现古代城市，并不是进行彻底的发掘以获得宝藏。从这个层面来说，他有着真正的冒险精神——“去无人可抵达之处”。他想成为第一个出现在人类活动版图空白处的人（图1-12）。这源于他幼时目睹瑞典极地探险家阿道夫·埃里克·诺登舍尔德（Nils Adolf Erik Nordenskiöld，1832—1901）从北冰洋航行凯旋的经历。那种征服自然的感觉让他心生憧憬。在斯文·赫定的探险生涯中，攀登冰山、穿越沙漠的次数极多。这些运动到现在看起来都极度危险，而他当年从未犹豫过。在长期的探险生涯中，斯文·赫定好几次从战乱和自然灾难中死里逃生。危难时刻，他甚至几次与死神擦肩而过。正是这份勇敢与冒险精神，支撑着他多年的考古

图1-12
斯文·赫定第二次中亚探险时用水准仪在塔克拉玛干沙漠的卡拉-科申（Kara-Koschun）北岸进行测量（1900—1901年）

与探险事业。

1901年5月至12月，斯文·赫定前往藏北，广泛考察和测绘西藏疆域。在地方政府阻拦下，次年经印度返国。1907年斯文·赫定再次来中国，他的主要目标仍是西藏。然而，1903年英国军官荣赫鹏（Francis Younghusband，1863—1942）进入西藏探险遭到驱逐，次年从印度率兵攻陷拉萨，其发动的英国侵藏战争造成数千人死伤，此后西藏地区不欢迎外国人进入。不过斯文·赫定比法国杜特雷依（Dutreuil de Rhins，中文名吕推，1846—1894）探险队和普尔热瓦尔斯基探险队都幸运得多。普尔热瓦尔斯基穷尽一生想要进入西藏都未能获得允许。杜特雷依探险队的成员更是在1894年命丧青藏高原。1906年，斯文·赫定来到西藏北部考察（图1-13），他最终凭借一本中国护照如愿进入西藏，并成为唯一被班禅接待的西方探险家。1907年，九世班禅额尔德尼曲吉尼玛（1883—1937）同意斯文·赫定的请求，允许斯文·赫定在青藏高原进行探险研究（图1-14）。此后，斯文·赫定长期在西藏停留考察，并绘制了西藏部分山川的地形和交通地图。

以现代人的眼光来看，斯文·赫定的学术贡献毋庸置疑。他发现了楼兰古城，详细测绘西藏地图，留存的探险记录为绘制中亚的精确地图奠定了坚实基础。他是第一个在探险过程中聘用当地科学家和研究助手的欧洲探险家，也是发掘中亚古代佛教废墟的第一人。他擅长绘画，在旅行日记和科学文献中常夹杂着自己亲手绘制

图1-13　斯文·赫定在西藏（1907—1909年）

的水彩画和素描等插画，使他的考察具有更多的可信度和可读性（图1-15）。他在各国发表的探险演说激励了一代代的年轻人成为探险家，甚至因此受到美国老罗斯福总统（Theodore Roosevelt，1858—1919）的欢迎。他被推举成为瑞典学院和瑞典皇家科学院的成员，同时在诺贝尔奖的科学和文学两项评选中有发言权。他的研究填补了西方知识体系中关于中国新疆和西藏地区研究的空白，推动了中国关于楼兰文化和西藏文化的研究，这都是他最为人称道的功绩。作为新疆和西藏地理研究的专家，他可以不受任何限制地接近欧洲和亚洲的君主、政治家以及地理组织和学术协会，甚至还是少有的受到许多中国人认可的科学家。在1909年离开西藏后，斯文·赫定一直致力于中亚文化的研究。直到17年后再次踏上中国的土地。

图1-14　斯文·赫定在西藏西北部的阿克赛钦拍摄的全景图（海拔5095米，1906年9月20日）

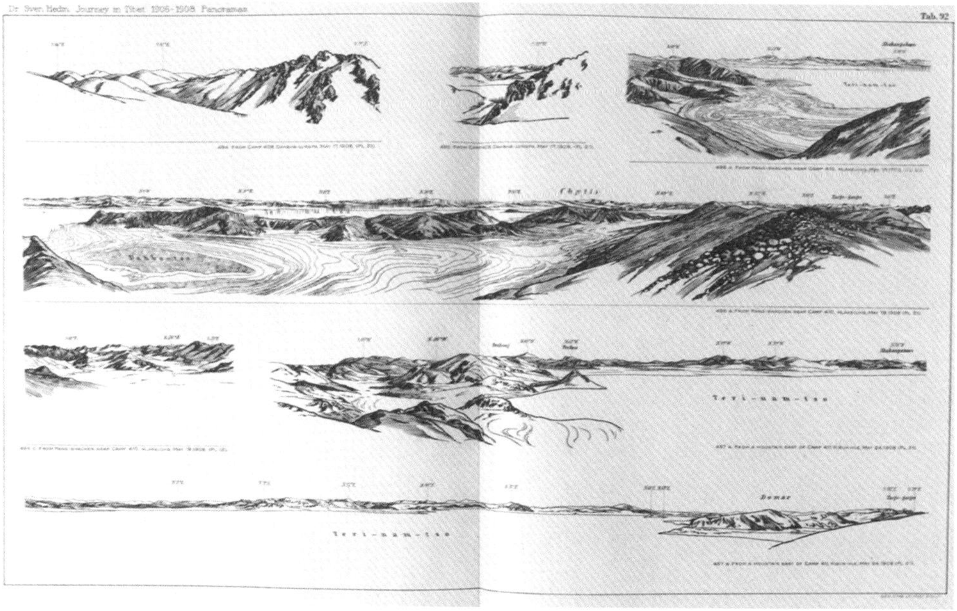

图1-15　斯文·赫定手绘的西藏南部地形图

1.6

斯文·赫定的探险大学——西北科学考察

与以往不同，斯文·赫定的第四次探险，是有着不同的赞助者、参与者和目标方案的特殊探险。这次行程涵盖了内蒙古、新疆和西藏北部，被赫定描述为一所瑞典、德国和中国的考古学家、天文学家、植物学家、地理学家、气象学家和动物学家组成的探险大学（图1-16）。

图1-16　第四次中亚探险期间的斯文·赫定（1927—1933年）

1927年，斯文·赫定受德国汉莎航空公司的委托，为开辟欧亚航线（上海至柏林）做一次横贯中国内陆的考察。但经过数次文物外流，中国文化界已经不信任任何国外探险家提出的考察，斯文·赫定的考察也被认为是文物掠夺，受到当时中国文化界的一致反对。后来在瑞典王子和地质学家安特生（Johan Gunnar Andersson，1874—1960）的大力斡旋并保证考察文物全部归中国所有后，斯文·赫定与中国学术团体签订了《中国学术团体协会为组织西北科学考察团事与瑞典国斯文·赫定博士订定合作办法》19条，由此获得了考察资格。而原本委托斯文·赫定独立完成的气象探险项目也变成了第一次有中国考察团参与的多国多学科的联合科学考察行动。这次考察采集到的绝大多数文物及标本都保留在中国境内，还有少量文物被斯文·赫定带回瑞典陈列收藏。

中瑞考察团的中方团长是北大教务长、哲学系教授徐炳昶（1888—1976），成员由地质学家袁复礼（1893—1987）、考古学家黄文弼（1893—1966）、地

图1-17　斯文·赫定在戈壁沙漠主持西北科学考察团会议（1927—1933年）

质学家丁道衡（1899—1955）等15人组成，其中还有5名北大就学的学生和一名北京历史博物馆的照相员。整个考察团包括从6个国家来的科学家，主要由瑞典人和中国人组成，成员前后达45人（图1-17）。考察团所考察的主要事项涉及地质学、地磁学、气象学、天文学、人类学、考古学和民俗学。为了保障旅途的安全，考察团成员配有枪支，很像一支武装部队。整个考察团所需要的资金都是赫定个人通过各种渠道努力筹集的。渠道之一是现在看起来都非常商业的筹款——通过民国政府印刷"中瑞探险队"系列邮票。4枚邮票展示了营地中的骆驼和探险队的旗帜，印有"中国邮政服务"6个汉字，并有拉丁文"1927—1933年中国西北省科学探险队"字样。在这25000套邮票中，21500套经由探险队以5美金的价格出售。在当时，这个定价可谓高昂，赫定一心想筹得更多资金作为经费，可惜这些邮票并不受欢迎，虽然现在已是千金难得的收藏品。

考察团于1927年5月29日从北京出发开始探险，经包头、百灵庙至额济纳河流域，于1928年2月到达乌鲁木齐。这个配有292匹骆驼的史上最大的西北考察队，在蒙古和新疆地区的戈壁沙漠展开国际性跨学科的科学调查，8年后产出了多达55

卷的《中瑞考察报告》，可谓收获颇丰。

中国学者袁复礼和瑞典学者贝格曼（Folke Bergman，1902—1946）在内蒙古沿途327个地点采集到细石器；在新疆乌鲁木齐柴窝堡、吐鲁番辛格尔、哈密庙尔沟等地采集到新石器时代遗物；在阜康挖掘到二叠纪、三叠纪时代的动物化石；在额济纳河流域调查居延烽燧遗址，采集到约1万支汉代简牍，即居延汉简。黄文弼在罗布淖尔、吐鲁番和塔里木盆地进行考古调查和部分试掘，获得大量陶器等文物。

1931年2月6日，西北科考团第一次展览会在北京女子师范大学研究院展出。之后结束考察工作的考察队成员分别撰写考察报告，一直到1933年5月，所有成员才完全结束考察工作。在多年科考中，参与的学者们发表了大量研究成果，在考古学、植物学、地质地理学、气象学等多个科学领域都有重大贡献。这些年的经历与甘苦、成败、得失，都被忠实地记录在赫定撰写的《亚洲腹地探险八年》（在中国的时间大约6年）中。书中的序言部分记录了他与中国学术界合作的过程：

> 我不能不在这里特意指出：我们与中国朋友的合作是最完美的。我们在一起工作时情同手足，没有丝毫嫉妒、龃龉或误会。我们没有因国籍或民族而介怀，唯一目的是为国际科学服务。在这方面，从前有些西方旅行家恶劣地侵犯中国国民的感情，但这类事在我们中间绝无所闻。在他们的国家，中国人是在自己家里，外国人只是客人，由于他们（指某些西方旅行家）不可取的态度，必定要自食其果。就我个人所经历而言，我将永远不会忘记这6年的愉快时光，我能有这种殊荣去与新的中国一些最杰出的学者在野外及北平共事，我抱着友情与感谢，将终身铭记他们每一个人！

图1-18　斯文·赫定在书房工作（1935年）

图1-19　瑞典斯德哥尔摩的斯文·赫定墓碑

考察结束后，赫定声名更加显赫。但他为了考察已经负债累累，被迫进行上百场讲座偿还债务。同时，他潜心研究、整理考察所获得的资料（图1-18）。从1937年起，以《斯文·赫定博士领导的中国-瑞典考察团在中国西北各省科学考察的报告》为总标题的考察团系列研究成果，成为世界各地学者至今仰赖的中亚地区研究文献。为了出版这些考察报告，赫定家财散尽。最后，他只得典当了自己最珍爱的藏书，才能将剩下资料出版。参与这次考察的中国考古学家黄文弼则撰写并出版了《罗布淖尔考古记》《吐鲁番考古记》《塔里木盆地考古记》。本次考古发掘的物品被送到瑞典评估，按照签订的合约，三年后必须送还中国。第二次世界大战后，美国陆军制图局仍主动联络并出资出版了斯文·赫定的毕生成果——《中亚地图集》。这也说明他在中亚地理研究领域“教父级”的地位。

1952年11月26日，88岁的赫定逝世。他的墓碑放置在瑞典斯德哥尔摩Adolf Fredrik教堂的墓地（图1-19）。他所有书籍的版权和财产归后来成立的斯文·赫定基金会管理。这个至今仍然活跃的瑞典基金会是负责记录与保存斯文·赫定科考探险资料的组织，管理着他大量科考探险的记录和当年从中国带回瑞典的文物，他们的网站上仍留有这些记录和藏品的身影。斯文·赫定从中国获得的绝大部分资料收藏与展出在位于瑞典斯德哥尔摩的民族学博物馆（The Museum of Ethnography），该博

图1-20
瑞典斯德哥尔摩的
民族学博物馆（2007年）

物馆也是基金会的总部（图1-20）。

斯文·赫定的研究也为中国的现代化发展起到了一定的作用。1935年，他绘制的路线图被国民政府用于建设街道和铁路，在塔里木盆地和延吉盆地区域修建水坝和运河，灌溉新型牧场。此前中瑞联合考察队发现的铁矿、磁矿、石油、煤矿、金矿也被陆续开采。在考察中发现的动植物，以及灭绝的恐龙和有角动物的化石也在中方的努力下，统一在命名时后缀“hedin”。从学术研究的角度来看，斯文·赫定无愧于地质学家、探险家和考古学家的身份，也践行了自己要探险一生的信念。只是人无完人，在学术和专业领域格外突出的斯文·赫定，在政治的选择上却留有污点。

1.7 政治的天平

斯文·赫定在政治上态度明确，他是一个坚定的保皇党，反对议会制，还是一个民族主义和军国主义的支持者。他坚信主权大于人权，认为只有一个强大的国家才可以保卫自己，只有如此个人才配享有自由。从第一次世界大战开始，他就发表拥护德国

图 1-21
斯文·赫定与蒋介石、宋美龄于汉口
（1935年2月）

君主及其战争行为的文章，认为只有强大的德国才能保护瑞典。由于这次政治问题，他在德国的战时敌对国中丢失了科学声誉，不再是地理组织和学术协会的会员，同时也失去了未来探险计划的支持。

纳粹德国时期，他又转而支持希特勒，相信德国比苏联可靠得多，可以保护瑞典。1935年，赫定以演讲的方式使瑞典、中国和德国政府了解他对中亚地区的独特观点，并与蒋介石、宋美龄在汉口会面，讨论政治（图1-21）。1936年，在德国柏林举行夏季奥运会期间，他和希特勒会面，同后者的政治代表进行了当面讨论。他对德国的幻想，和纳粹成员的接近，以及纳粹利用他的声望在世界上发表的言论，都严重损坏了他在同盟国中的名誉，使他在国际社会和科学界被孤立。

纵观斯文·赫定的一生，他是一个毁誉参半的人物。他的一生曾经数次赢过死神，有过无限的荣光和显赫的名声，甚至各国政要都以和他交往为荣。他也经历过人生的低潮和冷遇。作为一个科学家、探险家，他是成功的，但他的政治选择却是失败的，被民族主义蒙蔽双眼，没有看清纳粹的本质。一方面，他的研究和科考发现，奠定了中亚地区以及中国新疆、西藏地区的地质学和地理学基础；另一方面，因为探险，他带走了一些原本属于别国的文物。在中国百年文物流散史上，斯文·赫定不是第一个带走文物的人，却是第一个在带走文物的时候还留下许多研究成果的学者，也是第一个系统化介绍和整理新疆及西藏地区地理、地质的探险家。

2 格伦威德尔和勒柯克在新疆的发现

1902年12月—1903年4月

第一次探险队

队长：格伦威德尔；成员：勒柯克、胡特、巴塔斯

路线：固勒札（今新疆伊宁）—乌鲁木齐—吐鲁番（高昌故城、柏孜克里克石窟、胜金口石窟、吐峪沟石窟）—托克逊—焉耆—库车（库木吐喇石窟、克孜尔石窟）—阿克苏—图木舒克—巴楚—喀什

1904年11月—1905年12月

第二次探险队

队长：勒柯克；成员：巴塔斯

路线：乌鲁木齐—吐鲁番（高昌故城、交河故城）—哈密—吐鲁番—塔里木盆地北沿—喀什

1905年—1906年6月

第三次探险队

队长：格伦威德尔；成员：勒柯克、波尔特、巴塔斯

路线：喀什—图木舒克—库车（库木吐喇石窟、克孜尔石窟、克日西石窟）—库尔勒（寺庙和硕尔楚克石窟）—吐鲁番—乌鲁木齐—哈密—吐峪沟石窟—硕尔楚克石窟—吐鲁番—乌鲁木齐—返程

1913年6月—1914年2月

第四次探险队

队长：勒柯克；成员：巴塔斯

路线：喀什—库车（克孜尔石窟、克日西石窟、森木塞姆石窟、库木吐喇石窟）—图木舒克—喀什

2.1 普鲁士皇家吐鲁番考察队的建立

德国柏林民族学博物馆（Ethnologisches Museum，Berlin，又称“人类学博物馆”或“民俗学博物馆”）是现今柏林亚洲艺术博物馆的前身，是欧洲最声名显赫的亚洲艺术研究中心之一。阿尔伯特·格伦威德尔和阿尔伯特·冯·勒柯克这两位东方学家曾先后就职于该馆。20世纪初，他们先后4次在新疆地区进行探险考察，大量文物被带回德国。

1856年，格伦威德尔出生在德国慕尼黑。年轻时的他，就对亚洲艺术产生了浓厚的兴趣。为了学习东方学，他20岁时从慕尼黑美术学校转到慕尼黑大学，专攻东方学。从1883年起，他就任柏林民族学博物馆印度部管理员。当时，印度西北部的犍陀罗佛教艺术雕刻开始大规模地流入欧洲，柏林民族学博物馆也收集了出土于今巴基斯坦北部士瓦特（Swat）地区的共63件犍陀罗艺术珍品。格伦威德尔对这一批艺术品进行了研究，研究涉及佛教美术的图像学和中亚考古学等。1893年，他在柏林出版了轰动整个欧洲的《印度佛教艺术》一书，从此确立了他在佛教艺术研究领域的权威地位。

那个时代的欧洲，东方学是一门新兴的学科，它的研究范围包含欧洲以东大部分具有“异域特色”的地区，包括西亚、中亚、东亚地区。格伦威德尔也希望去东方探险，在这个学科中有所成

图2-1
第一次德国中亚探险队
在新疆吐鲁番高昌故城合影
（左起：胡特、格伦威德尔、
巴塔斯，1902—1903年）

就。20世纪初，民族学博物馆曾派遣“普鲁士皇家吐鲁番考察队”先后4次到新疆地区探险考察。考察队之所以都用“吐鲁番”命名，是因为第一次德国探险队的主要目的地就是吐鲁番，而领导者正是格伦威德尔。

1902年，格伦威德尔带领由助手勒柯克、博物馆技术员和管理员西奥多·巴塔斯（Theodor Bartus，1858—1941）、东方学者乔治·胡特（Georg Huth，1867—1906）等人组成第一次德国中亚探险队前往吐鲁番地区进行探险（图2-1）。考察队抵达高昌，绘制了整个高昌故城（图2-2）的平面图，并详细描述了位于高昌故城西南部的编号B寺院遗址。B号寺院内有着被格伦威德尔称为“圣殿”的佛殿建筑，废弃的佛殿中仍然屹立着高高的柱子。千疮百孔的多层小佛龛和已然斑驳的壁画依然具有极高的欣赏价值。这个巨大寺院周围有许多被严重破坏的建筑遗址，据推测应该为当时的手工业作坊和商业场所遗址。格伦威德尔探险队在高昌故城停留5个月后，满载46箱佛教壁画、手写文书和雕塑回到柏林。

这次探险，不仅使德国学术界对中亚文化与艺术有了新的认识，也使格伦威德尔名声大噪，成为知名的探险家和东方学家。随后的3次考察甚至得到德皇和德政府的资助，德国中亚探险队也正式有了官方名称——“普鲁士皇家考察队”。德意志帝国末代皇帝威廉二世（Wilhelm II von Deutschland，1859—1941）为此特别组织

图2-2　新疆吐鲁番高昌故城（黄智青拍摄）

了一个委员会，由德国军火大王克虏伯（Alfied Krupp，1812—1887）和威廉二世以个人名义捐助了一大笔探险经费，计划更大的远征行动。可格伦威德尔的健康状况不佳，势必要物色一个新的领导人选。于是，他们选中了另一位同样醉心于东方学的研究人员，同时也是第一次探险队中格伦威德尔的助手勒柯克。

图2-3　阿尔伯特·冯·勒柯克

勒柯克（图2-3），1860年9月8日出生于柏林大富之家，优渥的家境使得他有足够的金钱和时间投入探险活动中。再加上他自学过阿拉伯语、突厥语和波斯语，以及古印度梵文，先天具有到中亚探险的优势。1902年，在他42岁时，他加入柏林民族学博物馆印度部，并在同年作为格伦威德尔的助手参与了前往中国新疆吐鲁番的探险活动，此次成为普鲁士皇家考察队的队长也是顺理成章的事情。

1904年9月，勒柯克带领的普鲁士皇家考察队从柏林出发，第二次前往吐鲁番地区。尽管一直作为格伦威德尔的助手，可勒柯克和格伦威德尔主持考察队工作的方式并不相同，最大的区别就是两人对文物处理的意见。在丝绸之路上存留着许多寺院遗址和石窟寺遗址，这些雕塑、建筑和壁画都记录着当地文明。尽管格伦威德尔通过考察也获取了大量文物，但他主张的是考古发掘、记录和保护，通过对遗址完整地记录而进行研究，不能仅为获取一尊雕像、一幅壁画就破坏遗址的完整性。而勒柯克则认为探险所得就应该全部带走。

第一次探险的时候，勒柯克与格伦威德尔在处理文物的方式上已产生分歧，但当时格伦威德尔是探险队队长，坚定地认为这种攫取的行为是不可取的，也不符合考古精神，所以拒绝了勒柯克将文物全部带走的提议。可这一次，带队的是勒柯克，没有了格伦威德尔的劝阻，加上想带回更多文物获得比格伦威德尔更多的荣誉，勒柯克对高昌故国的文物展开大肆掠夺。

2.2
火焰山下的劫难

1904年11月18日，普鲁士皇家考察队再次到达吐鲁番。勒柯克一行一路向西，直接赶到高昌故城和柏孜克里克石窟地区开展探险和考古活动。柏孜克里克石窟（图2-4、2-5）位于今天吐鲁番市东北约40公里的火焰山主峰的陡坡上，目前已发现的石窟超过了80所，最早的大约开凿于南北朝晚期，绝大部分属于回鹘高昌国时期，个别的则晚到元代初年。柏孜克里克，就是维吾尔语“美丽的装饰之所”。的确，这一带石窟里绚丽多姿的壁画艺术，曾经令勒柯克等外国探险家们叹为观止。在勒柯克等人到来前，这里已百年没有人烟，石窟被流沙掩埋。为了方便挖掘，考察队在石窟南端的一个牧羊人洞窟里暂住。

图2-4 德国探险队拍摄的新疆吐鲁番柏孜克里克石窟（1900年代）

勒柯克在《中国新疆被埋藏的宝藏》(*Buried Treasure of Chinese Turkestan*）一书中描写了他发现石窟的经过：

> 我沿着高高的沙堆往上爬时，无意中蹬下一块沙土，犹如魔法一般，我猛然看见，在我左右两边的墙壁上露出光彩夺目的壁画，色彩多样的绘画是那样的鲜明，好像艺术家们刚刚完成似的。
>
> ……
>
> 既然我们能得到这些壁画，我们的胜利就有保证了。

图2-5 现在的新疆吐鲁番柏孜克里克石窟外观（黄智青拍摄）

后面这句话印证了格伦威德尔的担忧——勒柯克的目的就是攫取文物。

找到石窟的勒柯克兴奋地叫来助手，加快速度挖掘沙子。勒柯克在笔记中写道："发现了比真人还要大的三个和尚像。"（图2-6）当时他并不知道，他发现的这个洞窟正是整个柏孜克里克石窟中最大的洞窟。清理掉流沙后，洞窟中不断显示出大型人物壁画。在两座高墙上发现了15幅巨大的形象各异的佛像绘画，其中有跪着的供养人像，他们手拿供物，都穿着古高昌国时期的衣服和靴子（图2-7）。

随着后续调查的展开，有了更令人震惊的发现，这些数量众多的壁画不是按统一模式绘制的流水线产品，每个人物的装束、面貌、表情都各有特色。换句话说，这些人物绘画，每一幅都是按照不同身份、形象的人物精心绘制的艺术珍品。画中人物包含多民族地区的特色，如印度神话中珠光宝气的王子，年老长须、皮肤黝黑的婆罗门（图2-8），戴鹰羽帽子有鹰钩鼻子的波斯人，以及红头发、蓝眼睛的粟特人等，勒柯克认为他们分明就是欧罗巴人。他说："我们很快把此类人和雅利安人联系起来。这些红头发人的装束是典型的吊带裤和高筒靴。这具有了不同人种的特征。"在这里，勒柯克发现了许多记录民族融合的壁画和塑像。

与斯文·赫定的发现一样，勒柯克也很快判断出这些文物的价值。这些融合了多民族、多国家、多文化的艺术品，在整个世界上独一无二，是整个丝绸之路文化中最璀璨的明珠。没有片刻犹豫，勒柯克决定要把这些文物全部带回德国，他要证明自己才是德国最有名望和收获的探险家。

考察队发现的壁画越来越多，陆续又出土了不少彩塑佛像。勒柯克对这些文物的处理简单而粗暴。他和他的助手用当时先进的狐尾锯，一幅一幅地把壁画切割下来，又雇了一些民工用干草包裹这些文物。所谓的用先进工具处理，不过是用木板在壁画前进行固定支撑后，再用锯子将部分壁画连同石窟上的泥皮、土层一同锯下。由于切割范围的限制，那些高达两三米的壁画被分成数块切割下来。

勒柯克后来在笔记中写道：

要把这些精细的佛教美术品中的标本保留下来，只有很仔细地用系统的方法搬走。我是让我训练有素、很有经验的帮手来做这件费时的困难工作的……

图2-6　取自柏孜克里克第20窟的9—12世纪智通、进惠、法惠三都统供养像
（现藏德国柏林亚洲艺术博物馆）

图2-7 取自柏孜克里克第20窟的9—12世纪因缘故事壁画
（原藏德国柏林民族学博物馆，第二次世界大战时被毁）

图2-8　取自柏孜克里克第33窟的9—12世纪《涅槃经变图》中的奏乐婆罗门
（现藏德国柏林亚洲艺术博物馆）

> 凭借长时间的艰苦工作，我们成功地把这些壁画都切割下来。经过20个月时间的运输，最后安全地把它们全部运到柏林。在那里，它们整整填满了博物馆的一个房间……这是一个佛堂中的全部壁画，能把一个佛堂的全部壁画运到柏林的还为数不多。

他所指的这个佛堂就是柏孜克里克石窟中最大的第20窟。全部15幅壁画被切割打包，其中最大的壁画高达3.5米。

在对文物的疯狂追求驱动下，勒柯克无视格伦威德尔的一再反对，对整个柏孜克里克遗址的文物进行毁灭式掠夺。有此先例，其后抵达的斯坦因和日本的橘瑞超（1890—1968）也采用类似工具对壁画进行切割。与现代切割壁画的方式不同，狐尾锯这种工具本身就会对壁画造成损毁，回去再拼接时，每个部分的接缝处都有耗损。斯坦因之后来到柏孜克里克石窟，查看了勒柯克的工作现场后十分惊愕。他在给朋友的信中说："这种粗野的方法根本不是考古，而是挖宝。"但讽刺的是，斯坦因在批评竞争对手后，自己依然用同样的方式切割偷走了文物。

图2-9 1904年勒柯克调查新疆吐峪沟石窟时的住所（李肖拍摄）

1904年，勒柯克又到了吐鲁番地区的吐峪沟石窟（图2-9），同样发现了众多珍贵壁画。

2.3
精美的柏孜克里克石窟壁画

柏孜克里克石窟中最具特色的壁画首推因缘故事画。这些壁画大都画在窟室的左右侧壁或甬道的侧壁上。所谓因缘，是指形成事物、引起认识和造就“业报”等现象所依赖的原因和条件。佛教认为，众生皆苦。人们在现实社会中所遇到的各种痛苦和疑难问题也都是某种因缘造成的，只有虔诚地信仰佛教，才能正确地认识到现象背后的本质。

因缘画描绘的就是佛在说法时与众生讲解因缘的场景。苦、忧、烦恼、嗔痴都与前世今生的因缘有关。无论路人、弟子、天人、菩萨来问，佛都会讲解苦是什么苦，因是何等因。此类题材壁画，不仅出现在柏孜克里克石窟，还出现在了敦煌和克孜尔石窟中。而柏孜克里克石窟里的因缘故事画最为壮观，其大多采用长方形的画面，中心构图，画面更加精美，叙事也更加完整，是因缘画中的精品。

德国柏林亚洲艺术博物馆曾经收藏（第二次世界大战时被毁）的一幅取自柏孜克里克第20窟的壁画，是该石窟因缘故事画中的代表作（图2-10）。一尊高大的立佛像占去了画面中央绝大部分面积，而在立佛的两侧和底部的空隙处绘满弟子、菩萨、诸天神、护法金刚力士和各种世俗人物。这幅画高3.6米，宽2.3米，画幅上端的垂帐下面，有用中亚婆罗米字母和梵文写成的一句话，大意是“当本商主看见天宫具力神驾临河边时，随即将这尊神渡往河的对岸”。画面中央的佛站在一条平底木船上，举起右手，像正在说法，船荡在水波之中。立佛的两侧共画着9位礼拜人物，其中上方的二弟子与二菩萨的画法是通用的佛教构图。下方则是5个跪拜在水边的世俗人物：有黑须黑发红眉绿眼者、褐须红眉黑眼珠

图2-10 取自柏孜克里克第20窟北甬道内侧壁的9—12世纪因缘故事壁画
（原藏德国柏林民族学博物馆，第二次世界大战时被毁）

者、发须全白的老者、黑发灰须黑眉尖眼长鼻者。这些人物形象应该与画面的情节有联系。他们的帽子与服装样式完全属于中亚波斯。画面的右下侧还能看到驮着圆顶宝箱的骆驼和灰毛驴，真实地反映出当时波斯国商旅的形象及其佛教信仰（图2-11）。

除了因缘画，经变画也是柏孜克里克石窟的重要壁画类型，它们一般画在洞窟的侧壁和顶部。其中《涅槃经变图》（图2-8）、《净土变图》、《法华经变图》、《药师经变图》等，在构图上和敦煌莫高窟的唐代经变画有明显相似的地方，说明了回鹘佛教深受中原地区影响。另外，千佛也是这里常见的壁画题材。有的佛像背后画着悬幡佛塔，有的用汉文题写着佛名。因此，柏孜克里克石窟常被称为“柏孜克里克千佛洞”，千佛壁画忠实地反映了唐朝盛行的佛教艺术因素所带来的影响。

勒柯克整体搬走的32号洞窟中还绘制了许多供养人像，其中位于窟门两侧前壁上的《回鹘族供养人》壁画极具时代与民族特色。画上的男供养人身穿盘领长袍，腰间束带，头上戴着桃形高冠，留着络腮胡须，这种盘领明显反映了唐朝贵族服饰对回鹘贵族的影响。除此之外，勒柯克还带走了第25窟主室前壁的《回鹘王侯家族群像》、第20窟的《沙利家族人像》以及第31窟的《回鹘王像》，这些都是男供养人壁画中的佳作（图2-12）。

德国柏林亚洲艺术博物馆还收藏了一幅取自第20窟的女供养人像，画的是两位手持鲜花的回鹘少女，她们皮肤白净，表情虔敬。右侧的回鹘文榜题写的是“喜悦公主殿下尊像”，应该是回鹘贵族女子的真实形象（图2-13）。这些供养人形象和题记为考证回鹘时代的服饰、冠饰提供了珍贵的资料，对我们研究古代回鹘高昌国时期的文化艺术有着重要的作用。

图2-11 取自柏孜克里克第20窟北甬道内侧壁的9—12世纪因缘故事壁画局部
（原藏德国柏林民族学博物馆，第二次世界大战时被毁）

图2-12　取自柏孜克里克第31窟的9—12世纪《回鹘王像》
（现藏德国柏林亚洲艺术博物馆）

图2-13　取自柏孜克里克石窟第20窟的9—12世纪《喜悦公主殿下尊像》
（现藏德国柏林亚洲艺术博物馆）

图2-14
德国柏林原民族学博物馆展厅中的柏孜克里克石窟壁画（1945年以前）

2.4
湮灭在战火中的国宝

在柏孜克里克石窟，我们既能看到中原佛教艺术对这里的强烈影响，也能看到回鹘独特的艺术特色，同时还能看到来自龟兹和波斯地区的文化特征。这些资料证明了吐鲁番盆地与中原、河西走廊的文化交流相当频繁。东西方文化和各民族艺术的交汇孕育出了独具特色的吐鲁番艺术文化。

可惜的是，今天我们只能追怀柏孜克里克石窟的往日风采，在勒柯克的掠夺下，大部分精美的壁画都被残忍地分割成小块运往柏林。

勒柯克在掠夺这些壁画时曾说：“与其把这些壁画放在这里受到自然侵蚀毁坏，不如让我们送到柏林进行更好的保护。”不过他万万没想到，在1945年的第二次世界大战后期，英美联军对德国进行了无差别的战略性轰炸，整个柏林几乎被夷为平地，很多他扬言可以保护的壁画也在战火中湮灭。在轰炸之前，民族学博物馆为了保护文物，对文物进行了大规模的转移。但由于来自柏孜克里克第20窟的大型壁画都被固定在展厅墙上，拆下费时费力，移动起来更不容易（图2-14）。于是，博物馆的工作人员就心存侥幸，以为盟军的炸弹不一定就会落在他们头上，仅将易于移动的小型藏品和壁画转移到了地下室，大型壁画被留在原地保存。然而，无情的炸弹将博物馆炸毁了，那些珍贵而精美的壁画毁于一旦。现在，只有勒柯克于1913年出版的书中的插图，还展示着它们原来的风采。此外，苏军也对柏林进行了有计划的掠夺，以至于在战火中消失了的中国文物后来又出现在了俄罗斯各地的博物馆。

柏孜克里克石窟的许多壁画已经经历了千年以上的时间，如果它们能够再存在哪怕是半个世纪，今天就会安然无恙地留存在那里，供人们参观。然而现在的柏孜克里克石窟遗址，第20窟只剩下一个空空如也的洞穴，被勒柯克搬走的大型壁画也化成了灰烬，只剩下照片和文字记录着这段灰暗又令人伤痛的历史。

2.5
探险龟兹古国遗址

普鲁士皇家吐鲁番考察队的后两次探险活动分别于1906年和1913年进行，目标指向塔克拉玛干沙漠北沿的库车与拜城一带，在这两处，他们分别进行了长达数月的“工作”。这里原来是古代龟兹国的中心区域，盛行佛教，而克孜尔石窟就是目前所知这个古国最为丰富的佛教艺术宝库，也是德国探险队工作的重要地点（图2-15）。

龟兹国，是丝绸之路新疆北道上的一个大国。大约在公元2世纪中期，印度西北部贵霜王国的僧侣陆续进入新疆翻译佛经、传播佛法，龟兹人也逐渐开始信仰佛教。

图2-15　勒柯克在新疆拜城克孜尔石窟前（1906年）

公元3世纪中期，有不少龟兹国的著名高僧来到三国时代的魏国，为弘扬佛法作出了自己的努力。到4世纪，龟兹的佛教已经相当盛行，据史书记载，当时有僧侣1万多人，仅都城一带的佛寺佛塔就有1000多座，连王宫里都供奉着佛像，有的寺院装饰华丽，规模极为宏大。公元5—6世纪，是龟兹佛教发展的鼎盛时期，连续兴建了一系列的石窟寺院。公元7世纪，玄奘西行印度经过龟兹国

时，发现这个国家在管弦歌舞方面的技艺明显超出邻近的其他国家。这里的佛教徒们研习小乘佛教，在教义、戒律上都直接取法印度。而小乘佛教很重视信徒们的个人修行，那些开凿在幽静山林中的石洞穴，更符合出家人的需要。于是，龟兹国的佛教僧侣们就选择以石窟作为佛寺的一种重要形式。

在龟兹国东西狭长的地界里，散落着不少石窟群，库车和拜城两地是它们最集中的区域。其中库车有库木吐喇、克孜尔尕哈、玛扎伯哈、森木塞姆石窟，拜城有克孜尔、台台尔、温巴什石窟，新和县有托乎拉克艾肯等石窟。而克孜尔石窟是龟兹地区规模最大、延续时间最长的石窟群。

克孜尔石窟，位于今拜城县克孜尔镇东南木札提河谷北岸的悬崖上（图2-16），共有236所洞窟，其中70多所保存有壁画。最早的洞窟建于公元3世纪末或4世纪初，最晚的建于7世纪末至8世纪初。这些洞窟原先大部分属于一座座寺院，在相对独立的寺院里，有佛堂、讲堂、说戒堂、僧房和其他生活用房。如今，从洞窟的形制上看，这些石窟包括用于礼拜的中心柱窟和大像窟（图2-17），用于讲经的方形窟，以及僧人起居用的僧房和坐禅修行用的小禅窟等。这些不同性质的洞窟相互搭配组合，就构成了一个个功能完整的寺院体系。

早在1903年，日本人渡边哲信和堀贤雄就在克孜尔石窟切割走了一批壁画，并发掘了不少文物。1906年2月26日，德国第三次考察队到达克孜尔石窟。考察队由4人组成，队长是格伦威德尔，队员有勒柯克、巴塔斯和波尔特（H. Pohrt）（图2-18）。当他们赶到拜城县东南约60公里处的克孜尔地区时，一个当地的随从告诉他们，在山的近旁隐藏着一个石窟群，过去几个日本人曾经到过那里，并在那里干了3个月。勒柯克和巴塔斯立即骑马前去察看，发现在“河边一座山岭的峭壁上有数百石窟组成

图2-16 新疆拜城克孜尔石窟外观（1906—1907年，格伦威德尔拍摄）

图 2-17　新疆拜城克孜尔石窟第 80 窟正壁全景

图2-18 德国第三次中亚探险队在新疆拜城克孜尔石窟第4窟合影（居中坐者为格伦威德尔，后排右起第一为勒柯克，后排居中穿军装者为巴塔斯，后排左起第一为波尔特，1906年）

的一个奇异的村落”。勒柯克等人租了一个当地农民的两间简陋茅屋，开始对这里的石窟进行一系列勘探与发掘。格伦威德尔则将主要精力放在纯考古的调查与记录上，他对洞窟形制、壁画内容和布局、纹饰图案等都做了较详细的记录（图2-19）。勒柯克和巴塔斯在一些洞窟内发现了许多珍贵的古代写本、木板画、塑像、壁画残块等文物。负责拍照的波尔特拍摄了许多洞窟外景、洞窟构造和壁画，并测量洞窟，测绘壁画。对克孜尔石窟的洞窟形制、壁画题材内容及其位置分布的测绘与记录，主要就是在这次考察期间完成的。此外，考察队还给各洞窟编号、命名。

这一次，考察队切割了一部分洞窟壁画，还发现了大量的古代写本，最后将包括第二次探险队所获的一共224箱文物带回德国。切割克孜尔石窟壁画，依然主要是勒柯克的“功劳”。勒柯克自己在描写一所洞窟中的壁画时说：“这里的壁画是我们在新疆任何地方所找到的最优美的壁画。它包括传说中的佛陀的种种形态和他所处的种种场面，而且又几乎都具有纯粹的古希腊的特征。”他在这里说的就是克孜尔中心柱窟前室侧壁和券顶部位的佛教因缘故事画和本生故事画。勒柯克主张把洞窟

图2-19　格伦威德尔在克孜尔石窟第4窟记录壁画（1906年）

里的所有东西都一股脑儿搬走，尤其是壁画，他甚至打算把一座“小佛堂”画有壁画的整个圆屋顶运回柏林去。但格伦威德尔却不同意，他认为应该把遗址作为一个整体来测量、绘图研究，搬走了，就破坏了这个遗址的完整性。这一次，勒柯克妥协了，但在紧接着他所领导的又一次考察中，还是把这个壁画圆屋顶运走了（图2-20）。

第四次德国普鲁士皇家吐鲁番考察队由勒柯克率领，队员仅有巴塔斯一人。他们于1913年7月1日到达克孜尔石窟，第二天就开始“工作”。没有了格伦威德尔“从中作梗”，勒柯克就可以放心大胆地干了——这次考察队的主要任务就是切割壁画，打包装箱运回柏林，其数量远远超过了上一次探险，共从新疆带走了156箱文物。

图2-20　取自克孜尔石窟第123窟的主室穹窿顶（现藏德国柏林亚洲艺术博物馆）

2.6
克孜尔石窟被切割走的壁画

勒柯克等人在克孜尔切割壁画时，所选择的往往是保存状态较好、表现内容丰富的作品，也就是他们眼中的精品。在克孜尔，供僧侣们礼拜佛祖的中心柱窟和大像窟，是石窟群里的中心，也是保存壁画较多的洞窟。这里所谓的中心柱窟，并没有在窟室中间留出塔柱。印度人发明的那种环绕着佛塔往复礼拜的塔堂窟传到龟兹国被信徒们所接受，但是克孜尔石窟所在的沙岩质地过于松散，不能完全模仿印度那样开出高大宽敞的窟室。于是，工匠们按照僧侣们的主导思想，把印式的塔堂窟变成了一个长方形纵券顶的宽大洞窟，在正壁中部开凿一所佛龛，安置释迦牟尼像，作为窟内最主要的崇拜偶像；再在正壁主龛的两侧分别向内凿一个半圆形的甬道，这样就可以环绕着甬道做礼拜。中心留出的粗大实心体和正壁的佛龛，就象征着印度塔堂窟里的佛塔，龟兹国独创的中心塔柱窟就这样诞生了（图2-17）。大像窟的使用功能也是这样，所不同的是，在这种洞窟的主室正壁不开龛，而是塑制一尊身高在10米以上的大立佛像，在大佛的两侧下方同样向后开凿可供信徒们礼拜的甬道。

在今天参观克孜尔石窟时，我们已很难见到彩塑作品。但勒柯克等人当年在克孜尔石窟发掘出了相当数量的彩塑人物头像和半身像，是研究克孜尔彩塑的珍贵资料。这些人物都有着欧式面孔，上身袒裸，装饰着项圈和璎珞。有的在唇上画髭，浓密的头发在头顶盘作发髻，有的还戴着宝冠。塑作写实性很强，他们表现的或为菩萨，或为天人（图2-21）。

中心柱窟里的壁画内容，是以释迦牟尼为主题而展开的：在前室前壁窟门上方，一般画在未来世界成佛的弥勒菩萨说法图；

图2-21 取自克孜尔石窟第77窟的5—6世纪泥塑菩萨或天人头像（高38厘米，现藏德国柏林亚洲艺术博物馆）

窟顶的中脊绘出日、月、风神等天象图和持钵立佛像；在纵券顶的弧形面上画菱形格交错排列的因缘和本生故事画；在左右两侧壁分出上下两层方格，格内画以佛为中心的佛传故事。在以甬道构成的后室壁面上，一般是围绕释迦涅槃的情节绘制壁画，有释迦诞生、入涅槃与众弟子举哀图、焚棺图和八位国王分舍利供养图等。

为什么要在礼拜窟中绘制这么多与释迦有关的故事画呢？这是因为小乘教徒很注重个人修行解脱，而坐禅修行又是龟兹小乘佛教的一个重要特征。禅是印度梵文“静虑”“思维修”的意思，它要求佛教徒“心注一境、正审思虑”，排除现实中的一切杂念，最后达到彻底解脱的境界。既然佛教徒们在坐禅时是以释迦牟尼为榜样，那么佛在累世修行中的成功经验对于他们来说是无比珍贵的。因此，他们要先去观看：进入中心柱窟，首先看到的是正壁龛内的佛塑像，再看侧壁与窟顶的佛传与因缘本生画。然后向右绕行进入甬道，看到的是佛诞生时的情景，转到后室是佛涅槃

的场面；再转到另一条甬道，有八王分舍利和建塔供养的壁画。

被勒柯克切割走的壁画中，有一幅精美的呈半圆形的交脚弥勒菩萨及其协侍像，正来自一所中心柱窟的前室前壁窟门上方（图2-22）。弥勒菩萨上身袒裸，下身着裙，肩后披着帔帛，右手施说法印，双腿的脚踝处交叉而坐，表现的是还没有下到人间成佛、正居住在兜率天宫中说法的未来佛。弥勒的两侧各有四个同样装束的天人，也是交脚坐姿，多将双手放于胸前，作出虔诚的姿态。他们有的还作相互交谈状，使气氛显得热烈。

柏林亚洲艺术博物馆收藏的一幅《焚棺图》，即剥自克孜尔石窟一所中心柱窟甬道内部壁面（图2-23）。画面的中部是盛殓释迦遗体的木棺，表面绘制漆画。画中棺盖上冒着火焰，表示正在焚棺。左侧一弟子打开棺盖，露出释迦右胁而卧的身躯。他双目注视着画面左下角一位将双臂伸向他的妇女。棺的两侧还绘有天人奉献宝物和众弟子双手合十举哀的场景。整个画面气氛肃穆且具故事性。释迦的母亲摩耶夫人在释迦降生后不久就去世了，居住在天上。当她听闻释迦将要涅槃时，就从天而下，希望见自己儿子最后一面。那时，释迦已经涅槃了，且其棺正在焚烧，他就以神通力开棺，与母亲见了最后一面。在中国各地的佛教美术作品中，表现释迦涅槃

图2-22　取自克孜尔石窟第224窟前壁窟门上方的交脚菩萨及其协侍像壁画（现藏德国柏林亚洲艺术博物馆）

图2-23　取自克孜尔石窟第205窟后室甬道的4—6世纪《焚棺图》
（现藏德国柏林亚洲艺术博物馆）

题材的很多，但类似这幅打开正在焚烧的棺材母子相见题材的很少，因此极其珍贵。

在勒柯克带走的壁画中，最精美的一幅当数第205窟左甬道内侧壁的《阿阇世王知佛涅槃故事画》（图2-24）了。据唐代僧人义净（635—713）所译《根本说一切有部毗奈耶杂事》记载，古印度王舍城的国王阿阇世皈依佛法，成了佛的俗家弟子。当佛涅槃以后，佛的大弟子迦摄波恐怕阿阇世王乍听到噩耗，会经受不住而呕血死去，就把他身边的亲信大臣行雨找来，预备了几个供急救用的装满生酥和牛头旃檀香水的澡罐，然后把国王请到了花园中。阿阇世王在园中看到了一幅行雨为他展示的《四相图》，上面画着释迦牟尼的出生、降魔成道、第一次给弟子说法（在鹿野苑初转法轮）、涅槃等情节，向他暗示了佛祖一生必然要

图2-24　取自克孜尔石窟第205窟左甬道内侧壁的4—6世纪《阿阇世王知佛涅槃故事画》（原藏德国柏林民族学博物馆，第二次世界大战时被毁）

走过的道路。阿阇世王猛然醒悟：佛已经涅槃了！他号哭了几声，便昏厥过去。大臣们急忙把他放进生酥中，再投入香水罐内，才使他渐渐苏醒。在第205窟左甬道内侧壁的《阿阇世王知佛涅槃故事画》就描绘了这个故事。它是在通过阿阇世王闻佛涅槃的情景，间接地向信徒们叙述佛的生平。这幅画的独到之处在于行雨大臣张举的画布上，描绘出释迦牟尼树下降生、鹿苑说法、降魔成道及双林涅槃4个故事情节。构图完整，线描一丝不苟，其本身即为一件艺术佳作，因此有画中画之美称（图2-25）。可惜的是，这幅精美的壁画在第二次世界大战中被毁坏。

图2-25　格伦威德尔所绘《阿阇世王知佛涅槃故事画》局部测绘图

克孜尔石窟的壁画艺术不仅体现着强烈的龟兹国独特的风格特征，还可以看到来自印度和中亚波斯文化的影响。这些艺术现象，充分显示着龟兹地区与葱岭以西地区文化间的内在联系。如今要研究克孜尔壁画，除了仍然保存在石窟里的壁画外，德国柏林亚洲艺术博物馆的藏品不容忽视。

2.7
漂洋过海的七个星佛寺塑像

今天的新疆焉耆回族自治县一带，是汉朝至唐朝的焉耆国所在地。从焉耆县向西北大约行走30公里，有一处保存着很多古代遗址的地方，叫七个星佛寺，这是维吾尔语，意思就是“千间房子”。七个星佛寺由南、北两个寺院遗址和一个小型的石窟群组成。南、北大寺的规模相当可观，都是由大殿、僧房、佛塔等建筑遗迹构成，这些建筑物的墙址采用土坯间杂苇草的砌筑方法，很可能是唐朝到元朝期间的建筑遗址。但从南大寺的大殿后面所采集到的残佛、菩萨造像，以及一些残砖的情况看，这处寺院的开创时间可以上推到南北朝时期。

在北大寺西北山的南面，大约开凿了10所石窟（图2-26），其中有与克孜尔石窟群中相同的洞窟形制。但第1、第2、第3窟的构造显得比较特别：在洞窟的地面当中设置了一个长方形低坛，低坛的后面立着一个大背屏直通窟顶，环绕着这个低坛和背屏，同样也能起到中心柱窟的功能与使用效果。这就是摹仿地面寺院殿堂做法的佛坛窟，在新疆的其他地区，我们没有发现与它们类似的石窟，但在位于焉耆以东的敦煌莫高窟中，晚唐与五代时期

图2-26
德国探险队拍摄的
七个星佛寺外观
（1900年代）

流行的大型佛坛窟基本就是这样的形制。另外，焉耆佛坛窟顶部画出的云朵纹、缠枝花纹，以及第4窟主室窟顶画着以波状套连的枝蔓组成的一幅大图案，每一个单元内都画一尊菩萨或化生童子，枝蔓上还缀饰着云头、茶花和卷叶纹样，都具有强烈的汉民族艺术风格。公元692年，武则天（624—705）把焉耆确立为安西都护府下面的四镇之一，因此汉族人在这里的活动应该是很频繁的。七个星佛寺里的汉族特色洞窟形制和壁画风格，可能是在8世纪以后由汉族僧侣传到这里来的。从七个星第7、第8窟里残存的壁画，我们又能看到龟兹风格的菱形方格纹，这种艺术手法自然是来自库车、拜城一带。这些艺术现象，表明了东来西往的佛教僧侣，都在焉耆这个沙漠北道中的重镇，留下了深深的文化烙印。

在20世纪初的几次探险中，勒柯克等人曾经对焉耆佛教遗迹进行过调查与发掘，将大量的精美佛教雕塑品运出中国。这些雕塑品绝大多数是在公元7、8世纪间制作完成，相当于唐朝最盛期，也是焉耆国佛教发展的高峰期。

柏林亚洲艺术博物馆收藏的一件泥塑坐佛像（图2-27），是勒柯克从七个星佛寺中掠取的。这尊塑像有66厘米高，在肉髻与发髻的表面装饰着水波纹。佛的面相呈瓜子状，双目俯视着下方，充满了慈悲的情怀。他的眉毛与鼻子的做法完全是犍陀罗佛雕塑像的特征，而整体的面相也给人以欧洲白种人所特有的形象感。他身穿着袒裸右肩式的袈裟，衣服紧贴着身体，衬托出挺胸、细腰、收腹等优美的体型特征。从他的身上，我们可以看到犍陀罗的雕塑艺术风格即使到了公元7、8世纪，仍然影响着沙漠北道上的国家。当然，犍陀罗风格的影响力已远不如早期那样强大了，因为，焉耆国在继承犍陀罗传统艺术的同时，还在吸收着大唐帝国的文化风格。例如，在七个星佛寺洞中发现的立佛塑像当中，就不乏与唐朝佛像相似的。

七个星佛寺中的天人塑像都具有浑圆的面庞，下颌稍尖，眉与鼻的塑作保持着希腊、罗马雕塑的传统，但在整体面相上却是龟兹地区所常见的。天人的头上一般都戴花冠，长发披覆在双肩之上，袒裸上身，佩戴项圈、臂钏、璎珞、手镯等装饰，下半身着长裙。体型给人以丰满、健康之感。他们常披戴帔帛在双肩后面绕成大半个圆环（图2-28）。这些都是丝绸之路新疆北道上天人塑像的共性，在古龟兹国的拜城与巴楚等地区都曾发现过类似做法的天人塑像。由此可见，焉耆国的天人像也主要继承了龟兹国的艺术传统，这是他们发展的主流。天人指住于欲界六天及色界诸天之有情，亦指生活在天界或人界的众生，其源于古代印度的民间信仰，后来被小乘佛教所吸收，于是就成为了信

图2-27　取自七个星佛寺的坐佛塑像
（现藏德国柏林亚洲艺术博物馆）

图2-28　取自七个星佛寺的天人塑像
（现藏德国柏林亚洲艺术博物馆）

图2-29 取自七个星佛寺的婆罗门塑像（现藏德国柏林亚洲艺术博物馆）

仰佛法的神灵。按照玄奘法师的记载，焉耆国当时流行的是小乘佛教，小乘佛教认为，在现在这个世界，佛只有释迦牟尼一人，教徒们修行所能达到的最高目标只能成为脱离轮回之苦的阿罗汉。那么，对于一般的信众而言，如果能在来世上升到天界中去，也是一件快乐之事，因为在他们的眼里，天界毕竟要比人间美好得多。所以在焉耆国小乘佛教的寺院与石窟之中，就制作出了这么多的天人偶像。

七个星佛寺中出土了大量被西方探险家们称作“婆罗门”的泥塑像，表现出了极为鲜明的中亚人的形象特点：他们一般在头顶用布包裹发髻，大眼高鼻，凝眉瞪目，留着八字形髭与络腮虬髯，一脸的愤怒相。从保存完好的几尊全身像可以看到：他们都是上身赤裸，仅着短裤，而在上身却装饰着与菩萨像相同的项圈、瓔珞、臂钏、手镯等，帔帛也是在双肩后面绕成大半个圆环（图2-29）。婆罗门在古代印度属于社会中的最高种性，在佛教徒的眼里，他们是外道，是被释迦牟尼佛度化的对象。在释迦众多的弟子当中，许多人在追随释迦之前，就是婆罗门教的信徒。在佛教艺术中，婆罗门教徒常常被表现为全身赤裸、仅围着遮羞布的形象，而且个个形体干瘦、弯腰驼背，与佛陀健康的形象形成了鲜明的对比。但七个星佛寺出土的这些婆罗门塑像，却个个身体饱满、健壮有力，而且为数众多，佩戴着与天人像相同的装饰品。婆罗门像大量出现在七个星佛寺之中，是为了充分表现佛陀普度众生的伟大业绩，他们与天人塑像一道，在艺术上也起到了陪衬佛陀光辉形象的作用。

在七个星佛寺中，还出土了不少身披铠甲的武士塑像，马、象等动物形象，以及用范模制作的烧砖天人像等，他们可能是为了表现特定的佛教内容而设计的。其中还有一块反映佛教故事的木雕像，表现的是佛陀释迦牟尼传播佛法的故事。从勒柯克等人发现的这些雕塑遗物中，我们可以了解到：当年的焉耆七个星佛寺不仅具有规模宏大、辉煌壮观的佛寺建筑，而且在寺院与石窟当中还存在丰富多彩的精美雕塑作品。

从1902年到1914年，在格伦威德尔和勒柯克的先后率领下，德国探险队沿中国新疆丝绸之路北线进行过4次考察。在这12年间，共有423箱珍稀文物被运到德国。1914年4月，当最后一批木箱运抵柏林时，第一次世界大战爆发。大战结束了德国人持续

图2-30　德国柏林民族学博物馆（1905年）

图2-31 勒柯克和取自七个星佛寺中的天人塑像合影（约拍摄于1928年展览开幕式）

多年的亚洲探险，大部分文物交由当时的柏林民族学博物馆（图2-30）收藏，包括很多佛教壁画、彩塑，考古发掘出土的各种器物、古建筑构件、纸本和绢本绘画碎片等，统称为“吐鲁番藏品”。除了该博物馆，德国国家图书馆和柏林勃兰登堡科学院吐鲁番研究室也分到了部分写经、手稿和纺织品。当然，德国探险队从新疆获得的所谓“吐鲁番藏品”中的大部分并非来自吐鲁番，而来自相距遥远的库车与拜城地区，即古龟兹国所在地，其中又以克孜尔石窟壁画最为重要。这些藏品，如今都归柏林西郊的亚洲艺术博物馆所有。

在勒柯克给斯坦因的信中提到新疆探险时，他抒情道：“我时常欢喜地想到曾经在那偏僻的地方度过的10个月。在那里的日子……将永远是我生命中最快乐的时光之一。”被勒柯克等人带走的新疆文物，确实给他们带来了幸运和满足感，也让他们获得了本国人的尊重（图2-31）。但他们的行为严重破坏了中国文化的完整性，特别是一批大型壁画在第二次世界大战中灰飞烟灭，那是中国文化的巨大不幸，中国人将永远记得。

3 因敦煌而辉煌的斯坦因

斯坦因探险路线

1900—1901年

第一次探险，塔里木盆地南沿—和田—尼雅遗址—米兰遗址—楼兰遗址

1906—1908年

第二次探险，塔里木盆地南沿—和田热瓦克佛寺遗址—尼雅遗址—米兰遗址—敦煌—塔里木盆地北沿—吐鲁番—塔克拉玛干沙漠—和田—昆仑山

1913—1916年

第三次探险，塔里木盆地南沿—米兰遗址—敦煌—内蒙古额济纳河黑水城遗址—吐鲁番（阿斯塔那、柏孜克里克石窟）—库车（克孜尔石窟）—喀什—帕米尔高原（阿富汗边界）—伊朗西部锡斯坦地区

1930—1931年

第四次探险，塔里木盆地南沿—敦煌及以东地区—吐鲁番（阿斯塔那、柏孜克里克石窟）—喀什

3.1

不会汉语的语言天才

在中国文物流散史上，有一个人物不得不提。他就是原匈牙利籍英国著名考古学家、艺术史家、语言学家、地理学家和探险家——马尔克·奥莱尔·斯坦因（Marc Aurel Stein，1862—1943）（图3-1）。他分别于1900—1901年、1906—1908年、1913—1916年、1930—1931年4次进入中亚和中国进行考察，考察重点是中国新疆和甘肃地区，所发现的文物至今仍是国际敦煌学研究的重要资料。

图3-1　1909年的斯坦因

就个人素质而言，斯坦因确实是一位杰出人物。他精通匈、德、英、法、希腊、拉丁、波斯、梵文等语言，又学过克什米尔语和突厥语。他吃苦耐劳，无惮于翻山越岭和跋涉沙漠的种种艰苦。他博学机警，凡事筹划周密，善于掌握与他计划相关的种种机会。他的许多著作至今仍是敦煌吐鲁番学研究者的案边必备之书。令人惊讶的一点是，这样一个从中国带走海量文物的探险家、世界敦煌研究学会绕不开的考古学家，在最初进入中国探险时还不会汉语。

1862年，斯坦因出生于匈牙利布达佩斯的一个犹太人家庭。家里人为了避免他受到歧视，特意送他接受基督教的洗礼（当时犹太人在欧洲普遍受到歧视）。就这样，斯坦因成为一个生活在犹太人家庭的基督徒，并有了学习匈牙利语和德语两种语言的机会。1877年，斯坦因从小学毕业后，进入匈牙利信义会（马丁·路德教）中学。在这里，他第一次接触到了东方学研究。

匈牙利地质研究所所长拉乔斯·洛克齐是斯坦因的东方学和考古学启蒙导师。洛克齐曾于1877—1880年考察过莫高窟，是第一个将敦煌艺术介绍到欧洲的学者。斯坦因正是听了他的演讲与报告，才对亚洲产生了兴趣。中学毕业后，斯坦因进入奥地利的维也纳大学、德国的莱比锡大学和图宾根大学专攻东方学。图宾根大学的印欧语言和宗教史教授、最权威的梵语写本研究教授鲁道尔夫·冯·罗特（Rudolph von Roth，1821—1895），维也纳大学印度哲学和文物学教授乔治·比累尔（Georg Bühler，1837—1898）帮助他夯实了东方学的基础。斯坦因跟随他们学会了梵语和波斯语，其间他还认真研究了自己的偶像亚历山大大帝（Alexander the Great，前356—前323）的经历，同时还研读了两本伟大的探险著作——《马可波罗行纪》和《大唐西域记》。在这两部作品的感染下，斯坦因决定去东方探险，亲自印证书中记载的地理人文。

1883年，21岁的斯坦因取得了图宾根大学哲学博士学位，赴英国伦敦大学、牛津大学和剑桥大学从事博士后研究工作，主攻东方语言学和考古学。至此，他已先后掌握了匈牙利语、德语、希腊语、拉丁语、法语、英语、梵文和波斯语等语言，但他忽略了一点，在他的所有知识储备中，不包括汉语，这也成为他后来的探险生涯中最大的问题。1885年，斯坦因回到布达佩斯服兵役，并在这里掌握了最先进的军事地形测量方法。1886年，他返回英国进行古钱币研究，并在次年发表了第一篇学术论文《印度—斯基泰钱币上的琐里亚斯德年代》。至此，这位传奇探险家的学习正式告一段落。

1887年，25岁的斯坦因结束了博士后研究，被推荐同时出任新建立的英属印度旁遮普大学督学和拉合尔东方学院院长职位。在得到任命后，他立即怀揣着对亚洲及中国的期待启程。1888—1899年间，斯坦因除了行政工作外，主要研究克什米尔古代文化与地理，在拉合尔学习犍陀罗佛教艺术。这些经历为他日后在新疆、甘肃寻获犍陀罗风格的艺术品奠定了知识基础。

在工作期间，斯坦因还在英属印度西北边境省进行了一系列考古和地理考察行动。这些研究项目中，有两个需要格外注意：一个是考察亚历山大大帝东征的路线，寻找亚历山大大军的遗迹；一个是考察玄奘大师和马可·波罗东去的路线，寻找《大唐西域记》和《马可波罗行纪》记载的佛教圣地和文化古城。如果说来到印度是他为了有机会完成自己的梦想，那么在1893年以后，他终于开始一步步完成梦想。

斯坦因的探险梦想也源于古代文书在中亚地区的不断发现。1889年，英国驻印度的一名年轻情报军官鲍尔（Hamilton Bower，1858—1940）奉命追捕杀害英国著名中亚探险家安德鲁·达格列什的阿富汗凶手达德·穆罕默德。鲍尔以组织狩猎活动为幌子组成地下情报网，将手下撒向阿富汗、中国和俄属中亚。为追缉凶犯和搜集情报，他来到塔里木北缘古城——库车蹲点守候，偶然从一个名叫古兰·珂迪阿吉的人手中买到一本写在桦树皮上的写本，一共56页，用木板装订。一年以后，他把这本写有谁也不认识的陌生文字的古书带回印度，交给德裔印度学和语言学家鲁道夫·赫恩勒（Augustus Frederic Rudolf Hoernlé，1841—1918）教授解读。教授很快鉴定出这是一部公元5世纪用婆罗米字母书写成的手稿，虽然不完整，但集中了7种截然不同的文本，是至今为止世界上现存最古老的书籍之一。这本关于巫术与医药的古书被亚洲皇家学会命名为“鲍尔古本”（Bower Manuscript），年轻的鲍尔上尉从此扬名天下（图3-2）。赫恩勒也将其研究成果以“鲍尔写本”为名公布，立刻在英属印度及欧洲学术界引起轰动。

1893—1898年，在英属印度孟加拉亚细亚学会总干事赫恩勒提议下，印度政府责成英印驻中亚各外交机构代为收购文物，结果在加尔各答汇集了大批出自新疆塔克拉玛干沙漠中的文物，包

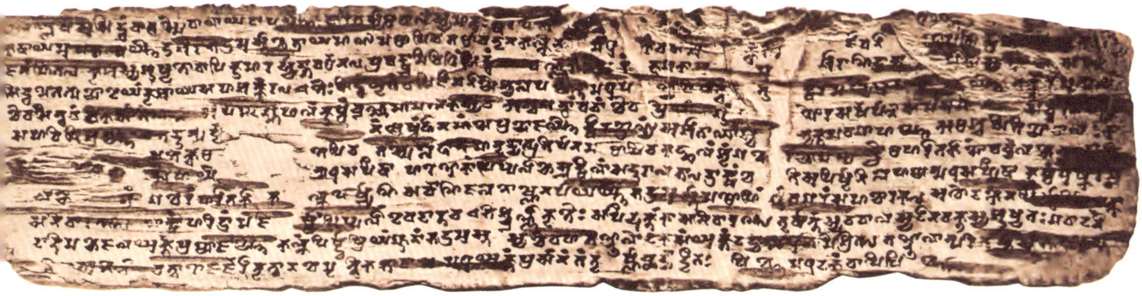

图3-2 新疆库车发现的5—6世纪“鲍尔古本”中的一页（现藏英国牛津大学博德利图书馆）

括一批古代写本，但没有这些文物的确切出土地点与断代。诸多英属印度学者及欧洲学术界对这批“未知文字”写本和印本的真实性产生了怀疑。在看到赫恩勒针对新发现的新疆古代文书发表的论文后，斯坦因燃起亲自探险的热情。为了印证诸多想法和怀疑，他根据1891—1893年法国探险家杜特列·德·兰斯（Jules-Léon Dutreuil de Rhins，1846—1894）考察队找到的早期普拉克里特语和佉卢文写的佛典线索，将和田作为他第一次考察的目的地。

在斯文·赫定发现丹丹乌里克遗址后，中国新疆已成为全世界探险家心中的圣地。瑞典、俄罗斯、英国、日本等国家都在组织探险队前往这个遍布宝藏的地方。斯坦因知道，要想挖掘到第一手资料，他必须立即动身。1898年9月10日，雄心勃勃的斯坦因将自己的行动计划以意见书的名义报给了旁遮普政府。他在意见书中写道：“我申请的项目是，要求地方政府和最高当局支持由我计划的一次对中国新疆和田地区及其周围古代遗址的考古考察旅行。”1899年元旦前夕，英属印度政府内务部和财政部初步批准了斯坦因新疆探险的申请。5月6日，斯坦因来到英属印度首府加尔各答就任穆斯林学校校长，变成了孟加拉政府的“公务员”，他的新疆探险计划也由旁遮普政府转到了孟加拉政府。

不久，这份计划被提交给孟加拉政府总督约翰·伍德伯恩爵士（John Woodburn，1843—1902）审定，伍德伯恩同意给斯坦因一年的时间去新疆探险，考古经费14000卢比，由中央政府、孟加拉政府和旁遮普政府共同分担，个人工资由孟加拉政府发放。至此，斯坦因终于有机会踏上中国，这个令他魂牵梦萦的地方。

3.2
被斯文·赫定忽略的丹丹乌里克

中国新疆的塔里木盆地位于亚洲中部，它的北面是天山，南面是昆仑山，西面是葱岭（即帕米尔高原），东面是由昆仑山余脉所形成的南山。斯坦因给它起了一个极为形象的名称——“亚洲腹地”。塔里木盆地的中心是塔克拉玛干大沙漠，在它的南北两缘各有一串基本呈东西向分布的狭长绿洲，就是古代丝绸之路新疆段著名的南道和北道。自从丝绸之路开通以来，随着东西方文化的广泛交流，西亚两河流域的波斯文明、希腊罗马的古典文明、印度的佛教文化以及中国古代传统文化都在这里得到了有机的结合，斯坦因的中国探险第一站也选择在这里（图3-3）。

图3-3　在新疆塔克拉玛干沙漠向克里雅河行进的斯坦因探险队（1900年代）

1899年10月，斯坦因来到加尔各答西部的比哈尔进行了一次探险旅游，这是他新疆探险的预演。他先去了摩揭陀圣地，然后追寻玄奘大师的足迹，沿着帕拉斯纳特山麓前进，考察了一处处佛教圣迹。他根据《大唐西域记》的记载找到了几处早已被人忘记的古道，最后从伽伊返回加尔各答。1900年3月，斯坦因前往旁遮普拉合尔西北的拉瓦尔品第地区担任督学。不久，斯坦因收到护照和在新疆使用的中文名片。5月31日，斯坦因正式出发去新疆探险。他选择的行动路线是从克什米尔的斯利那加到吉尔吉特，再到拉罕，最后到达第一个目的地——新疆的喀什。

斯坦因率随从首先沿吉尔吉特古道，于6月29日越过帕米尔高原进入中国境内，走访了喀什附近的古迹。9月11日，斯坦因离开喀什前往和田考察。17日，在莎车县叶尔羌收购了一批文物。10月13日，斯坦因探险队抵达和田，受到清朝和田知州潘震（1851—1926）组织的当地富商的欢迎。许多资料中，这个知州的名字都写为“和田按班潘震”，其实这是汉语和满语的结合词。“按班”是满语“昂邦”的音译，意为大臣。潘震答应尽最大能力帮助斯坦因在和田周围考察。于是，斯坦因首先对和田南山（昆仑山脉一部分）进行了地质地埋学考察，然后又调查了和田绿洲内的古迹。11月25日，斯坦因一行前往于阗国故都遗址约特干村（Yurturgan），开始了他第一次大规模的发掘，获得近百件文物。

和田，古称“于阗”。于阗国的建国传说非常具有传奇色彩。玄奘在《大唐西域记》一书中记载，瞿萨旦那国方圆有4000多里，一半以上的地区是沙地，国境内有100多座佛寺，僧徒有5000多人，大多研习大乘佛法。相传，印度阿育王（前268—前232年在位）的太子被人挖去了眼睛，阿育王一怒之下，就流放了许多辅臣僚佐和豪门大族。这些人被迫迁徙到了瞿萨旦那国的西界，建立了自己的国家。不久，东土的一位皇子获罪被流放到了瞿萨旦那国的东界，并且自立为王。后来，两国发生了战争，东土王子获得了胜利。王子到了垂暮之年，苦于没有后嗣，于是就到毗沙门天王的住处去祈祷，从天神像的前额剖出了一个男孩。但是这个男孩却不吃人奶，国王怕他活不长久，只好再去请天神替他养育婴儿。这时，神祠前面的土地忽然隆起了乳房，婴儿靠吸吮这里的乳汁，终于长大成人，继承王位。从此，这个国家的人民就自称是毗沙门天王的子孙，而“瞿萨旦那”就是“地乳”的意思。玄奘书中提到的瞿萨旦那国，就是古代的于阗国。

图3-4　和田当地的寻宝人普拉特和易卜拉欣（1900—1901年，斯坦因拍摄）

于阗国的发现成为斯坦因第一个重大收获。在他当年向印度政府呈交申请书的时候，恐怕都没有意识到会有这样的成果。在那份申请书中，他列举了大量当地百姓发现的古代文书、钱币、雕刻、绘画等文物，并说："众所周知，现今和田曾经是古代佛教文化中心。很显然，这种文化发源于印度，并且有明显的印度特色。如果对这些古遗址进行系统的发掘，将会得到对于印度古代文化研究极为重要的发现。"可他怎么都没有想到，这个发现，不仅对印度古代文化研究极为重要，更重要的是向世界公布了新疆佛教艺术的存在，开启了世界对新疆文化的研究。

不过与斯文·赫定不同的是，斯坦因认为考古学最重要的就是发掘文物，研究文物，至于通过何种手段收集，是亲自挖掘还是重金购买都没有差别。在第一次中国考察期间，斯坦因雇佣的数位觅宝人中有一位是来自玉龙喀什村的老寻宝人（图3-4）。他从丹丹乌里克遗址带回的文物标本成功地引起了斯坦因的兴趣。于是，他从1900年12月19日至1901年1月3日对这座罕有人至的沙漠古遗址进行了大规模的发掘，最终共发现寺庙房屋15座，获取文物180件左右。

这些寺庙房屋的形制是用木骨泥墙围成一个方形的小院落，中心设立带有方形基座的佛塔或佛像，形成一个右旋礼拜的回廊，有的在寺院外墙壁上绘着排列齐整的小坐佛像，我们称之为千佛（图3-5）。它们的年代大约在5世纪。这些寺院的设置方法，和龟兹国早期流行的传统相一致，说明佛教最初传入于阗时，

图3-5 斯坦因在丹丹乌里克发掘的约5世纪的2号寺院遗址东南角和千佛壁画（1900—1901年，斯坦因拍摄）

也带来了印度绕塔礼佛的思想。

斯坦因后来写道：

在那辽阔无垠的平原里，我仿佛是在注视着地底下一个巨大的城市的万家灯火，这难道会是没有生命又没有人类存在的可怕的沙漠吗？我知道，我以后将永远也不能再看到这壮丽迷人的景色了。

巧合的是，在几年之前，斯文·赫定也曾站在同样的位置。只不过两人做出了截然相反的选择。被斯文·赫定忽略的丹丹乌里克遗址，成了斯坦因功成名就的起点，不得不说历史有时就是如此具有戏剧性。

图3-6 斯坦因在丹丹乌里克发掘的约5世纪的2号寺院遗址天王塑像和龙女索夫壁画（1900—1901年，斯坦因拍摄）

3.3
古于阗国的龙女索夫

在清理丹丹乌里克寺院遗址时，斯坦因发掘出了许多描绘着动人传说、故事的壁画和木质画板。其中一些绘画讲述的正是于阗国的传奇故事。

在丹丹乌里克2号寺址中有一幅精美的壁画，以白描微施淡彩的技法画成。画中是一位半裸女子站在莲池之中，一童子双手抱住她的右腿并抬头仰望，莲池左侧画着一个骑着马的人物（图3-6）。

这幅壁画根据古代于阗国龙女索夫的传说绘成。《大唐西域记》中也记载了这个故事：在于阗王城东南100多里的地方有一条大河，是百姓得以灌溉农田的主要水源。后来河水突然枯竭断流了，河里的龙女凌波前来传话：“因为我的丈夫早死，使我没有了主夫之命可以遵从，所以河水才断流了。你们要是能在国内选择一位贵臣做我的丈夫，水就会像以往那样长流不断了。”于是，于阗国王挑选了国中的一位大臣，让他骑着一匹白马走进河中。

过了一会儿，只有白马浮出了水面，从此河水又奔流不息了。这幅壁画记载的就是龙女索夫的故事。画面呈现出明显的敦煌壁画的线条感，而更有趣的是，这幅壁画的构图形式常用在公元前1世纪古希腊与古罗马的维纳斯与丘比特雕塑中。这幅壁画充分证明了和田地区在当时已经有中西方文化艺术融合的雏形，也进一步说明丝绸之路对东西方文化交流的重要意义。

在丹丹乌里克遗址中还发现了不少类似的于阗古代传说故事绘画。其中10号寺院出土的木板画《蚕种西传》是保存最完好、最清晰的木板画作品之一（图3-7）。这个故事也记载在唐玄奘的《大唐西域记》中：从前，这个国家不知有桑蚕，听闻东国有，就命使者前去索求。东国君主认为桑蚕是国之机密，不愿赐给，还严敕关防，没有命令，禁止桑蚕出国境。瞿萨旦那王就派使者求娶东国公主，并请求东国公主："我国从来没有丝帛和蚕桑的种子，你可以带一些来，给自己做衣裳。"公主闻言，秘密搜求了桑蚕种，放在自己的帽子里。和亲队伍来到边境关防时，所有人都被搜查了，唯独公主的帽子没人敢搜。于是，桑蚕之术便流入了瞿萨旦那国。在这个木板绘画中，东国公主被置于中心位置，着重描绘了她的头饰及帽冠。为了更直观地说明画面内容，他们之间放着一碗蚕茧，公主右手边的使者还用手指着公主帽冠，暗示蚕种藏于其中。画面右侧另有一人站在撑满经线的织机旁，也点明了这个故事的主题。

图3-7 斯坦因在丹丹乌里克10号寺院遗址发现的《蚕种西传》木板画（12厘米 x 46厘米 x 2.2厘米，现藏大英博物馆）

图3-8 斯坦因在丹丹乌里克10号寺院遗址发现的《波斯菩萨》木板画（33.5厘米x21厘米x2.5厘米，现藏大英博物馆）

在丹丹乌里克10号寺址中出土的另一块木板中间，画着一位长着鼠头的神灵，左端是一名男子持花正在供养它。据《大唐西域记》记载，这位鼠神曾经帮助于阗国王击退了匈奴的侵犯。当年于阗国的佛教艺术家们为了充分表现他们的崇敬之心，特意把这些与佛教思想毫无关系的神话传说绘制在神圣的佛教殿堂中。因为他们相信这些画中人曾经给于阗人民带来了幸福与安宁，在某种意义上，它们与佛法的作用也是相似的。

10号寺址木板画中，还有一件双面的单人坐姿神像，一面画的是一个四臂武神形象，有着浓重的络腮胡须。因为其的确具有很多古代波斯人的形貌特征，又确实是在佛教殿堂发现的，还以

图3-9　斯坦因在丹丹乌里克10号寺院遗址发现的《三头四臂神像》木板画（33.5厘米 x 21厘米 x 2.5厘米，现藏大英博物馆）

常见的菩萨姿态出现，因而被斯坦因称为“波斯菩萨”（图3-8）。这也是东西方文化与宗教融合的又一个很好的示例。在这幅木板画的背面还画着一个三头四臂的神像（图3-9）。他全身赤裸，腰间系着虎皮，身下坐着两头卧牛，主头像面相靛青，带有明显的印度壁画艺术中的男子形象特征。这个绘板两面所表现的可能是佛教中的某位天神和于阗当地的某位守护神。在绘画风格上，基本上属于在印度流行的希腊古典美术风格。从画中我们可以清楚地看到来自波斯、印度的艺术风格对于阗国佛教艺术产生的深远影响，以及它们又是怎样相互依存、共同发展的。

这些珍贵的绘画展现出了极高的艺术价值与历史价值，是研究中亚文化与历史、丝绸之路与敦煌文化的重要史料。正如斯坦因所说：“这些图画出现的时间虽然比印度犍陀罗艺术晚了好几个世纪，但是希腊风格仍然表现得很清楚。”

3.4
尼雅遗址的佉卢文和汉代简牍

1901年1月，斯坦因在位于今和田民丰县的尼雅发现了被沙子掩埋的城市遗址（图3-10）。从1月28日—2月13日短短两周的时间，他在尼雅河道周围进行大规模的发掘。在一间被称为衙门的房屋里，他挖出了大量木制简牍，上面有许多无法辨认的文字。他欣喜若狂，躲在冰冷刺骨的帐篷里，用一整夜时间破译了木简中的数行文字。经过考证，他确认这是和婆罗米文字几乎同时诞生的佉卢文（图3-11）。这种文字起源于古代犍陀罗，是公元前3世纪印度孔雀王朝阿育王时期的文字，后来流行于中亚广大地区，

图3-10　新疆和田民丰县的尼雅遗址

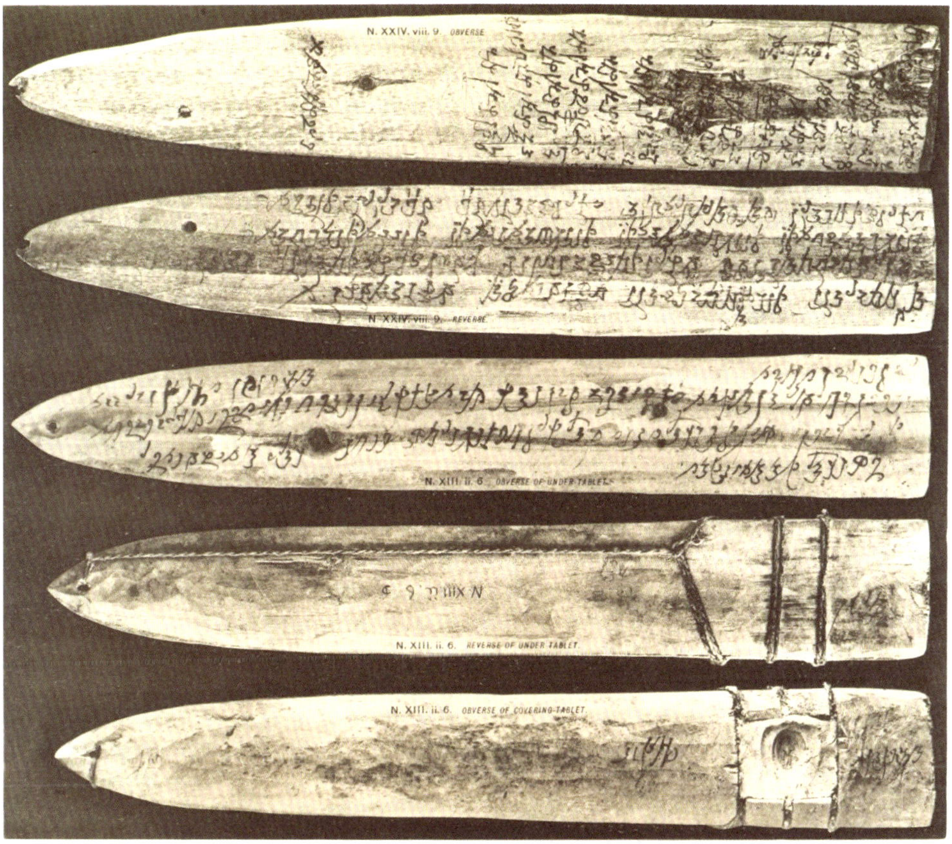

图3-11　斯坦因在尼雅遗址发现的佉卢文木简（1921年，采自《西域考古记》图版XXIV）

是丝绸之路上重要的通商语言和佛教语言。只是到了公元5世纪，佉卢文突然意外衰落，没有任何国家继续使用，完全消亡在历史长河中。斯坦因发现的这批佉卢文简牍时间跨度超过200年，是研究佉卢文演变及消亡原因的重要文物，也是研究古代丝绸之路上各民族交融的重要史料。

后来，斯坦因又在尼雅发现了许多魏晋时期的汉文简牍，文献及历史价值极高。如N.xv.No.326号释文“泰始五年十月戊午朔廿日丁丑敦煌太守都”等明确标注时间的简牍（泰始五年为公元269年），可以从侧面确定同一时期出土的佉卢文木简的时

图3-12 斯坦因在尼雅遗址发掘的场景（1906年10月）

间。同时，这些简牍和中亚其他国家发现的简牍互相印证，能够更准确地还原当时生活在尼雅地区的人们的生活习俗，以及该地区政治、经济、文化等的发展情况。得益于沙漠干燥的环境，尼雅遗迹不仅保存了各种绘画、简牍，还有刻着贵霜王国特色雕花的木椅、木桌和门框。这些物件都被他带回英国，现存于大英博物馆（图3-12）。

值得一提的是，贵霜王国是公元1—3世纪曾存在于中亚的强盛国家，地处中亚丝绸之路的交通要道，是中国丝绸、漆器，东南亚香料，古罗马玻璃制品、麻织品等贸易的中转站，同时也是大乘佛教向中国内地的传播地。不过，由于各国史料混乱，年代不清晰，关于贵霜王国的一些历史至今仍是谜团。

斯坦因的第一次考古行程非常紧凑，为了尽可能扩大发掘范围，仅在每个地域发掘两周就会离开。在尼雅的考古结束后，1901年4月11—18日，斯坦因在距离和田县东北约40公里处的玉龙哈什河对岸发掘热瓦克佛寺遗址。热瓦克佛寺是一座以佛塔为中心的寺院，建筑平面接近正方形，寺院中间有一座三层高的

图3-13 斯坦因在新疆和田发现的热瓦克佛寺遗址及其泥塑佛像（1901年）

圆形佛塔，直径大约9米，塔的周围是长约50米、宽约43米的围墙。塔的围墙两面布满高大的塑像作品，佛像、菩萨像的尺寸全部超过真人。斯坦因在这里发现的美术遗物之多在中亚考古史上都是罕见的，仅发掘了南墙和西墙与南墙交接的一段，就出土了90多尊浮塑的立佛像（图3-13）。这些公元5—6世纪制作的佛像包含着印度犍陀罗式和笈多式的艺术风格，体现了当时于阗文化与印度及中亚文化的紧密联系。

斯坦因带走了热瓦克佛寺中较小的佛像，又对其他无法带走的佛像做了精确的测绘和摄像。遗憾的是，等他第二次返回和田探险的时候，这些佛像已经全部遭到当地人的损毁，被开膛破肚，因为他们想看看这个老外喜欢的佛像身体里是不是真的藏有宝贝。于是，斯坦因带回大英博物馆的标本和照片成为热瓦克佛寺仅剩的记录，在异国他乡落寞地展现着古代和田泥塑艺术的辉煌。

1901年5月12日，斯坦因返回喀什，后携带挖掘出的约1500件文物经费尔干纳、撒马尔罕、梅尔夫、巴库，于7月2日返回伦敦，正式结束了第一次中亚考察。这次考察带回的文物今天主要藏在大英博物馆东方古物部和大英图书馆东方部。

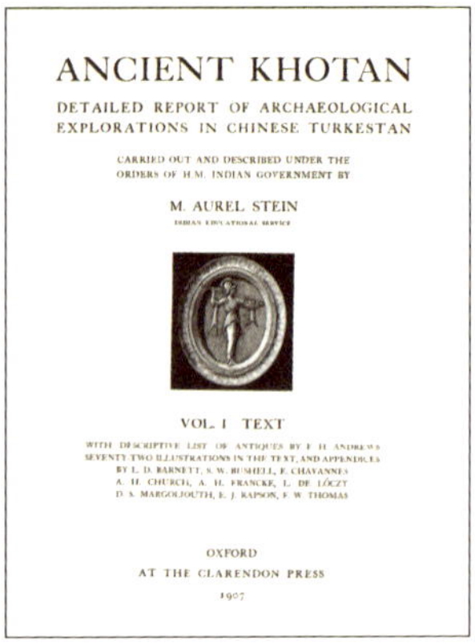

图3-14　斯坦因著《古代和田》扉页（1907年出版）

第一次中亚考察结束后，斯坦因撰写了《去中国新疆从事考古和地形考察的初步报告》，并在1902年于德国汉堡举办的第十二届国际东方学家代表大会上宣读了此报告。报告成果在学术界引起强烈反响，直接促成了国际中亚与远东探险协会的成立。随后，斯坦因在《初步报告》的基础上，又写成《沙埋和田废墟记——在中国新疆从事考古学和地理学考察的旅行实纪》和正式的学术专著《古代和田》。这本专著于1907年由牛津克拉兰顿出版社出版，是中外专业人员研究中亚文物的必读书之一（图3-14）。

3.5
米兰遗址的有翼天使

相比第一次，斯坦因的第二次考察更加出名一些，现在英国收藏的绝大多数敦煌文书便来自这次考察。1904年，斯坦因加入英国籍，提出了第二次进入中国考古的行动计划，并于1906年4月起程。经费由英属印度政府和大英博物馆共同承担，并在行

图3-15 斯坦因第二次中国考察合影于新疆（坐者左起：蒋孝琬，斯坦因，雷兰生。站者左起：布拉欣姆，哲斯范生，奈克兰生）

图3-16 斯坦因在新疆若羌米兰发掘2号遗址中的佛塔（1906年12月）

动前商议了斯坦因带回文物的分配比例——一部分归英属印度政府，一部分归大英博物馆。这次行动也是斯坦因获取中国文物最疯狂的一次。在喀什，他雇请了一位“师爷”兼翻译人员——蒋孝琬（1858—1922）。此人精通语言学，又勤奋好学，在斯坦因第二次探险中起了重要作用。同时，他也在这次探险中负责教授斯坦因汉语（图3-15）。

第二次的探险除了重访和田和尼雅遗址外，斯坦因一行还决定发掘古楼兰遗址，并深入河西走廊查探。10月8日，斯坦因到和田热瓦克进行第二次发掘；10月下旬重返尼雅遗址附近进行重复发掘；11月向罗布泊楼兰遗址进发。在到达罗布沙漠后，首先开始发掘罗布泊南边的若羌米兰遗址。

米兰2号遗址和热瓦克佛寺一样是一处塔院建筑，中间有一座佛塔（图3-16），四周在外墙对着廊柱的地方并排安置着6尊高大的坐佛像。这些佛像的体型与衣纹具有鲜明的犍陀罗艺术风格。但与犍陀罗艺术不同的是，佛头的样貌是汉族地区特有的风格。

米兰3号遗址是一个外方内圆的建筑物，它的中间有一座用土坯砌造的圆形佛塔，佛塔周围有方形围墙，每边长约9米，围绕佛塔形成一个1.2米宽的回廊。令斯坦因大吃一惊的是：在这亚洲腹部中心荒凉寂寞的罗布淖尔岸上，他居然看到了7个欧洲古典式的“天使”画像，这些“天使”被绘制在3号遗址回廊的中腰部位，他们都睁着灵活的大眼睛在注视着什么，小小的唇部微微收敛着，使斯坦因联想到古代希腊少女画像美丽的头部（图3-17）。他们并不是西方的天使，而是佛教八部护法中擅长音乐与歌舞的乾闼婆与紧那罗，敦煌石窟壁画中的飞天指的也是这些可爱的神灵。他们在佛国世界里经常用音乐、舞蹈的形式向人们传播佛法的微妙境界。但是，他们的原型又来源于希腊、罗马古典艺术中的天使形象，因为亚历山大大帝早已把欧洲的古典艺术带到了犍陀罗地区。随着鄯善国与贵霜王国文化交流的发展，这些来自西方世界的天使形象才被请进了沙漠南沿的佛教殿堂之中，充当了佛法的守护者与宣传者。

图3-17　斯坦因在新疆若羌米兰3号遗址中发现的“有翼天使”壁画（1906年12月）

图3-18 斯坦因在新疆若羌米兰5号遗址中发现的《须大拏太子舍施白象本生故事》壁画（1906—1907年）

在米兰3号遗址中还有一幅精美的壁画残片，画的是释迦牟尼佛和他的6位弟子。这些人物都睁大着眼睛，表现出中亚特有的人物面貌，其中可能包含着一个与佛有关的故事。在3号遗址南面的5号遗址回廊中，有一幅壁画表现的是须大拏太子本生故事。这位须大拏太子是释迦牟尼的前世之一，他乐善好施，扶危济贫，深得人民爱戴，却将父王拥有的神武白象误施舍给了敌国的婆罗门。画中的须大拏带有典型的中亚男子形象特征（图3-18）。在须大拏太子本生画的下方，画着一些青年男女扛着波状花缆，他们也都睁大着眼睛。这种题材我们在巴基斯坦雀离浮图出土的贵霜王国的迦腻色迦王（约127—151年在位）舍利容器的表面也能看到，也见于古罗马帝国时期的石棺表面浮雕，表现着对神圣人物功绩的庆贺。

在罗布泊，斯坦因发掘出包括著名的吐蕃戍堡在内的14座遗址（图3-19），陆续

图3-19 斯坦因在新疆罗布泊南边发掘古城遗址（1906—1907年）

获得珍贵文物500件以上，并带走了上述米兰寺庙遗址中的壁画，以及许多表现着新疆地区犍陀罗文化的佛教艺术泥塑像。米兰佛寺壁画的年代可以定在公元3—4世纪，也正是佉卢文在鄯善国中流行的时代。这些壁画在表现形式上都带有浓厚的犍陀罗艺术风尚，甚至还有西方艺术的风格融入。这些佛像和壁画，就是千年前东西文化交流史的忠实记录者。

在罗布泊，斯坦因除了发掘遗址，还做了另一件事情。在《古代楼兰》一书中他提到自己是如何推导出中国的楼兰就是佉卢文中的“Kroraina”（库罗来那）地区。斯坦因在尼雅发现的木简文牍使用的佉卢文又叫犍陀罗语，是古代印度西北部俗语的一个变种，主要流行在今巴基斯坦白沙瓦一带。他通过对凿通西域的西汉张骞（约前164—前114）报告的分析，认为“楼兰”是中国对一个固有地名的音译。考虑到楼兰所指与佉卢文中的库罗来那相同，他认为这个名称正来源于佉卢文文书中的“库罗来那”或

“克罗来伊那”（Krorayina）。在结合了诸多文书与简牍之后，最终确定楼兰就是佉卢文中的库罗来那。

即使从现代语言学角度来看，这种分析方法也可圈可点。鉴于半元音r在汉语语音体系中没有对应发音，再加上外语名称转换成汉语读音时的困难，以及唐代以前完全不存在汉语与外语转写的规则，综合来看，用“楼”（lou）是能代替“库罗”（kro）的最接近的一个音。同样，“兰”（lan）的发音与“来那”（raina）或“来伊那”（rayina）也是相当接近的。

3.6 王圆箓在敦煌的意外收获

在继续研究斯坦因的行踪之前，有必要来说另一个人物——敦煌道士王圆箓（1849—1931）（图3-20）。这位王道士是湖北麻城人，曾经在肃州（酒泉）巡防军当过兵，退伍以后无事可做，就当了道士。他游历到敦煌，在莫高窟住了下来。清朝末年，依据地势南高北低的特点，莫高窟寺院分成了上寺、中寺、下寺。上寺与中寺住的都是西藏佛教红教的喇嘛，讲诵的是藏文佛经。下寺是道士居住的太清宫。王道士既懂汉语，又能诵道经，于是有很多人请他去做道场，他的生计也渐渐好了起来。

图3-20　道士王圆箓（1907年，斯坦因拍摄）

1900年6月26日，立志修葺莫高窟的王道士在第16窟甬道壁发现了一个被人为封闭的小窟（图3-21）。进入这个小窟后，他发现这个只有19立方米的小窟内竟然整齐地堆放着无数的布包，每个布包内都裹着十几卷古文书，还有平铺在布包下的绢幡佛画、古木刻印刷品、铜和木制的佛家法器等物件。窟内北面的壁画有树和侍女，西壁的壁龛内嵌有石碑，

图3-21　在莫高窟第16窟甬道侧壁发现的藏经洞（第17窟）与部分古代文书（斯坦因摄于1907年）

即唐大中五年（851）的《洪䛒告身敕牒碑》。

洪䛒是晚唐时期敦煌的著名僧人。唐代中叶的8—9世纪，在吐蕃统治敦煌时期，他担任沙州释门都法律兼摄行教授。公元851年，由于在张议潮（799—872）收复敦煌战争中有功，被唐王朝封为释门河西都僧统摄沙州僧政法律三学教主，并赐紫（高僧的特殊荣誉），授“京城内外临坛供奉大德”称号。藏经洞的开凿正是为了颂扬和纪念这位有影响的洪䛒和尚，这种建筑就是佛教纪念性的“影堂”“塑堂”，因此藏经洞也可以称为“洪䛒影窟”（图3-22）。

当王道士打开这所神秘的“影窟”时，内装骨灰袋的洪䛒真容塑像早被移置到了别处，“影窟”被用来“藏经”了。那么藏经洞究竟是什么时候堆放了这么多的文书，又为什么把它封闭起来？这始终是个谜。王圆箓也没有想到，他这么轻而易举地发现了日后举世闻名的敦煌藏经洞——莫高窟第17窟。

发现藏经洞的宝物后，王圆箓立刻上报敦煌县令，但无人理会他的报告，清政府也没有采取任何保护措施，只让他自己原地封存保护。

虽然敦煌士绅对这批宝物不怎么重视，但王道士却不这么认为。他曾载着一箱经卷，到酒泉去献给安肃道台满洲人廷栋（1866—1918）。廷栋认为这种经卷的书法还不如他自己写的字，于是颇为轻视。当时嘉峪关的税务司是个比利时人，即将回国，来向廷栋辞行，廷栋把经卷的一部分赠送给了他。这个比利时人到达新疆后，又将所得卷子分赠给在新疆的长庚将军（满洲人）及道台潘某，并且说出得自敦煌的情形。这时，在新疆的外国人已在传说敦煌的瑰宝了，在他们当中，闻风而来敦煌探宝的第一人就是斯坦因。

图3-22
莫高窟第17窟
“洪䛒影窟”内景

图3-23　敦煌莫高窟第432窟附近的洞窟群（1907年5月31日，斯坦因拍摄）

1907年2月11日，斯坦因结束了在米兰遗址的大规模发掘行动，将所获文物包装运往喀什，并于2月21日动身向甘肃敦煌进发。3月，斯坦因刚到敦煌时，从一个来自乌鲁木齐的维吾尔族商人萨希伯克处又听说了莫高窟发现藏经洞的消息。

斯坦因前后共到过莫高窟5次：1907年4次，1914年1次。1907年3月的这次初步勘察，石窟壁画“美术价值之丰富”已经使他“惊心动魄”（图3-23）。5月是他的主要活动期，第一次是在中旬，正赶上莫高窟的佛诞庙会，人多眼杂。他在自著《西域考古记》中这样记录道：

这里虽有丰富的机会，不少的遗物，可以为研究佛教艺术之用，然而开始还是以限于考古学方面的活动为妙。如此庶几不致激起民众的愤怒，酿成实际的危险。

图3-24 王圆箓刻在三层楼莫高窟第16窟新绘的《西游记》壁画前（1907年，斯坦因拍摄）

第二次是5月21日，他再来莫高窟，庙会已经散了。他就把帐篷扎在那里，准备长期“努力侦察”秘室发现的“宝物”。但这时也不凑巧，王道士出门化缘去了。“宝物”被封锁在石室内，他只好暂时先去附近考察。

1907年5月底，斯坦因第四次来到莫高窟，王道士也已经回来了。这一次，斯坦因要在从疏勒雇来的翻译——湖南人蒋孝琬的帮助下，进行“长期奋斗”。王道士虽然不懂古文书的价值，但保管起来还是十分小心谨慎的，也许他是害怕由于自己的疏忽而激怒了神灵，平时不敢随便打开示人，因此想要接近这些文书是不容易的。且王道士为人机警，令斯坦因难以捉摸，即使“（尽其所有的）金钱来引诱他同他的寺院，还不足以胜过他对宗教的情感，或者激起众怒的畏惧”。然而，下寺的壁画却给了他很大的启发：壁画是王道士请来的很不高明的画工画的《西游记》（图3-24）。斯坦因看得出，这个道士虽然对佛教无知，却对唐代高僧玄奘充满了虔敬，这让他找到了突破口。

斯坦因用很有限的中国话向王道士述说他是如何地崇奉玄奘，如何循着玄奘的足迹从印度穿越峻岭大漠来到莫高窟。王道士显然被这些话感动了。当天夜间，他就悄悄地把秘室所藏的几个写本拿给斯坦因看，这时又有一个巧合帮了斯坦因的忙。原来王道士最初拿的这几卷文书，正是玄奘翻译的佛经。这岂不是玄奘在显圣！二人就以近乎迷信的口吻说：这是唐僧在天之灵将这些密室托付给王圆箓，等待斯坦因再次将经书取回印度。在这番话的鼓舞下，王道士的勇气为之大增。第二天早晨，他就将斯坦因引入了秘室。

当时这座密室里的情形，按斯坦因的话说：

> 从王道士所掌微暗的油灯光中，我的眼前忽然为之开朗。卷子紧紧地一层一层地乱堆在地上，高达十英尺左右。据后来的测度，将近有五百平方英尺。小室约有九英尺见方，两人站了进去，便无多少余地了。
>
> 道士自被我开导以后，很热心地将卷子一捆又一捆抱了出来。

除了卷子写本之外（图3-25），还有“用无色坚韧的画布作包袱的一个大包裹，打开之后，全是古画，颜色调和，鲜艳如新”。

图3-25　刚刚从敦煌藏经洞搬出的成捆古代文书（1907年，斯坦因拍摄）

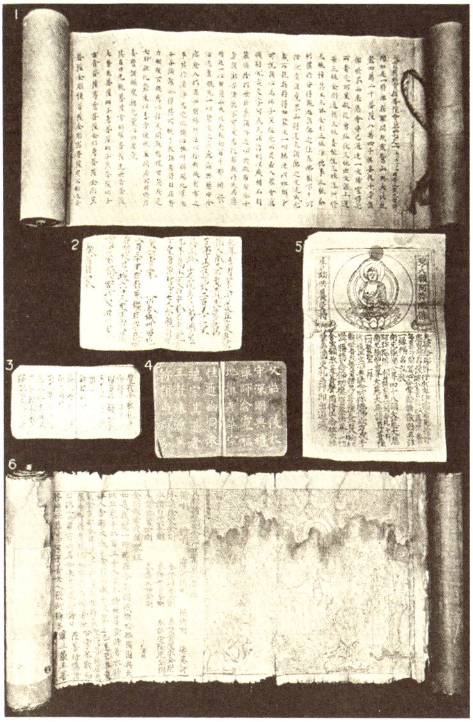

图3-26 敦煌藏经洞汉文文书部分（现藏大英图书馆）

斯坦因暗中观察到王道士对这些宝贵的卷子和艺术品“竟看得很不算什么”，他深感惊异的同时又顿觉轻松。但他又想到，“到了这一步，热烈的心情最好不要表露太过”。果然，“这种节制立刻收了效”，“道士对于遗物的漠视因此似乎更为坚定一点”。为了更彻底地清除王道士“对于流言的畏惧心情”，斯坦因告诉他要捐一笔功德钱给庙里，这样价钱就讲定了。于是他们约定，在斯坦因离开中国国土以前，这些“发现品”的来历，除三人之外，不能让别人知道。“此后单由蒋师爷一人运送，又搬了七夜，所得的东西愈来愈重，后来不能不用车辆运载了。”

最后，斯坦因获取了“满装写本的二十四口箱子，另外还有五口内里很仔细地装满了画、绣品以及其他美术品的遗物”，全部运到了伦敦大英博物馆。而这些所有的文物，他只花费了40块马蹄银，相当于500卢比。对斯坦因来说，这笔交易简直不能更划算了。这些文书就是日后大英图书馆中7000件敦煌文书中的主要部分（图3-26）。

3.7
大英博物馆收藏的敦煌绘画

斯坦因带回英国的敦煌绘画，经过数年的修复，终于重见天日。这些美轮美奂的画作，经过近千年的尘封，漂洋过海，寄居在异国他乡。它们依旧光彩夺目，却令人心生感慨。

藏经洞共出了300多件唐宋时代的纸本、绢本、麻布本的绘画作品，是敦煌乃至中国艺术史上的瑰宝。唐、五代、宋的绘画，传世的没有多少，但被美术史学者青睐，反复研究，发表与出版的成果无数。藏经洞中发现的这些绘画作品，无疑是一批珍稀的国宝了。其中斯坦因拿走的有200多件，现藏伦敦大英博物馆；法国伯希和拿走的有100多件，现藏巴黎吉美博物馆。

在斯坦因带走的画中，题材从特定的菩萨许愿画，到描绘西方极乐世界的净土图，应有尽有。有些画是以幡的形式来表现的，窄而长，并配有三角形的幡头和自由飞舞的长方形飘带，飘带的尾部一般坠有重物。在这些旌幡上，一般绘有本生故事画，或是描绘单尊佛、菩萨、护法像（图3-27）。观音的形象最为常见，因为在佛教徒的眼里，他是能够拯救众生的大菩萨。有的是挂轴画，面积最大的几幅描绘佛教中的极乐世界，特别是药师佛、阿弥陀佛所在的西方极乐世界的盛况美景。这些画的题材可以通过图中描绘的与佛经相对应的故事得到验证。画中的佛教主要人物莫不雍容大方，庄严富丽，可以推见当时名画师的风格。有的是以手卷画的形式，来表现富有故事情节的内容，如描绘众鬼魂依次接受地狱阎王们审判的情景。下面我们来选择其中的几例加以说明。

《炽盛光佛并五星图》是大英博物馆收藏的一幅唐代敦煌画作，规格是80.4厘米×55.4厘米，博物馆编号1919.0101.0.31

图3-27　敦煌藏经洞所出唐代9世纪末绢本设色菩萨像幡（左，纵172.5厘米，横18厘米）与金刚力士像幡（右，纵187.5厘米，横18.6厘米）（现藏大英博物馆）

图3-28
敦煌藏经洞所出唐乾宁四年（897）《炽盛光佛并五星图》挂轴画（现藏大英博物馆）

（图3-28）。此画由主尊炽盛光佛和五星组成，上方有装饰，画面上有题记："炽盛光佛并五星神，乾宁四年（897）正月八日，弟子张淮兴画表庆光。"炽盛光佛，是能够折伏日月星宿、消灾解难的佛。古代中国人认为，日月星宿能导致天变，而天变会造成地上的风雨灾害。炽盛光佛有本领来降伏日月星宿，可以给众生消除它们带来的灾害。炽盛光佛的信仰开始于唐朝，盛于宋元时期，直到明朝仍然不绝。画中佛和五星都乘同样的五彩云，炽盛光佛放射着巨大光芒，象征震慑的力量。炽盛光佛所乘车由雄牛所牵，车朝向左，五星在车的周围按照逆时针方向依次排列。木星在边上以妇人形象存在，头戴猿冠，手持纸、笔；水星以官人形象存在，身着青衣，戴猪冠，手捧花和水果；土星则是婆罗门形象，戴牛冠，手持锡杖；金星则是一个戴着鸟冠、着白色练衣、弹奏琵琶的妇人形象；火星是四臂力士形象，戴驴马冠，四只手持武器。

牛车前方的祭坛上，摆放着一套精美的祭器。炽盛光佛的面部和身躯当时也是金色的，现在面部的金色是经过再次修复的。壁画上端残留的宽幅紫色绢说明它曾是当作挂幅来使用的。可惜现在上端的绢只有高11.5厘米的带子，下端的装裱物在发现时已经丢失。

另一幅《药师经变图》同样为唐代的绢画，尺寸更大，规格是206厘米×167厘米，编号为1919.0101.0.36（图3-29）。经变图是描绘佛经内容或佛传故事的图画。《药师经变图》药师佛的净土是"东方净琉璃世界"，所以，药师佛又被称作药师琉璃光佛。此图可能是存世敦煌绢画中最大的一幅，在构图方面可与敦煌石窟壁画中最复杂的净土图相媲美。

图3-29
敦煌藏经洞所出唐代约9世纪绢本设色《药师经变图》挂轴（纵206厘米，横167厘米，现藏大英博物馆）

此图按横向可分为三大部分。画面左侧边缘长条幅绘有完整的“药师十二大愿”故事，描绘药师佛解脱众生苦难的十二种愿望，目的是为了众生生活在安乐无病苦之中，这也是他的主要宗教功能。画面右侧边缘长条幅自上而下绘有“九横死”，指的是九种不好的死亡方式，如病死、饿死、溺死、烧死、被杀、自杀等，药师有能力将众生从这些非正常死亡中解救出来。画面中央部分则是药师净土，自上而下可分为六层。第一层绘有千手观音和千钵文殊；第二层为药师净土庄严圣境；第三层为药师三尊及诸眷属法会盛况；第四层为诸佛如来及众菩萨接引信众往生药师净土的场面；第五层为净土世界欢迎往生者的歌舞欢乐的场面及莲池的场景；第六层描绘了当时观音信仰中的如意轮观音和不空羂索观音及眷属。

在画面构图上，药师佛结跏趺坐，以右手在胸前结说法印，左手在膝前捧药钵。药师的两侧有左右二胁侍菩萨围绕，即日光菩萨和月光菩萨，形成了药师三尊组合。月光菩萨和日光菩萨还各有诸眷属和天王、魔鬼围绕。药师三尊的下方描绘着净土世界正在以歌舞欢迎往生者，以及众生在莲池内往生的情形。在画面中央的平台上，是一组欢迎众生的歌舞者，正中有挥动飘带、旋转帔帛跳舞的舞伎。其左右有两个跳舞的童子，左侧的童子正在拍打胸前悬挂的鼓。莲池两侧宝台上各有六尊护法神将，共计十二神将，守护着药师如来的琉璃净土世界。祭坛上摆放着置于三足盘上的金色香炉。祭坛两侧各坐有四名乐伎，左侧依次演奏琵琶、七弦琴、箜篌等乐器；右侧依次演奏箫、笙、笛子、拍板等乐器。舞伎前方有人首鸟身的迦陵频伽敲着铙钹，其前方原来还应有一只鸟，现已残缺（图3-30）。画面中的乐队融合了中西方的文化要素：琴是中国最受珍重的乐器，而琵琶起源于西方，它们共同演奏着佛国的妙乐，营造了热烈的欢乐气氛。

图3-30 《药师经变图》中的舞伎、乐伎及迦陵频伽鸟

有学者认为文殊菩萨在《药师本愿经》里地位重要，故这幅《药师经变图》特别加绘了密教的千钵文殊菩萨。也有学者认为千手观世音、如意轮观音、千钵文殊以及不空羂索观音，在信仰上与药师佛有不少相通之处，很可能是这些密教菩萨出现在这幅《药师经变图》上的原因之一。

大型绢画《引路菩萨图》（图3-31）也是当年斯坦因带到伦敦的，保存状态极佳，是流传海外的敦煌绘画的代表作。该画表现的是观世音菩萨举幡引导一位贵族女性亡灵进入西方极乐世界途中的情景。引路菩萨，即引导亡者往生净土的菩萨，其名号未见诸佛教经典。然而，敦煌藏经洞中出土的这幅绘画中有其图像及名号。根据相关典籍的印证，观世音菩萨具有引路菩萨的功能。

图中的菩萨身佩瓔珞，天衣庄严，右手持长柄香炉，炉中出香烟一缕，烟中有五彩云，云中现净土宝楼阁。菩萨的左手持莲花，花下有指引亡灵的引路宝幡。菩萨的身后一女子跟随。在画面的右上方存有墨书“引路菩”三字，即是“引路菩萨”的题记。在图中，巨大的菩萨与体量很小的灵魂均立于从上飘下的祥云之上，前往西方极乐世界。菩萨后面跟随的女子为死者生前的形象，梳着典型的唐代女子的发

图3-31
敦煌藏经洞所出盛唐8世纪《引路菩萨画 》挂轴（纵 80.5厘米 ，横53.8厘米，现藏大英博物馆）

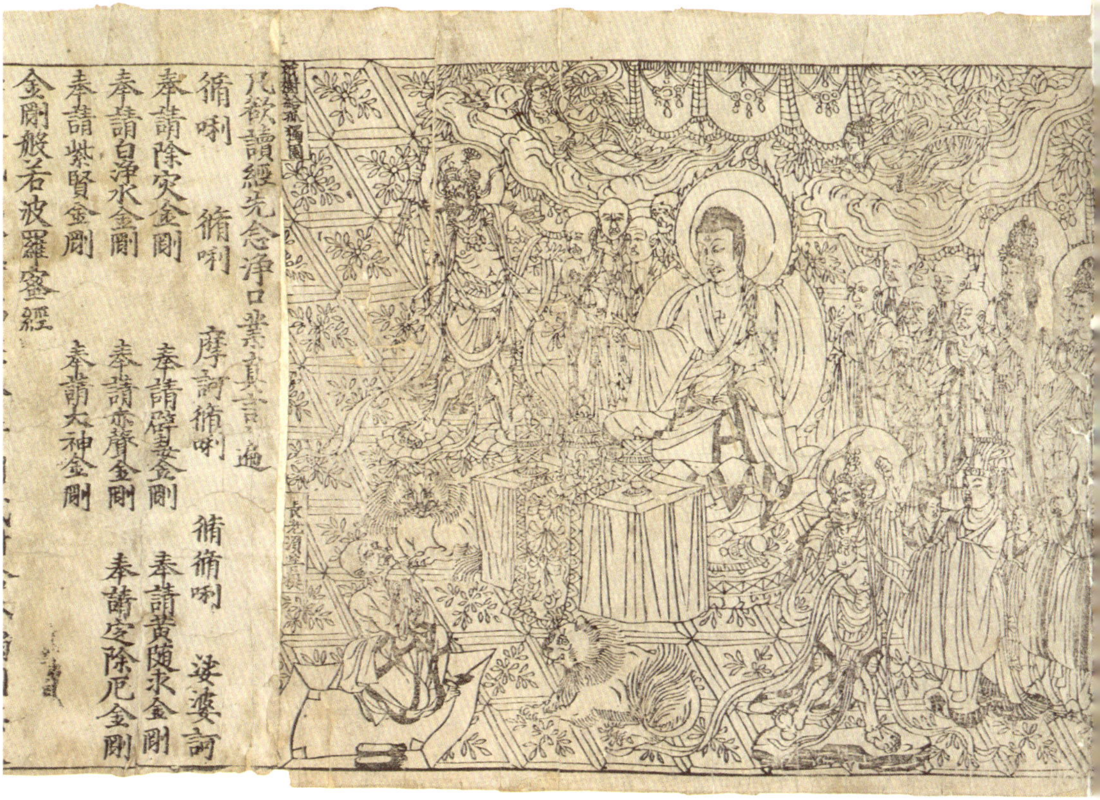

图3-32　敦煌藏经洞所出唐咸通九年（868）刻本《金刚般若波罗蜜经》卷头佛说法图（纸本版画，总高27.8厘米，总长240厘米，现藏大英图书馆）

式，其衣着、发型乃至丰腴的脸部均与盛唐画家周昉的《簪花仕女图》如出一辙，正可印证该女子的尊贵身份。

斯坦因带走的这些绘画落笔精细，颜色艳丽，是唐代佛教绘画中的精品，表现了千年前的古韵之美，是研究中国绘画不可或缺的宝贵资料。

在斯坦因带走的敦煌藏经洞佛画中，还有一批雕版印刷的版画作品，主要是佛经中的插图，内容也相当丰富。这些佛教版画，不仅对研究书籍刊印史有很大价值，对研究佛教图像也帮助极大。其中一件唐咸通九年（868）的刻本《金刚般若波罗蜜经》，世界上还没有发现比它年代更古老、更完整的印本书。这个刻本卷头有一幅佛说法图，从上面的题记可知，该图表现的是佛在舍卫国祇树给孤独园讲说《金刚经》的场面（图3-32）。佛的头顶有伞盖，伞盖两侧各有一身飞天。佛的身后是众弟子、菩萨、二护法力士，还有一个俗家官员形象的男子。佛的前面有供桌，桌上摆放着供品。供桌的前面有一老年僧人胡跪合掌，他是长老须菩提，正在向佛提问，从而引出《金刚经》的内容。精舍的地面铺有方砖，砖上刻有花草纹样。该画线条精细有力，可以看出高超的刻板技术。此刻本1907年被斯坦因带到英国，现收藏于大英图书馆。

3.8
给英国带来的更多收获

1900—1931年的31年间，斯坦因一共进行了4次新疆考察，累计带走文物10000多件，他亲笔书写的考察报告和考察日记清晰地记录了这些收获。其中第二次和第三次探险获得的7000多件文书目前都藏在大英图书馆。这些文书包括汉文、藏文、粟特文、突厥文、回鹘文、佉卢文和梵文等多种语言写本（图3-33），还混有部分和田文书和吐鲁番文书。国内曾出版了120册的《英国国家图书馆藏敦煌遗书》，专门发表与介绍这些藏在大英图书馆中的敦煌文书。然而，斯坦因搜集的写本虽然数量巨大，但由于他缺乏汉学知识，又不懂汉语，选择的大多是保存完整的经书，学术价值并不高，远逊于比他晚到敦煌的法国汉学家伯希和的搜集品。

第二次探险结束后，回到英国的斯坦因因为这批来自敦煌的文物受到世人的尊崇。无数人赶来与他结交，称他是“英国东方探险第一人”，称赞他带回的文物无与伦比。在此之后的三年中，斯坦因一直在欧洲活动，参与英国的授勋仪式，前往大学授课，同时完成考古工作报告的出版工作。但他的内心仍有一个念头——再去敦煌，把剩下的东西全部带回来。

1914年初，斯坦因一行到达新疆若羌，开始第三次考察。在

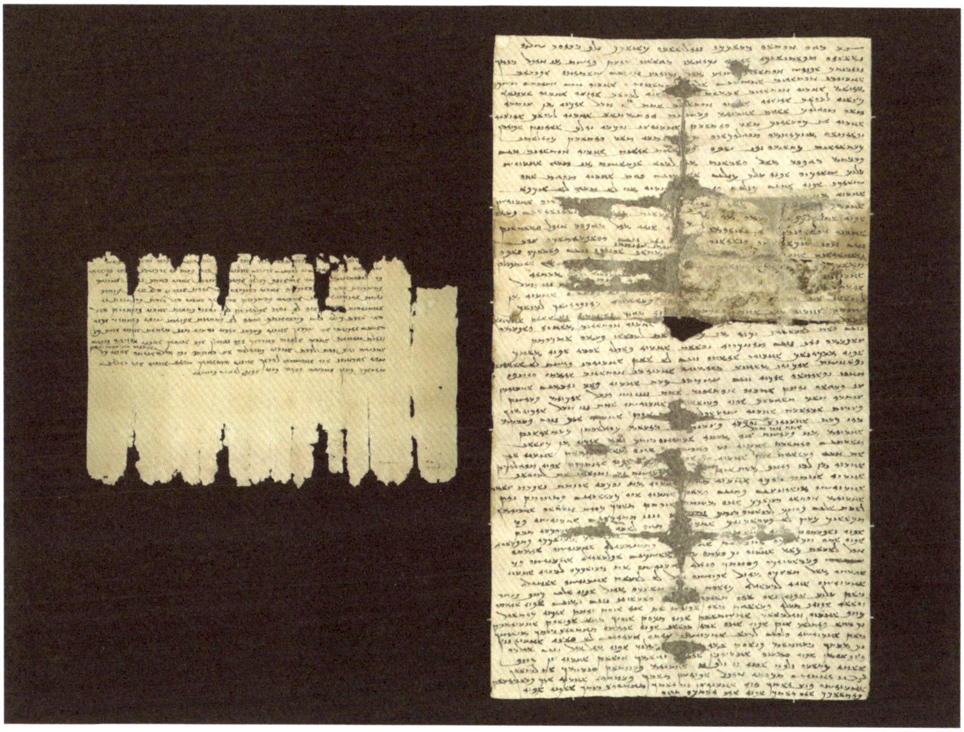

图3-33　敦煌藏经洞所出粟特文书（约公元313年）两件
（纸本墨书，右件高42厘米，宽24.3厘米，现藏大英图书馆）

米兰遗址，他将第二次考察期间未能拿走的精美壁画全部剥下。剥离之前，他先将壁画后面的墙壁半凿，锯掉砖木结构，尽可能保留了壁画的全貌。通过这种毁灭式的攫取，斯坦因共剥得壁画11块，之后装上背垫，放进6只大箱中带走（图3-34）。

1914年3月，他再次来到敦煌。在莫高窟，王圆箓热情地欢迎斯坦因的到来，就像遇到老朋友一般。王道士甚至跟斯坦因描述了1909年清政府在各种压力下终于决定将敦煌文书收缴国有的过程，很痛心他们的野蛮装卸，后悔当初没有把文书全部交给斯坦因。当然，王圆箓并没有想象中那么老实，在北京来人拿走剩余文书之前，他偷偷藏起了1000多卷。而这些文书，大部分又被斯坦因拿到，付出的不过是500两银子。

拿到最后的敦煌宝物后，斯坦因于1914年5月路经酒泉向北沿额济纳河进发，前去考察黑水城遗址，一路上受到各地道台官员的热烈欢迎。黑水城，是西夏国的北部重镇，黑水镇燕军司的驻所，以后又是元代的亦集乃路城，位于今内蒙古纳林河东面的巴丹吉林沙漠边沿地带。由于流沙的侵袭，这座从河西走廊通向漠北地区

图3-34 斯坦因将在米兰遗址所获文物装箱运走（1914年2月1日）

驿路上的重要枢纽在明朝初年湮废了。1907—1909年间，俄罗斯著名考察家柯兹洛夫（1863—1935）在中亚探险期间发现了这座令人神往的古城，并且发掘出了300多幅佛教绘画作品，其中的相当一部分是具有浓厚藏传佛教风格的密教唐卡。斯坦因也想碰碰运气。

1914年6月，斯坦因在黑水城的垃圾堆与废塔中发现了大量用汉、西夏、吐蕃、回鹘文写成的文书，还有一张保存完好的波斯语文书。

1914年10月，斯坦因又来到新疆吐鲁番，开始着手剥离柏孜克里克石窟壁画，共获壁画90箱左右。在此期间，新疆的大小官员同样非常欢迎他的到来，轮番宴请他。在这些官员的眼里，古代石窟都是一堆被废弃的垃圾，他们毫不痛惜其中的壁画被外国人拿走，而只想尽力结交外国人，讨外国人的欢心。但新疆官员的盛情却令斯坦因头疼不已，在他的日记中充斥着对这些人的厌恶和贬低，并数次抱怨这种冗长的宴会与社交耽误了他的考察与研究时间。到1915年2月，斯坦因已在吐鲁番周边获取文物141箱。

1915年5月，斯坦因再次前往库车，考察了克孜尔千佛洞。他拍摄了部分壁画照片，认为这里是敦煌莫高窟与阿富汗巴米扬石窟之间产生联系的重要环节。这一发现，补上了印度与敦煌文化传承拼图的重要一块。此后，斯坦因返回喀什，将第三次考察期间所获文物与资料集中装箱，这些文物共装了182个箱子，另有8个大皮箱装胶卷、底片等物。至此，斯坦因的第三次考察正式结束，共历时2年又8个月。

斯坦因结束第三次考察后，没有立即撰写关于这次考察的旅行纪实，而是在此后的10年断断续续地写作，最后完成了这次考察详尽的研究报告——《亚洲腹地——在中亚、甘肃和伊朗东部考察的详尽报告》，同时将精力放在敦煌文物的鉴定上面。此外，斯坦因还于1923年将前三次考察期间测绘的地图另册出版，即《奥莱尔·斯坦因爵士在1900至1901年、1906至1908年、1913至1915年的中亚探险中测绘的中国新疆和甘肃地图集》。这一地图集完整地记录了斯坦因在几次考古活动中的路线与收获，是研究敦煌学的学者必备的参考资料。

斯坦因的研究生涯一直持续到1925年。当年，美国哈佛大学有意聘请已近退休年龄的斯坦因为学校搜集中国西部文物。哈佛大学先邀请斯坦因于1929年底至洛维尔研究院做10次关于中亚考察的报告，聘他担任哈佛大学福格艺术博物馆荣誉研究员，又为他筹得10万美元的经费。在种种条件的诱惑之下，斯坦因答应为美国寻找文物，但是坚持让大英博物馆也出3000英镑，并参与文物的分配。三方很快达成共识。1930年，斯坦因代表英美两国组建了一只新的探险队，深入中国新疆等地进行探险，考察了塔里木盆地南沿、敦煌及以东地区、吐鲁番等地（图3-35）。不过，这

图3-35　斯坦因第四次探险队在塔里木盆地南沿的孔雀河（1931年3月）

图3-36　大英图书馆（2019年，常青拍摄）

次考察由于民国政府出台的文物保护法令及其他因素，未能成功，斯坦因一行只能半路折返。所有通过不正当手段获得的文物均暂存于当时英国驻喀什领事馆内，后经新疆省政府交涉，移交至北平古物保管委员会。

斯坦因在离开中国边境前，拍摄了这批古物的照片，这些照片后来被转存于大英图书馆（图3-36）东方与印度收藏品部，依然是值得查阅及研究的资料。但是，在斯坦因的探险生涯中，唯独这次考察没有任何文字记录留存，斯坦因在公开场合也绝口不谈第四次考察，这次考察的详情至今不为学术界所知。也许在他看来，这次没能把中国文物带回的探险是极不成功的，令他羞于启齿。不过，另一件蹊跷的事情是，当年斯坦因移交的文物数年后在中国不翼而

图3-37 大英博物馆（2019年，常青拍摄）

飞。恐怕除了早已无处寻找的当事人，再也无人知道这些藏在历史深处的秘密。

晚年的斯坦因居住在印度，也对南亚进行了一系列的考察，重点是印度河流域、俾路支和印度西北部的希腊式佛教遗址。此外，他还考察过西亚，课题包括幼发拉底河文明、亚历山大大帝自埃尔比勒战役至返回巴比伦诸战役的战场及行军路线，罗马帝国与古安息帝国在今伊拉克等地的边境。这些考察所得文物也尽数存放在大英博物馆（图3-37）和大英图书馆中。

3.9
个人名望与社会评价

当代美国历史学家欧文·拉铁摩尔（Owen Lattimore，1900—1989）称斯坦因为同代人中集学者、探险家、考古学家和地理学家于一身的最伟大的人物（图3-38）。作为20世纪最伟大的探险家之一，斯坦因把一生的精力都贡献给了探险事业，无惮艰难困苦，在考察中冻掉几个脚指头也无怨言。他一生节俭，没有房屋，没有私产。难以想象获取如此之多文物的人的所有财产只有书籍和贴着“私人信件”“工作记录”“地图资料”等标签的箱子。

图3-38　1933年的斯坦因签名照

斯坦因精力过人，终日写作不辍，著作等身，信件多到无法统计，以至于无暇成家。他在西方获得了诸多殊荣，如1909年获英国皇家地理学会“创建者金质奖章”；1910年被授予“印度帝国荣誉公民”称号并受到英王接见；1912年英王封他为“印度帝国高级爵士”；1929年被美国哈佛大学福格艺术博物馆聘为荣誉研究员；1932年获英国皇家亚细亚学会金质奖章；1935年获英国文物学会金质奖章。

斯坦因还曾获康拜尔纪念奖、赫胥黎奖章以及由法国、瑞典、匈牙利、美国等国的地理学会和古文物学会颁发的各种荣誉奖章。他的出生国匈牙利还授给他功勋十字架和特制荣誉奖章。同时，他还是法兰西研究院研究员、比利时科学院名誉院士，并从牛津、剑桥等大学获得多种荣誉学位。英国伦敦国家肖像画廊和曼彻斯特市美术馆至今还收藏着他的画像。

图3-39 位于阿富汗首都喀布尔英国军营（Sherpur Cantonment）的斯坦因墓地

从学术角度来说，斯坦因在国际探险界、考古界、历史界都有着崇高的声望。他在新疆、甘肃的发现以及对发现文物的初步研究，都证明了中国文化在中亚地区的影响力极其广泛而深远，同时还原了东方与西方文明通过丝绸之路进行交流的情况。从这一点来看，西方学术界视他为国际敦煌学研究的开山鼻祖之一没有任何问题，国内研究敦煌学的学者也认为他的考察报告与研究论著都是当代敦煌学研究中不可或缺的原始资料。但是这些都不能弥补他对中国新疆、甘肃等地的诸多遗址造成的永久伤害。一个考古学家，应该做的是调查、记录与保护遗址，而不是将所获得的文物带回自己国家，并以此为目的而进行探险。

在前往东方的西方探险家中，斯坦因不是最早的，却是人们最熟知的，因为他是对西方国家贡献最大的探险家，也是掠走中国文物最多的西方考古学家。他的背后有多少荣耀，就有多少关于中国文物流散的记录。我们不应该以他的行为来否定他的学术成就，但也不能用他的学术成就来掩盖他的行为。

1943年10月，81岁高龄的斯坦因在阿富汗进行探险考古时，因着凉发展为支气管炎，最后因中风而死在考察的路上。他的遗体被就近安葬于喀布尔谢尔布尔的英军驻地（图3-39）。

4 后来者居上的伯希和

伯希和探险路线

1906—1909年

巴黎—莫斯科—塔什干—喀什—图木舒克—库车（库木土喇石窟、苏巴什佛寺遗址）—乌鲁木齐—吐鲁番—哈密—敦煌—西安—北京

4.1

精通各种语言的东方学者

1878年，伯希和（Paul Eugene Pelliot，1878—1945）（图4-1）出生于法国巴黎。伯希和一直致力于中国学的研究，和其他西方考古学家不同，他花在探险上的时间并不多。他不仅是一个东方学家、考古学家，还是一个语言学家，精通英语、德语、俄语、汉语、波斯语、藏语、阿拉伯语、越南语、蒙古语、土耳其语、吐火罗语等语言。一个法国人学习这么多种东方语言，跟当时的大背景是息息相关的。

伯希和中学毕业后进入巴黎大学，主修英语，后入法国汉学中心学习汉语，继入法国国立东方语言学校，专攻东方各国语文历史。毕业后师从法国著名汉学家沙畹（Emmanuel-Edouard Chavannes，1865—1918）（图4-2）和印度学及佛教学者列维（Sylvain Levi，1863—1935），致力于中国学研究。

在20世纪初期，西方学者在亚洲进行大规模学术性科考研究，所达范围包含中国、中东、印度、东南亚等国家和地区。西欧顶尖的语言学家也纷纷前往他们眼中的神秘东方进行殖民地的文化、文字、历史和语文学的研究。这些研究盛极一时，形成了20世纪的东方学热。用哲学家雅克·德里达（Jacques Derrida，1930—2004）的话说，这种“东方热”有着深层的隐藏目的。而由米歇尔·福柯（Michel Foucault，1926—1984）“权力与知识”理论生

图4-1 伯希和

图4-2 法国著名汉学家沙畹考察河南巩县宋仁宗赵祯永昭陵（1907年）

发的“东方学”理论则将泛殖民政策合理化。它将亚洲殖民地理想化、浪漫化成前往东方探险，研究东方文化，更有利于在东方进行殖民统治。

在这样的背景下，1899年，伯希和作为一个顶尖的语言学家被选为印度支那古迹调查会的资助生。该会创建于1898年，次年改称河内法兰西远东学院。远东学院是法国在东南亚法属殖民地设立的一系列研究机构之一，这些研究机构不仅有考古和地理调查，还有大量语言学的研究。1900年，在到达越南后，伯希和被三次派遣前往中国进行考察，搜集了大量古物和古籍，并与收藏者如晚清四大名臣之一的左宗棠（1812—1885）的后人等有所接触。

1900年的北京，伯希和遇上了义和团运动，被困在法国公使馆，数月后才得以脱身。被困期间，伯希和对前来围攻使馆的清军和义和团发动了两次突袭，夺取了义和团的一面旗帜，使馆内被围困的法国人由此吃上了新鲜水果，他还帮助不会说中文的使馆人员脱了困。由于他会说一口流利的北京话，趁着双方停战之时，他居然走出了公使馆，并跑到清军阵营，和清军将领交谈甚欢，最后被清军护送回法国公使馆。这次的表现，使他获得了法国荣誉军团勋章。此时的伯希和本可以借机进入仕途，成为一名外交官，但是他的两位老师——沙畹和法兰西学院梵文专业主任列维合力把这名语言天才从外交官的道路上拉回了东方学研究。

1901年，23岁的伯希和返回河内，成为远东学院的年轻汉学教授。在集中研究印度支那乃至整个东南亚历史地理的同时，他潜心汉籍目录版本的检讨，关注中国的外来宗教和异教派别，钻研中国佛教的起源与道教的关系，由此注意到中国与印度等地的联系。其成果很快受到汉学界瞩目。1901年，他第二次到中国考察，为远东学院带回大批汉、蒙、藏文书籍和艺术品。1902年，伯希和第三次到中国考察，收罗了大批书籍和雕刻艺术品。1903年，他将元代周达观（1266—1346）著《真腊风土记》翻译成法文并加注释在巴黎出版。1904年，他从越南回到法国，并于同年在巴黎发表了《交广印度两道考》。

伯希和在中国的真正成名，来自他在1906年以后的考察和探险。1905年，斯坦因中亚考古新发现的消息传入欧洲后，伯希和受法国金石和古文字科学院及亚细亚学会的委派，开始组织进行中亚考察。他在新疆和甘肃的探险所得，以及日后对中国文化的潜心研究，终于使自己荣登欧洲汉学界顶级学者的宝座。

4.2
在新疆库车的发现

为了去中国考察，伯希和与地理学家路易·瓦扬（Louis Vaillant,1834—1914）、自然史学家兼摄影师夏尔·努埃特(Charles Nouette，1869—1910）组成三人考察队（图4-3）。1905年，他们得到了清政府的入境中国许可和护照，护照上还特意要求沿线官员给予照顾与保护，切勿留难阻滞(图4-4)。1906年6月15日，他们从巴黎出发前往中国。三人乘火车经莫斯科和塔什干进入中

图4-3 伯希和探险队在出发前合影（左起：瓦扬、伯希和、努埃特，1906年）

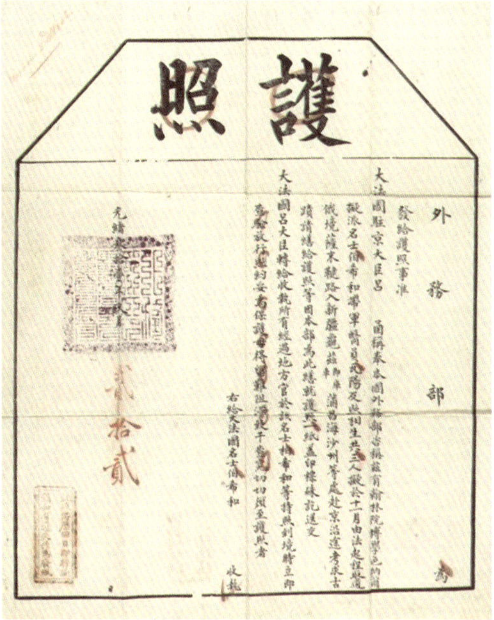

图4-4 清政府颁发给伯希和的护照（1905年）

国新疆。在由莫斯科前往塔什干的火车启程时，伯希和对俄语一无所知。但等到他们在喀什下车时，他已经能用俄语跟人交谈了，这使坐在他周围的俄国商人大吃一惊：这个人长的什么脑子，记忆力这么好？8月末，他们到达喀什，在俄罗斯总领事馆逗留了几天。伯希和是个语言学天才，当地的清朝官员对他流畅的中文感到吃惊，这使他们很快就成了朋友。清朝官员们答应可以为他的探险队提供各种方便。伯希和首先对喀什绿洲的三个前伊斯兰古迹做了考察和发掘，还考察了几个喀什地区的佛教遗址，为期一个多月。

中国新疆地域辽阔，而西方学者们的探险依然竞争激烈。先达者满载而归，而晚到者可能意味着两手空空。因此，进入新疆后，伯希和他们没有沿斯坦因的路线走向塔克拉玛干沙漠南沿，而是一路向北进入库车和拜城一带进行探险。

在塔克拉玛干沙漠四周，曾经有许多的绿洲国家兴盛于丝绸之路，北边有龟兹国，南边有于阗国，东边有鄯善，在吐鲁番地区则有高昌国。这些古国的遗迹留存着珍贵的西域文明，也掩埋着它们丰富的语言体系。在考察过程中，伯希和边走边学习，对各古代国家民族的语言更加得心应手。再加上他不需要翻译就能与当地清

图4-5　伯希和在库车考察时与库车县令和阿克苏道台合影
（1907年，努埃特拍摄，现藏法国巴黎吉美博物馆）

图4-6　伯希和探险队在新疆图木舒克发掘出的佛教遗址局部（1906年）

图 4-7
伯希和探险队在新疆图木舒克发掘出的3幅佛教浮塑组像（1906年拍摄，现藏法国巴黎吉美博物馆）
其中上图内容为6—7世纪佛本生故事

朝官员和居民自由沟通，这让他的行动自如很多（图4-5）。

伯希和考古探险团于1906年10月29日首先到达位于喀什和库车之间的图木舒克村，在该地区一直停留到同年12月15日。伯希和在那里发现了库车绿洲西缘唯一的一处佛教大遗址群（图4-6），发掘到的物品主要有佛教泥塑像、壁画、陶器和杂物、雕刻品、版画等。图木舒克遗址是6—7世纪的佛教寺院建筑，其中一面墙壁上有一排精美的浮塑组像，表现的是佛教的菩萨、飞天、信徒等，很可能包含着一些佛本生故事和佛传故事内容，宣扬佛陀的善行和神迹。据伯希和拍摄的照片所示，菩萨和飞天都有着高发髻，丰圆的西域人面相，身材健美，动作自然舒展。其中的佛教信徒则是形容消瘦但很有内在魄力的男子形象，特别是他们的高鼻深目与浓密胡须，应该取材于西域现实生活中的苦行僧。各种彩塑人物的布局严谨，与建筑搭配浑然一体（图4-7）。

在这些浮塑中，有一幅明确表现了一个佛本生故事（图4-7上）：佛在前世修行时，鸟儿误以为他的头是鸟窝，在上面生蛋。为了鸟儿的安全，佛的前世一动不动

图4-8 来自新疆图木舒克的3幅6—7世纪浮塑组像（现藏法国巴黎吉美博物馆，编号：EO1055、EO1056、EO1057，2019年7月3日，常青拍摄）

继续冥想修行，直到幼鸟破壳而出，安全飞走。释迦牟尼是经过累世修行，才最终成佛的，根据佛经记载，他的诸多前世都有关于忍辱、慈悲、施舍、救助的高尚善行故事，即佛本生故事。佛经里记载了数百种本生故事，这个故事仅为其中之一。

在做完考古记录之后，伯希和毫不客气地把其中三幅大型彩塑像切割搬走。令人痛惜的是，和他在现场发掘时所拍摄的照片相比，这三幅彩塑像在切割时就遭到了破坏，再经过辗转运输的折磨，使部分细节丢失，特别是每组彩塑旁边的忍冬纹装饰部分。如今，这三幅彩塑陈列在法国巴黎吉美博物馆，失去了原生态的灵魂而显得局促生硬（图4-8）。

在图木舒克，伯希和还得到了许多保存完好的菩萨头像（图4-9），不知是他有意从完整的菩萨彩塑身上敲掉的，还是从地下发掘出的残品。这种菩萨头像的时间比前述三组彩塑像略晚一些，是典型的图木舒克晚期的艺术作品，也是新疆古代雕塑中的杰出代表。菩萨面如满月，饱满而圆润，双眉与鼻部均塑作尖棱状，有欧式特征，眼窝稍深，嘴小，微露着笑容，仍然继承着犍陀罗艺术风格。此外，菩萨头上戴着三个由圆形联珠纹组成的花形装饰，也是犍陀罗和笈多艺术中菩萨像常见的装饰物。

图4-9 新疆图木舒克6—7世纪泥塑菩萨头像（现藏法国巴黎吉美博物馆，编号：EO1059，2019年7月3日）

1907年，伯希和的探险队到达库车，共勘测发掘了8个月。伯希和在库车附近的都勒杜尔和苏巴什挖掘了佛寺遗址，获得了大量珍贵文物。在这里，他还发现了一种用不认识的语言写成的古代文书。根据他的解读，这是一种6—7世纪流行的婆罗米文字，后来经过他的老师列维译解为吐火罗语B（龟兹语）。它是已经灭亡了数个世纪的印欧语言，其特征跨越了地域的限制，与今西欧语言有更多的相似之处。这种语言在新疆的出现，说明了语言并不是以地域为中心发展的，推翻了传统认知上树状结构发展的可能。另外，伯希和还在库车的库木图拉、克孜尔尕哈等石窟考察，又切割带走了一些壁画（图4-10）。

探险队在同年10月抵达乌鲁木齐，伯希和在那里结识了澜国公。澜国公，名载澜（1856—1916），字定甫，满洲爱新觉罗氏，惇亲王奕誴（1831—1889）第三子，

图4-10　1907年伯希和在新疆库车克孜尔尕哈切割的6—7世纪佛说法图壁画（现藏法国巴黎吉美博物馆，2019年7月3日，常青拍摄）

光绪皇帝（1875—1908年在位）的堂兄，曾被封为辅国将军、辅国公。1900年，载澜等人煽动慈禧太后（1835—1908）利用义和团攻打洋人。在义和团的内乱中，载澜乘机大肆抢劫与勒索，并以教民为借口枉杀无辜，“虽宗室大臣不能幸免”。1900年7月，八国联军攻占北京，慈禧携光绪及载澜等西逃。后来清廷和列强议和，联军指载澜为“首祸”之一，清廷遂夺载澜的爵位，定罪斩监候。1901年，改判为发配新疆监禁。之后载澜先后在迪化（今新疆乌鲁木齐）、绥来（今新疆玛纳斯县玛纳斯镇）两地居住。因为载澜是皇亲贵胄，时任新疆巡抚的饶应祺（1837—1903）对他未严加管制，还予以优待。因此，载澜在新疆生活奢侈，作威作福，显赫一时（图4-11）。

此前，发现敦煌藏经洞的王圆箓，曾经拿了一些古代文书送给当地的政府官员。于是，在新疆居住的载澜也辗转得到了一些。

图4-11　伯希和（后右二）与载澜（前右一）等清朝官员在乌鲁木齐合影（1907年，努埃特拍摄）

图4-12　伯希和取道哈密前往敦煌时与清朝当地将领一家及士兵合影（1907年底或1908年初，努埃特拍摄）

遇见伯希和后，载澜赠送给他敦煌藏经洞发现的《法华经》写本一卷，这引起了伯希和的极大兴趣。丁是，伯希和马上决定出发东进，取道吐鲁番、哈密（图4-12），前去敦煌探宝。

4.3
敦煌探宝与考察

1908年2月，伯希和的探险队到达敦煌莫高窟，结识了王圆箓（图4-13）。伯希和为了和保护莫高窟的王圆箓谈判以便进入藏经洞，完全袭用了斯坦因的老办法。伯希和流畅的汉语又一次发挥了作用。他对汉学很有研究，知识丰富，很快就将和王道士的关系拉得很近，并取得了王道士的信任。这位机警爱笑的汉族道士对伯希和说，是神灵托梦告诉了他藏经洞的位置。他还对伯希和说："英国同行付给我一笔钱，数量可观。"伯希和听说斯坦因获取了数千卷文书以后，非常担心洞里的经卷所剩无几。但当王圆箓打开锁着的藏经洞的门、他被获准进入时，伯希和惊呆了：只见一人多高的经卷依然层层叠叠在洞中堆满，几乎不能容身。

在伯希和的日记里，他这样写道：

> 最终拿到了钥匙。3月3日忏悔礼拜二这天，我进入神圣之所。我惊呆了！8年前，藏经洞的书卷开始外流，我以为藏书数量已大大减少。您能想象吗，当我进入2.5米见方的洞中，发现里面三面墙上都堆满一人多高的书卷，每面墙都有两三层卷子。大量藏文写本夹在两块木板之间，用绳子捆着，堆放在一个角落里。其他书捆里也隐约可以看到一些汉文和藏文文字……菩萨造像一直排到藏经洞门口。

图4-13 守护敦煌莫高窟的王道士（1908年，伯希和考察队拍摄）

伯希和的日记解释了敦煌研究学者的一个困惑：为何在藏经洞中待了三天又热爱拍照的斯坦因没有留下一张洞内的照片。在伯希和的日记中，我们得到了真相——藏经洞内经卷实在太多，如果一个人站在洞中，根本无法转移腾挪。当时又没有便携式相机，那样狭窄的空间无法容纳老式的巨型照相机入内拍照。只有在斯坦因搬走了大量经卷、伯希和又清理走需要的文书后，才留出了足够空间，由努埃特拍下这张伯希和秉烛检视经卷的唯一的藏经洞

图4-14 伯希和在敦煌藏经洞阅览古代文书（1908年，努埃特拍摄）

照片（图4-14）。

伯希和深知王圆箓不会将所有文书都给他，因此他立下一个宏大的目标，就是迅速将所有经卷翻看一遍，挑出其中最有用的部分拿走。他忍受着蜡烛的烟熏和积蓄了千年的灰尘，在昏暗的烛光下不断翻看，经常一小时翻看100卷文书，这一切都被记录在日记里：

我很快做出决定，至少要对藏经洞进行一次粗略考察，这项工作将为我指明方向。要逐个展开藏经洞中15000—20000册藏卷，我没有时间进行过多思考，否则6个月也看不完。但我至少要把所有卷轴都打开一遍……第二步要把卷子分为两类，一类是精华部分，需要不惜一切代价拿到手；另一类也要努力争取……尽管我很努力，这项工作还是花了我3个多星期时间……接下来，我开始和王圆箓讨价还价，我想尽快谈妥，避免耽误更多时间……

因为斯坦因不懂中文，他带走的文书虽然大多保存状态较好且完整，但以佛经为主，有很多并没有研究价值。和斯坦因不同，伯希和把剩余的所有文书全看了一篇，挑拣时定了几条选择标准：只取两面都有记录的非汉语的卷子和带有题记的卷子；只取洞内少见的世俗文书，那些普通的或者他已经拥有的汉藏文卷子则没有带走——因为双面有文字的世俗文书其实考古价值最大，包括社会经济文书（籍账文书、契约文书）和史地文书等。这种甄选方法使伯希和的确取走了斯坦因未带走的所有艺术品和藏经洞内的文献精华，也使巴黎所存文书在价值上远远高于伦敦藏卷。

就这样，伯希和在大量剩余的文书堆中，经过三周夜以继日地快速翻阅，挑选了一些中文写本，还有一些他认为在语言学、考古学或其他方面特别有趣的中文写本，这些都是斯坦因所忽略但是更有价值的东西。为了和王道士谈成这笔交易，他以一个重约50两的银元宝买一捆写本的价钱，选购了6000余卷文书，还有100多幅唐宋画卷与幡幢、织物、木制品、木制活字印刷字模和其他法器。通晓包括中文在内的13国语言的伯希和选出的文书全都是精品，其中包括后来新发现的唐代新罗僧人慧超（704—783）所著的《往五天竺国传》、景教的《三威蒙度赞》等。同年，伯希和在《法国远东学院学报》1908年8卷314号上发表《甘肃再发现的一个中世纪书库》。这篇文章是伯希和于1908年3月26日写给他的上司西奈的信件的一部分，详细叙述了他在莫高窟的情况。这是欧洲最早报导敦煌文献的文章。

从努埃特给伯希和在藏经洞拍的照片来看，伯希和身后墙边尚未打开的卷子是一包包、一捆捆根据经卷内容分帙（佛经的一种存放方式，10卷左右分一帙）放置的。很显然，在拍摄照片的时候，藏经洞内的很多经卷并没有被全部打开。后来，所有正规藏书的包裹都被打开了，伯希和按照他的标准取走了有价值的文书以及全部剩余绘画作品，再把没有带走的文书胡乱堆放，导致藏经洞内的古文书再也无法完整重现中国佛教的经帙制度。有部分学者根据藏经洞的现状，提出了藏经洞“避难说”，也就是由于外敌的入侵，当地士绅和僧人为了避难，才将各种文书、经卷、绘画、器物等堆放在洞中。敦煌人所避的外敌，就是在1035年入侵敦煌的西夏人。他们的理由是，翻阅了全部洞内文卷，没有发现西夏文书，而且汉藏文书、绢画佛像等，“洞中所弃，至为凌乱”，因为藏经洞是仓皇封闭的。然而，事实上，由于斯坦因、王圆箓、伯希和等在洞内翻腾过，才导致了洞内文书的凌乱，最开始这些经卷是被很有秩序地摆放的。因此，藏经洞封闭“避难说”是不能成立的。

除了获取藏经洞文物，伯希和还是第一个剥离敦煌壁画的外国人。记载这个事情的人是斯坦因。1914年，斯坦因再次前往敦煌莫高窟考察，他发现有人企图割去一幅壁画上一个妖怪的形象，同时莫高窟第8号洞窟的一幅大壁画已被损毁。当时，王圆箓指名道姓说：做这种事的人是伯希和。斯坦因记录道：“从列队菩萨的壁画上，一长条的画面被割去，以至暴露出底下一层壁画画面上的题记栏，这些肯定也是伯希和干的。”具有讽刺意味的是，正是因为看到这些被破坏的痕迹，斯坦因才觉得剥离壁画的方式可行，并加以效法。于是，在1914年4月间，他在莫高窟中也剥移了一批壁画。

在敦煌莫高窟时，伯希和和努埃特调查了莫高窟的各洞窟（图4-15），给很多窟中的塑像和壁画照了相，为洞窟编了号，并做了详细的笔记，特别是详细记录了洞窟中许多现在已无法识读的壁画题记。在经历了100多年后的今天，莫高窟很多壁画的墨线与色彩已消褪，墨书题记也看不清了，有些窟内的设置也被清除了，伯希和的记录为研究莫高窟提供了珍贵的历史资料（图4-16）。这些实地考察成果，就是以后编辑出版的《敦煌石窟图录》和《伯希和敦煌石窟笔记》。

图4-15　法国探险队在莫高窟考察（1908年，努埃特拍摄）

图4-16　伯希和《敦煌石窟图录》中发表的莫高窟西魏第285窟局部照片（1908年）

敦煌莫高窟创始于前秦建元二年(366)，历经北凉、北魏、西魏、北周、隋、唐、五代、宋、西夏、元等10个朝代，是集建筑、彩塑、壁画于一体的综合性佛教艺术宝库。西区现尚存有彩塑和壁画的洞窟492所，北区还有大量的僧房窟、禅窟、杂用房、瘗窟等，是世界上现存最大的佛教艺术宝库。伯希和曾说："千佛洞（莫高窟）是中亚及东亚古文化整体中最重要的组成部分之一。敦煌处在中国文化与西方汇合的前沿阵地，因此它使得亚洲古代诸文明与远东贯通。正是通过这块绿洲，昔日最伟大的旅行家横穿东西……"他对莫高窟的评价恰如其分。

4.4
吉美博物馆收藏的敦煌绘画

与斯坦因类似，伯希和带回的文物也基本上按照西方艺术史的分类，被分别收藏。伯希和从敦煌藏经洞带回的6000余件古代写本全归巴黎国立图书馆收藏；而100多幅绘画，20余件木雕，一大批绢幡、经帙以及各类丝织品，先是入藏卢浮宫，在1947年再入藏吉美博物馆。令人遗憾的是，有的经帙卷中兼有绘画和文本，却被人为分开，导致无法有效研究当年的文献与插图的配置。伯希和掠走的藏经洞绘画虽然没有斯坦因多，但从研究者的角度，二者的收藏可以起到互补作用。吉美博物馆收藏的绘画年代是从唐到北宋的8—11世纪。其中有不少尊像画，表现弥勒、千手千眼观音、水月观音、救苦救难观音、不空羂索陀罗尼、普贤菩萨、北方天王等，也有表现佛传故事、经变、地藏菩萨与地狱十殿阎王的。这些画大部分绘在绢上，也有的画在麻布上或纸上。画着菩萨的供幡也数量可观，约50幅，大部分是麻布材质。

在吉美博物馆藏编号P.4518-39的画上画着一位以虎为伴的行脚僧。他面容消瘦，头戴斗笠，背着沉重的行囊，脚穿麻鞋，手持拂尘，正在长途跋涉，似乎是前往印度求取真经。但他的脚下却有祥云，他不是在行走，而是腾云驾雾而来。他的头部前方飘着一朵云，云上有一尊坐佛，佛下题记“南无宝胜如来佛”（图4-17）。宝胜如来又叫宝生如来，佛典说他居于西方。而他又是密教的五方佛之一，在密教中，他是南方佛，以摩尼珠宝的福德聚积众多功德，能满足一切众生所愿。从题记可知，这里的宝胜如来当指这位行脚僧前方飞飘着的坐佛。在唐代，从印度取回真经的法师中，就有一位叫宝胜的僧人。与此同时，宝胜如来又有护持西方的宗教功能，前往印度取经的僧人供奉这位如来，就在情理之中了。这是一种从唐代首都长安传来的图像，因为根据唐代文献记载，长安著名画家曾在寺院中绘制行脚僧壁画。到了晚唐、五代、北宋之时，人们逐渐将行脚僧本人称为“宝胜如来”了，行脚僧就成了宝胜如来的一种变化身。至于他为何以虎为伴，一种解释是：白虎是汉人传统中的四神之一，位于西方。所以，往来于西域的行脚僧就以白虎相伴了。

在伯希和带到法国的藏经洞绘画中，有一幅十分精彩的绢本《千手千眼观世音菩萨》挂轴画（图4-18）。根据题记可知，这幅画是官居三品的“节度押卫知副后槽使、银青光禄大夫、检校太子宾客”马千进为母超度，于后晋天福八年（943）七月十三日盂兰盆会的前两天而作。画面构图巧妙，主题突出，主次人物的排列层次分明，色彩鲜丽如新，是研究敦煌五代时期佛教艺术的珍贵资料。在画面上部中央的圆轮内有千手千眼观世音菩萨，结跏趺坐于大莲花座上，他的四十二只大手分别持各种法器或宝物，一双上举的大手分别托着日、月；胸前还有双手合十。圆轮内绘有无数只掌中有眼的小手。圆轮外四周由上而下对称地画出观世音的部众眷属，都有榜题标明他们的身份：最上层两侧为四大天王，下部是大辩才天女、婆薮仙，圆轮下部的供桌上安置着香炉，桌两旁是日藏菩萨、月藏菩萨持供盘，再两旁是火头金刚、碧毒金刚、大神金刚、密迹金刚等。金刚左右下方两身小像为象头毗

图4-17　取自敦煌藏经洞的唐代9世纪绘画《行脚僧图》（纸本设色，55厘米 x 31.8厘米，现藏法国巴黎吉美博物馆，编号：P.4518-39）

那耶迦、猪头毗那耶迦。

画面下部主要是供养人区域。中间有长篇发愿文，从其中的内容可知，上部的主尊是大悲观世音菩萨，而画此画的目的是为了“救国护民，救拔沉沦”。右侧绘着水月观音像，为半跏趺坐之姿，悠闲自在地坐于五色山岩之上，左脚踩莲花，手持杨柳枝，背后有紫竹林，头部略下低，眼望着身前的荷花池，作沉思之状。这是少有的有明确题记的早期水月观音画像。发愿文的左侧为女供养人，坐于榻上，身后立有一侍女。女供养人身着白衣，戴白色头饰，右手持长柄香炉，左手拂香烟。她旁边的绿地墨书榜题上写着“亡妣三界寺大乘顿悟优（婆）姨阿张一心供养”。这应该是功德主马千进的亡母阿张的模拟肖像，以此画的宗教神力为她做功德（图4-19）。盂兰盆会就是专门为救度亡灵而办的法会。在此法会的前两天绘制此画，为母超度的意义就更大了。

《十王经》全称《佛说阎罗王受记四众预修生七往生净土经》，是中国本土佛教自创的重要经文之一。传统的佛教观点认为，它是一部伪经，公元720—908年之间，由藏川和尚整理而成。在古代，中国僧侣依据印度佛教思想创作了不少类似的“伪经”，它们虽然被正统佛教界所排

图4-18　取自敦煌藏经洞的五代后晋天福八年（943）《千手千眼观世音菩萨》挂轴画（绢本设色，123.5厘米 x 84.5厘米，现藏法国巴黎吉美博物馆，编号：MG17775）

图4-19
《千手千眼观世音菩萨》挂轴画中的供养人

斥，被列入“疑伪录”而不被《大藏经》收录，但在佛教中国化的历程中起到过重要的作用。《十王经》结合了道教思想中人的行为会被记录下来并影响个人命运的概念，又融合了印度教中的地狱阎罗王，创造出了审判诸鬼魂的地狱十王形象，其中的一些如泰山府君等不见于印度经典，而是来自中国道教与民间的信仰。

《十王经变图》就是以绘画的形式来展现《十王经》主要内容的画作，画中描绘逝者去世后的三年在地狱经过十王审判的情景，以及他们经受的各种折磨和苦难。在被伯希和带走的敦煌藏经洞绘画中，《十王经变图》手卷是迄今发现最早的表现《十王经》内容的绘画（图4-20）。藏经洞共出有46部《十王经》，分别用多达13种语言写成，其中包括回鹘文、汉文、党项文和藏文等。这幅《十王经变图》应属46部经之一的插图，其正文已不知所踪。还有其他5部经书配有插图，伯希和获取3卷，斯坦因得到了2卷。

除了《十王经变图》，敦煌藏经洞内还发现了另外一种关于地狱十王的绘画——《地藏与十王图》挂轴画。地藏，又称地藏王菩萨，是佛教中专司解救六道众生的大菩萨。关于地藏菩萨的信仰起自唐代。据唐玄奘翻译的《地藏十轮经》记载，因其

“安忍不动如大地，静虑深密如秘藏”而得此名。这位大菩萨还发有度尽地狱众生的大愿，故被人称作“幽冥教主”。10世纪时期，随着佛教的进一步世俗化与中国化，地藏菩萨逐渐成为冥界结束六道轮回之苦的中心人物，还与中国人创造的地狱十王产生了关系。地藏菩萨为了普度众生，还常常化作僧人的模样。吉美博物馆收藏的一幅北宋太平兴国八年（983）绘制的《地藏与十王图》挂轴画，即以僧样的地藏菩萨为中心，地藏菩萨结跏趺坐于仰莲花之上，右手持着可以叩开地狱之门的锡杖，左手托着可以救度众生的宝珠，头顶装饰着华盖。地藏左右两侧各排列着五殿阎王

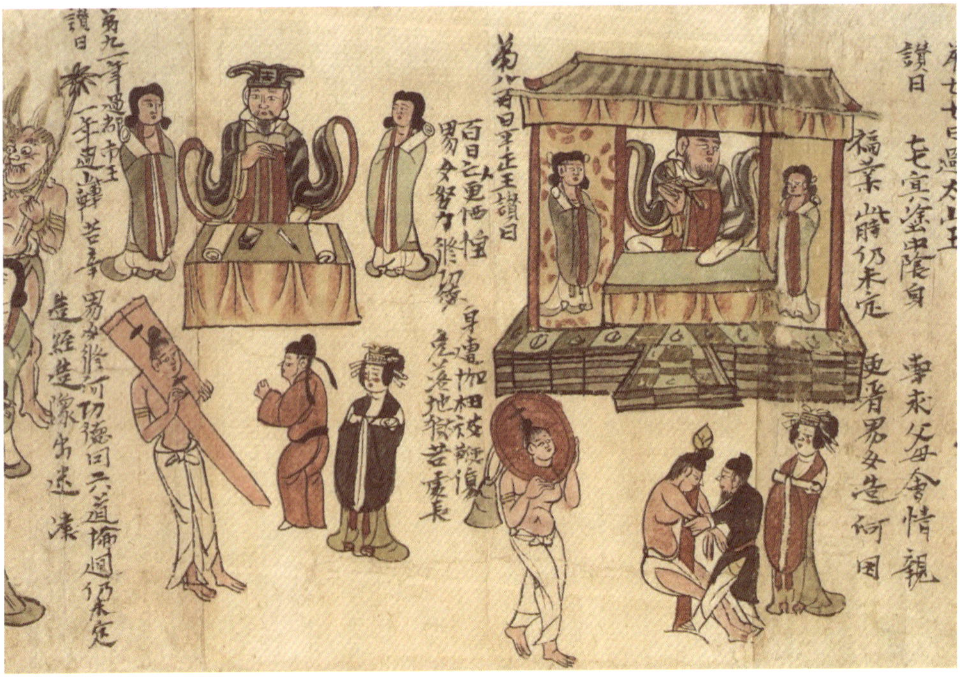

图4-20　取自敦煌藏经洞的五代10世纪《十王经变图》手卷局部（纸本设色，30.7厘米×615.2厘米，法国国家图书馆藏，编号：Pelliot chinois 2870）

图4-21 取自敦煌藏经洞的北宋太平兴国八年（983）《地藏与十王图》挂轴画（绢本设色，现藏法国巴黎吉美博物馆）

与侍者，前面还有二狮子和四位地狱判官。画面的最下部画着出资绘制这幅画的女供养人和她的侍者，以及墨书发愿文题记（图4-21）。

现藏伦敦大英博物馆和法国巴黎吉美博物馆的几百幅敦煌绘画，是藏经洞文物中的精华，以其绚丽多姿的图像谱写着中华民族中古时期的高超绘画技艺。作为20世纪世界上最伟大的考古发现之一，敦煌藏经洞文物的流失是中华民族一段永远也无法抹去的伤心史。

4.5
敦煌文书的命运

1909年，伯希和把他所得的敦煌文物安全运走之后，便离开敦煌，启程前往北京。与其他西方学者不同的是，他深厚的中文功底不仅体现在学术研究上，也对他的交际圈帮助很大。伯希和与北京的一些中国学者保持着良好的关系，并且交流频繁。他从敦煌带了极少的一部分汉文古写本来到北京，给直隶总督兼收藏家端方（1861—1911）和一些大学者如罗振玉（1866—1940）、王国维（1877—1927）等观看。到此时，清政府才真正为之震惊，文人们方才如梦初醒，认识到这些文物的宝贵之处。伯希和劝说中国学术界，敦煌石室中还有万余卷遗书，应早日派人前往保护，以免被别人夺走。伯希和深知这是中国文化的精髓，也许是出于内心的惭愧，他告诫自己：再也不要到中国西北搜掠宝物了。果然，从此以后，伯希和再也没有踏上中国西北一步，只是潜心研究中国文化。

在中国学者们和伯希和的敦促下，敦煌的劫余物才终于被清政府重视。1910年，清朝学部电令陕甘总督毛庆蕃（1849—1927）："尽其洞中所存者，一律搜罗护解省垣。"为此，清政府学部正式拨款6000两白银，命令敦煌县知县陈泽配合这项行动。在伯希和走后，王道士也许有所预感，提前把许多他认为可贵的经卷，装了两木桶，名为"转经桶"，其余仍堆集在洞中。当清政府负责搜求与押运文书的官兵来到藏经洞前时，又出现了另一个令人痛心的场景：所有写本都是用席子草草包捆，用大车装运。大车停在敦煌县衙门的时候，经卷被人偷去的就有不少。再经过沿途大小官吏、经手人等层层盗窃，运到北京，只剩下了8600多残卷。此后，一个叫李盛铎（1858—1937）的人又对这些写本伸出了手。李盛铎，字嶬樵，江西德化（今九江）人，清末官僚、藏书家、立宪派人物，曾去欧美考察宪政。这些古写本押运至北京后，李盛铎通过押运官获得接触的机会，他细心拣选了若干遍，把略有意义的、有较新鲜资料的古写本全部据为己有，包括一部唐朝景教写本《志玄安乐经》。李盛铎得到的应该是敦煌藏经洞卷子的最后一批精品，多著录于其子李滂所著《李木斋氏鉴藏敦煌写本目录》中，而将当时认为不大有价值的佛经写本留给当时的学部。然后，再把比较长的卷子撕裂为两三卷，以凑足原来8600多卷之数。在著名历史学家陈垣（1880—1971）所编《敦煌劫余录》中所著录的，凡可把数卷的残帙接连成为一卷的，都是李盛铎当时窃取撕裂的赃证。这8600多卷古写本佛经，现存北京国家图书馆。除了若干卷古佚经之外，实在可以说是精华全去了。

被李盛铎偷下来的，后来大都流往日本。李盛铎所藏的卷子被其子女主要卖给了一位日本企业家。1936年，该企业家将其所藏敦煌古卷交给日本东方学家羽田亨（1882—1955）研究。1938年羽田任京都大学总长后，将这些古卷保管于总长室进行整理研究。1945年夏，为躲避空袭，该企业家要求羽田将这些敦煌文书于7月13日和15日分两次运至大阪武田制药的工厂中保存。8月1日，文书又被转移至兵库县多纪郡大山村西尾新平氏宅之仓库中。这些藏品除购自李盛铎的古卷432件外，另有其他存于日本的写本300多件，羽田亨分别编纂了《目录》（敦煌部分称《敦煌秘笈目录》），并拍摄有照片。羽田亨去世后，照片被陈列在羽田纪念馆，而被李盛铎偷去的敦煌文书被藏在武田制药业的资料馆“杏雨书屋”。从2009年起，杏雨书屋开始出版其所藏敦煌卷子，名《敦煌秘笈》（包括“目录册”“影片册”）。

总之，清政府草率地从敦煌运送藏经洞文书去北京的行动，既没有发现王圆箓藏起来的经卷，还导致大量汉、藏文文书及贝叶经等散落民间。1911—1912年的日本大谷光瑞探险队、1914年的斯坦因再访敦煌，1914—1915年间的俄国奥登堡对莫高窟的考察等，都从王圆箓那里买到数百件敦煌经卷和一些绢画，又从当地收集了大量残卷。这场20世纪早期人为造成的藏经洞的灾难，使这批宝藏四散于世界各地，永无完整复原之日。敦煌文书的流散却也让中国文化向四方传播，随着世界各地学者对敦煌藏经洞文物的研究，“敦煌学”成为一门国际性学科，至今仍展现着无与伦比的魅力。

在探险的旅途中，伯希和与斯坦因一直将对方视为重要对手。在伯希和的笔记中，对于在数次的探险行程中，斯坦因都以短暂的时间差取得了胜利，他耿耿于怀。可是伯希和不知道的是，因为受到英属印度当局的支持，斯坦因在数次旅程中都有印度官方大使通过在中国的情报网收集情报，甚至还会发电报通知斯坦因下一站的目的地。也许是被伯希和的声名震慑，斯坦因非常担心凡是伯希和去过之处，重要文献资料就会被席卷而空。这种担心也体现在斯坦因的日记里，他每到一处都不做太长时间停留，尽快赶向下一站，有时甚至只停留数天，潦草发掘完毕，其目的就是为了争取在下一站赶在伯希和前面发掘宝藏。这种相互忌惮直到伯希和回到法国才停止，斯坦因在中国的行程终于不再那么焦虑不安、疲于奔命了。

伯希和于1909年10月回到巴黎，结束了本次探险活动。但他意外地受到了远东学院同事们激烈的指责，说探险队浪费公款还带回伪造的文书，这些同事误以为英国的斯坦因已经拿走了敦煌藏经洞所有的文献。后来斯坦因于1912年出版了探险旅行记，宣布还有大量的古代文书被留在敦煌，这些人对伯希和的怀疑才告消释。

4.6
西方汉学专家的祖师爷

伯希和的学识和中国探险经历使他声名大噪，给他带来了荣誉，奠定了他在国际汉学界的重要地位。1911年，法兰西学院特

图4-22 伯希和院士在巴黎留影（1921年）

设中亚历史考古学讲座，聘请伯希和主讲。第一次世界大战期间，伯希和入伍，并于1916年奉派至北京法国使馆任陆军武官次官。1921年5月，伯希和当选为法兰西文学院法国金石铭文与文艺学院院士，到达了他汉学事业的鼎盛期（图4-22）。在其后的20余年间，他除了研究、讲学外，还负责主编欧洲的主要汉学杂志《通报》。1935年12月，他出任法国亚洲协会主席。

1909年以后的伯希和整理他的考察所得，著书立说，著作丰厚。他的汉学研究精湛渊博，在目录版本、语言文字学、考古艺术、宗教文化、东西交通，以及边疆史地等方面，都有论著，主要发表在《河内远东学报》《通报》《亚洲学报》等。例如，他的《敦煌千佛洞》等多篇论文在汉学界产生了很大的影响。这些成果得力于他精通亚洲各种语言，注意版本校勘及新史料的搜求应用。1911年，伯希和与沙畹合著发表了论文《摩尼教流行中国考》。1933年，他发表长篇论文《15世纪初年中国人的伟大航海旅行》。他的多部著作已被翻译成了中文，如《伯希和西域探险记》等。

伯希和还将在敦煌莫高窟的考察编纂为《敦煌石窟图录》的4大卷（实际装订为6卷）出版。这些书中包含了他拍摄的1530张照片。相比斯坦因一生留下的5000多张照片，这些照片在数量上也许相形见绌，但伯希和卓越的成就还在于他对所收集文献进行的翻译和研究工作。他研究的佛典包括梵文《大般若波罗蜜多经》、于阗文《金刚般若波罗蜜经》、于阗文《佛典合集》，和15英尺长的回鹘文《摩尼教赞美诗》，并发表了大量著作。他旁征博引，对多种语言信手拈来，不仅翻译了《马可波罗游记》，还在其中对蒙古和突厥专业词语进行了注释，解决了困惑众多学者的成吉思汗的部分年代问题。伯希和1945年逝世，到2000年的50多年间，其弟子和其他学者共出版其遗作10卷。有人评价说："伯希和不但是法国的第一流汉学家，而且也是所有西方的汉学专家的祖师爷。""如果没有伯希和，汉学将成为孤儿。"

伯希和专注于学术，将他收集的古代文献资料当作他的亲生宝贝一般看护，从不让人轻易"染指"，更不用说发表了。因此，直到1945年他去世之前，这些文献资料一直由他亲自保管，鲜少示人。以至于伯希和亲笔记述的《旅途中的笔记本：1906—1908年》这本被当作西域考古最重要的文献，在他去世之后的很长一段时间内都未能公开刊布。直到2008年，在伯希和西域探险结束100周年时，由法国远东博物馆和吉美博物馆共同牵头，法国科学院院士贾立基（Jean- Francois Jarrige）主持，最终出版了《伯希和西域探险日记》，才算给这位名副其实的东方学研究专家的学术成果做出了最后的总结。

伯希和从不轻视中国当代学术界，而是充分认识和肯定清初以来中国学术的发展与成就。中国近代著名学者、历史学家傅斯年（1896—1950），与伯希和私人关系颇好，很中肯地总结了伯希和的学术特色："伯先生之治中国学，有几点绝不与多数西洋之治中国学者相同：第一，伯先生之目录学知识真可惊人，旧的新的无所不知；第二，伯先生最敏于利用新见材料，如有此样材料，他绝不漠视；第三，他最能了解中国学人之成绩，而接受人，不若其他不少的西洋汉学家，每但以西洋的汉学为全个范域。"

伯希和确实是这样重视中国学者成就的。例如，1926年10月

26 日，伯希和在德国法兰克福讲演中国戏剧时提出："治'中国学'须有三方面的预备：1.目录学与藏书；2.实物的收集；3.与中国的学者接近。"他还批评德国的中国学"殊不如人"。伯希和与为数众多的中国几代著名学者的交往，反映了20世纪上半叶国际汉学界与中国学术界的互动，不仅推动着欧美汉学界对中国学术界的认识，也对中国本土的学术发展产生了重大影响。伯希和还发表了《中国艺术和考古新视野》一文，向欧洲介绍罗振玉、王国维的研究成果。他还十分重视当时中国的考古新发现，与中国考古学者也有密切的交往（图4-23）。

同时，民国时期的中国学术界也对伯希和相当尊敬与钦佩。1932 年底，伯希和为调查当时中国文史学的发展，并为巴黎大学中国学院采购普通应用书籍，再度来华，经香港、上海到达北平。在北平期间，他受到中国学术界的热烈欢迎。中央研究院历史语言研究所、燕京大学、辅仁大学、营造学社，与学术界关系密切的北

图4-23　伯希和在安阳殷墟考古发掘工地考察
（左起：傅斯年、伯希和、梁思永，1935年春）

图4-24　法国巴黎吉美博物馆（2019年7月3日，常青拍摄）

平晨报馆以及当地的学者名流，陆续举行欢迎宴会或约其讲演。1939年，他还当选为中国中央研究院历史语言研究所研究员。

伯希和还致力于促进中法文化交流。20世纪20年代初，北京大学为加强学术研究，成立了文科研究所国学门。在促进该机构与国际学术界的交流合作方面，伯希和起了重要作用。

1945年10月26日，伯希和在巴黎因癌症去世。巴黎的吉美博物馆的其中一个画廊以伯希和命名，他从新疆各地及敦煌所获古代文物和艺术品就收藏、展出在那里（图4-24）。伯希和从中国收集的古代文献则被法国国立图书馆保存。有人论及百年来影响中国的60位洋人，将伯希和列为“七位华风西被的汉学家”的第二位。但若论学术造诣，伯希和无疑应居首位。

最后，说说伯希和有趣的太太——玛利亚娜·卡沃斯基

图4-25 伯希和的太太玛利亚娜·卡沃斯基

（Marianne Skoupenska-Karvoskij，1890—？）（图4-25）。她是俄国人，十月革命以后，大批忠于沙俄皇室的贵族和平民逃到远东地区，玛利亚娜就是在西伯利亚东部的符拉迪沃斯托克遇到伯希和的。两人在1918年10月2日结婚，随后一起回到法国生活。伯希和去世以后，留下了大量藏书和手稿，在他的学生和同行眼里，它们都是无价之宝。玛利亚娜也知道这些物品的珍贵，她捐出去一部分，又把一部分分批卖给了欧美各国的科研机构、书商、学者和收藏家。然而，她却好心办了坏事。为了卖个好价钱，玛丽亚娜很辛苦地把伯希和生前用铅笔在很多书上做的大量笺注擦了个干干净净。在学者和收藏家眼里，这些批注十分可贵，凝结着伯希和对这些书的思考和研究，结果被太太擦没了！而伯希和的一些遗稿，玛利亚娜则留给了他的学生，并将丈夫的其他遗物捐赠给了吉美博物馆。

5 大谷光瑞佛教队伍的西征

1902—1904年

第一次探险队

成员：渡边哲信、堀贤雄、本多惠隆、井上弘圆

路线：伦敦—俄罗斯—喀什—和田—库车、拜城(克孜尔石窟)—西安—日本

1908—1909年

第二次探险队

成员：橘瑞超、野村荣三郎

橘瑞超、野村荣三郎路线：北京—蒙古—准噶尔盆地—吐鲁番（柏孜克里克石窟）—库尔勒

橘瑞超路线：库尔勒—楼兰遗址—若羌—和田—喀什—翻越喀喇昆仑山口—列城

野村荣三郎路线：库尔勒—库车（克孜尔石窟）—阿克苏—喀什—翻越喀喇昆仑山口—列城

1910—1912年、1911—1914年

第三次探险队

成员：橘瑞超、吉川小一郎

橘瑞超（1910—1912年）路线：伦敦—俄罗斯—塔城—乌鲁木齐—吐鲁番—楼兰遗址—且末—横穿塔克拉玛干沙漠—库车—喀什—和田—西藏北部—且末—若羌—敦煌—安西—哈密—吐鲁番—乌鲁木齐—西伯利亚—日本

吉川小一郎（1911—1914年）路线：日本—上海—武汉—兰州—敦煌—哈密—乌鲁木齐—吐鲁番—焉耆—库车（库木吐喇石窟、苏巴什佛寺遗址、克孜尔石窟）—喀什—和田—伊犁—乌鲁木齐—吐鲁番—哈密—敦煌—酒泉—北京—日本

5.1
以净土宗为名的探险队

在西方探险家前往新疆、甘肃等地发掘文物的时候，一伙来自日本的探险家也踏上了中国的领土。不过与西方探险家有一点不同，他们的身份不单单是探险家，还是日本净土真宗的和尚。

日本的佛教组织形式和亚洲其他国家不一样，就是有家族寺庙，以家庭为单位来继承和管理。大谷光瑞（1876—1948），法号镜如，就出生在一个佛教世家（图5-1）。他的父亲大谷光尊是京

图5-1　大谷光瑞（前排右二）一家

图5-2 京都西本愿寺（1901年）

都净土真宗西本愿寺（图5-2）第21代法主。作为长子的大谷光瑞，自幼就被当作西本愿寺第22代继承人进行培养，9岁剃度出家后进入学习院学习。1898年，22岁的大谷光瑞与贞明皇后（大正天皇之妻）之姐九条筹子结婚，这样一来，大谷光瑞与以后即位的大正天皇（1912—1926年在位）成为连襟，大谷家也因此成为皇亲国戚。当时，大谷光尊感受到西方文化给日本佛教带来的压力，在光瑞婚后一年时，出资派遣他前往伦敦留学。三年的欧洲之旅令他大开眼界，并对欧洲学者在中亚等地所获得的丰厚的佛教遗物产生了浓厚兴趣。大谷光瑞在欧洲见到了斯文·赫定、斯坦因等人中亚探险的成果，参观了各国博物馆，看到各国探险队从中国获得的大批文物珍宝，特别是对斯坦因中亚探险的收获感到震撼。于是决定利用回程前往中亚探险，从此揭开了日本考察中国西北的序幕。

与以学者为主的欧洲基督教徒探险队完全不同，大谷光瑞的队员都是佛教僧侣。从1902年起，他以探寻佛教遗迹为名，组织了3次前往中亚、新疆、克什米尔、犍陀罗、印度等地的探险与考察，活动经费主要来自近1000万日本信徒施舍的财物。因此，大谷探险队的活动近似于私人性质，而不像西方的那些探险家们有政府机构资助，与博物馆联系紧密。而且，这些僧侣没有考古学或美术史的训练，也没有发掘经验，更没有文物保护意识。他们前往穷乡僻壤、荒无人迹的沙漠，能做的就是在各地遗址乱挖乱掘，到处找宝，走到哪里挖到哪里，不停地更换地方，行踪不定。所以，他们对古代遗迹没有系统的调察记录，流传下来的资料只是个人笔记或日记，给后世学者研究他们带回的文物留下了众多难题。毫无疑问，他们的所谓探险和挖掘行为，对中国古代遗址造成了极大破坏，连想象复原的可能都没有。

大谷光瑞组织的第一次中亚探险发生在1902—1904年。这次前往中国的考察队由大谷光瑞、渡边哲信（1874—1957）、堀贤雄、本多惠隆和井上弘圆共5名僧侣组成。1902年8月，对西域佛教充满憧憬的大谷光瑞来不及从欧洲返回日本，就带领他的探险队从伦敦出发，取道俄国，经撒马尔罕进入中国新疆喀什。他们在塔什库尔干分为两路，大谷光瑞率本多惠隆、井上弘圆翻越明铁盖达坂，到达今巴基斯坦吉尔吉特、印度斯利那加。不想在途中遇到变故，使大谷光瑞永远失去了以后亲自去中亚探险的机会。1903年1月，大谷光瑞获悉父亲去世的消息，不得不紧急从喀什赶回日本京都，继承西本愿寺第22代法主之职，并承袭伯爵爵位（图5-3）。剩下4个队员分为两队进入新疆，因为同为东亚人种，与中国人长相相似的缘故，日本考察队队员并没有过多引起当地人的警觉。也正因为如此，他们的挖掘比来自欧洲的探险队更加顺利，也更肆无忌惮。

渡边哲信和堀贤雄两人沿新疆的丝绸之路南道进入和田，又到库车、拜城一带进行了4个月的考察（图5-4）。1903年4月，渡边哲信和堀贤雄到达拜城，从克孜尔村庄的村民那里得知有克孜

图5-3 年轻时着僧装的大谷光瑞

图5-4 在新疆探险时的渡边哲信（右）和堀贤雄（1902—1904年）

尔石窟的存在，便调查了各区域的洞窟，拍摄了一部分壁画和洞窟外景照片，还在部分洞窟内切割壁画（图5-5），成为首个切割克孜尔石窟壁画的探险队。这是克孜尔石窟灾难的开始。在他们之后，各国探险队将克孜尔石窟的壁画当作自己探险的必备战利品。命运多舛的克孜尔经历了多国探险队的摧残与破坏。1909年3月，大谷光瑞第二次探险队的野村荣三郎到达克孜尔石窟，再次切割壁画。1912年，大谷光瑞第三次探险队的吉川小一郎（1885—1978）也来到克孜尔，临摹并切割壁画。在他们编著的《西域考古图谱》中，收录的克孜尔石窟壁画有11幅。这些被切割的壁画大部分四散各地，有的进入私人藏家手中，窟中剩余的大部分壁画又被德国探险队切割，后收藏于柏林民族学博物馆。

对日本探险队来说，割取的壁画只是其中一项探险收获。他们清理洞窟时发现了不少残存的文书残纸和木简，其中包括著名的《唐建中五年孔目司文书》。孔目司，是始设于唐代的官府衙门名称，掌管狱讼、遣发、账目等事务。这件文书是唐代新疆地区有关行旅过所和公验的官府文书，可以据此了解唐治理新疆地区的情况、唐朝差役和赋税的一些情况。他们还获得了唐代龟兹语寺院账历（大谷文书541号，MS00541）等文献。时至今日，这些文献仍是研究丝绸之路的重要资料。

大谷探险队还发掘了许多墓葬，从中也发现了一些文书。不过，这些文书在墓葬里的功用并不是文字记录，而是单纯地将这些旧文书作为废纸二次加工制成纸

图5-5　大谷探险队取自新疆拜城克孜尔石窟第206窟右甬道外侧壁的因缘故事壁画局部（现藏韩国首尔国立中央博物馆）

衣、纸棺、纸靴来包裹尸体。学者们在出土文献和传世文献中并没有找到他们将这些废纸做成寿衣和纸棺材的原因，只能猜测这是当时的一种特定习俗。正是由于这种习俗，这些文书在新疆极端干燥的气候下被完整地保存下来。目前，这些反映当时新疆社会状况的文字史料藏在位于京都的龙谷大学，被称为“大谷文书”。

就这样，大谷探险队每到一地，只要是古遗址，就要乱挖盗掘一通。渡边哲信在《在中亚古道上》中称：“该发掘的地方也都发掘过了。”1904年5月，渡边哲信和堀贤雄结束了大谷探险队的第一次中亚探险活动，携带获得的大量中国文物经西安回国。

5.2 楼兰出土的“李柏文书”

在第一次探险结束后，大谷光瑞在1908—1909年又组织了第二次探险，派橘瑞超（1890—1968）和野村荣三郎二人前往，主要发掘吐鲁番、楼兰、库车等地的古遗址。橘瑞超出生于名古屋，是日本净土真宗本愿寺派僧侣，日本著名的佛教遗迹探险家（图5-6）。他早年就读于京都真宗中学，甚得西本愿寺法主大谷光瑞青睐，于是被邀参加大谷组织的第二次西域探险。

图5-6　年轻时的橘瑞超

在大谷派遣的历次探险队中，第二次考察活动收获最大，在吐鲁番与楼兰都有重大发现，大谷光瑞的《新西域记》一书中有详细描述。1908年6月，野村荣三郎和橘瑞超从北京出发，穿越蒙古进入准噶尔盆地，调查吐鲁番周围遗迹。他们首先来到柏孜克里克石窟，看到洞窟内大量壁画遭到破坏。听当地人说，前来发掘的欧洲人拿走了最好的壁画，故意将剩下的加以损坏。两个日本人义愤填膺地说：“如果这话是真的，以文明国家学者自命的欧洲人要独霸世界珍宝的意图，可以说比盗贼还卑鄙。”接下来，他们在一个洞窟中发现了“绘满色彩的壁画”，有诸佛和各种姿势的菩萨，有的合十，有的散花，有的奏乐。画中天人的舞姿、魔鬼的凶相，其“色彩、用笔都有很高的造诣”。他们还看到了泥塑佛像，“也充满生气，极精彩、华美壮观”。面对这些精美的艺术品，刚刚对欧洲人盗取壁画的方式表达了愤怒之情的日本人也取出了特制的“狐尾锯”，“切割了足以欣赏的壁画七块，获得泥塑佛像七身”。因为获取文物才是他们此行的目的。

1909年2月，野村荣三郎和橘瑞超在库尔勒分手。野村荣三郎在库车周围进行发掘、调查，然后经阿克苏到达喀什。1909年的3月18日到20日，野村荣三郎在克孜尔石窟发掘了13个洞窟，切割走了第206窟甬道侧壁的部分菱格本生和因缘故事壁画，以及224窟左甬道内侧壁《八王分舍利图》中的婆罗门多卢那（八王分舍利的主持人）壁画（图5-7）。橘瑞超则进入罗布泊沙漠去探查楼兰，这位年仅19岁的探险家将迎来重大发现。

橘瑞超这次楼兰探险得到了另一位探险家的帮助，那就是斯文·赫定。早在欧洲游学期间，大谷光瑞就通过各种渠道结识了斯文·赫定，并力邀他前往京都参观访问。1908年11月，斯文·赫定抵达长崎，12月离开日本。他在京都期间就住在本愿寺中。在大谷光瑞的盛情款待下，斯文·赫定在临行前终于将楼兰古城的经纬坐标告知了大谷光瑞。如获至宝的大谷光瑞急不可待地用电报通知了在吐鲁番的橘瑞超和野村荣三郎二人。那段电报的开头就是“2588九零度2590四一度”，这个密码就是楼兰古城坐标，即东经90度，西经41度。在当时，也只有身为地理学家并亲自发现楼兰古城的斯文·赫定，才能给出如此精确的地理坐标。至于数字“2588”“2590”，应该是大谷与其弟子设定好的密码——为了防止他人获取电报信息，码文被特意加密过。大谷光瑞一直被很多人认为不仅是探险的资助者，更是一个资深间谍，而这段电报原文即是实证。

图5-7　取自新疆拜城克孜尔石窟的7世纪佛弟子多卢那为八王分释迦舍利壁画（纵40.5厘米，横28厘米，现藏东京国立博物馆，编号：TA-168）

有了贵人指点，本来毫无头绪只能跟在各国考古队后面捡东西的日本考察队便抢了先机。橘瑞超成为继斯文·赫定和斯坦因之后第三批进入楼兰古城的外国人，并在楼兰古城获得了五胡十六国前凉时期（324—376）著名的“李柏文书”（图5-8）。李柏是东晋咸和年间（326—334）的官员，位居西域长史，即被派驻西域地区的官员。这些文书是李柏在公元328年从海头——罗布淖尔湖畔给焉耆王等几个国王发信函留下的草稿，是前凉简牍资料中内容最为集中、内涵最为丰富的文书资料，也是当时前凉统治管辖西域地区的佐证。而李柏其人在《晋书》中有明确记载，这些文书又起到了佐证史书的作用。同时，该文书的书法带有隶书的笔意，但已显露出东晋流行的行书风貌，是少有的来自五胡十六国时期的书法作品。根据李柏文书，学者们又陆续确认了多处海头古城遗址。后来，这些文书和古物成为全世界东方学者反

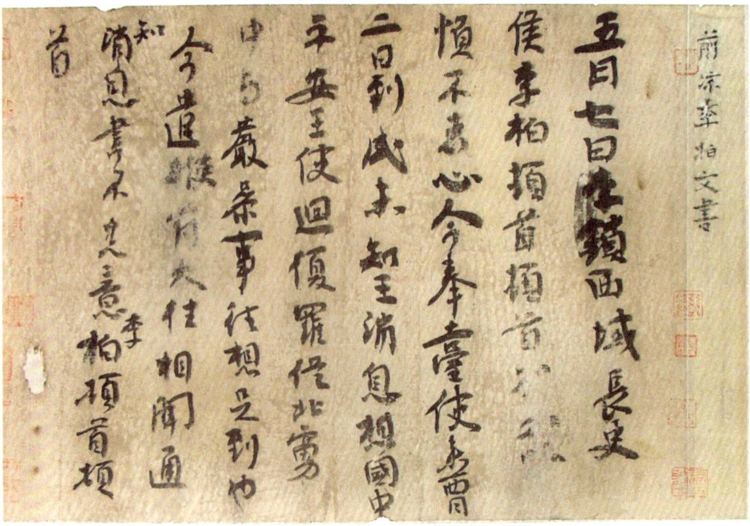

图5-8　1909年橘瑞超在楼兰遗址发现的东晋咸和三年（328）李柏文书（现藏日本京都龙谷大学图书馆）

复研究探讨的重要史料。

根据橘瑞超的记录，“李柏文书”来自三间房遗址。所谓“三间房”，指的是斯文・赫定发现的楼兰古城中央伫立着的大型土砖建筑物。斯文・赫定和斯坦因在此发掘的时候发现了大量木板纸片和绢质文书，后者推断此建筑的原始功能应是城镇中的“衙门”。由于遗址仅剩三间房屋，因此被称为“三间房遗址”。“李柏文书”是他无意中挖得的，至于如何获得，在何处获得，同时又有何种出土文物，都没有记录。此后，橘瑞超的日记也在火灾中被烧毁，再加上他在提及此次发掘时多处自相矛盾，导致历史学者一直围绕“李柏文书”的有关问题争论不休。由于橘瑞超缺乏基本的考古调查技能，他的毫无科学记录的乱挖，不仅破坏了考古现场，还令其所得物品的研究价值严重受损。

之后，橘瑞超沿沙漠南道经若羌、和田抵达喀什。与野村会合后，翻越喀喇昆仑山口进入列城。不管过程如何，橘瑞超和野村荣三郎还是满载着来自柏孜克里克和克孜尔石窟切割下来的壁画和佛像，以及在楼兰古城的所获，结束了为期18个月的第二次中亚探险。

5.3
100头骆驼装载的敦煌收获

大谷光瑞的第三次中亚考察队由前后派出的两人承担，时间分别是1910—1912年、1911—1914年。

鉴于前两次考察的经验，在第三次考察之前，大谷光瑞带着橘瑞超先前往欧洲考察。在那里，他们不仅参观了斯文・赫定、斯坦因、伯希和、勒柯克等人的考古成果，还获取了关于中亚西域的最新情况和知识，以及中亚重要考古地点的坐标，为以后的考察活动作充分准备。

1910年8月，橘瑞超从伦敦出发，经俄国入境中国，至新疆塔城，然后经乌鲁木齐、吐鲁番再次进入楼兰地区考察。接着又从且末北上，横穿塔克拉玛干沙漠到达北疆的库车。之后又从库车向西到达喀什，再向南由和田进入西藏北部，再回到且末、若羌一带考察。他就这样围绕着塔克拉玛干大沙漠转圈圈，完全不像个考古调查人员，倒像个到处寻宝的文物贩子。在吐鲁番、楼兰、和田等地，他做了一些发掘，但也是来去匆匆，还忘了及时向远在日本的大谷光瑞汇报工作。

到了1911年，大谷光瑞因为长时间没有得到橘瑞超的消息，非常着急，便派自己的门生吉川小一郎前往中国寻找。吉川经由上海、武汉、兰州，于1911年10月5日到达敦煌，首先考察并拍摄了一些洞窟（图5-10）。在敦煌期间，吉川一方面派人向新疆各地打电报寻找橘瑞超，一方面在敦煌进行探宝活动。此时橘瑞超也正装扮成维吾尔族人由新疆的若羌向敦煌进发。在路上，他碰到了一位从敦煌回来的维吾尔族人，得知一个日本人正在敦煌寻找另一个在罗布泊一带的日本人的消息，并带有书信。橘瑞超看到信后，知道大谷光瑞已经派吉川小一郎去敦煌寻找他，便急忙向敦煌赶去。1912年1月26日，橘瑞超（图5-9）到达敦煌，与吉川会合。二人于1912年2月离开敦煌，经哈密至乌鲁木齐。

橘瑞超和吉川小一郎在敦煌所获丰厚（图5-11）。在等待橘瑞超的4个月中，吉川小一郎用特制的化学胶布粘走了莫高窟26方精美的壁画，将洞窟中“两尊做工精巧、损伤也少的佛像，和僧人交涉之后买下来，装入行李”。临走时，他给了王道士11两银子，骗购了一批唐代经卷。此时，敦煌莫高窟的藏经洞已成空洞，大部分剩余经卷已被清政府命敦煌知县运往北京了。前文已述，机灵的王圆箓在此之前早已将自己认为有价值的一些经卷藏在了“转经桶”里面，并陆续卖给前来敦煌的外国探险队员。此时的王圆箓已经对外国人司空见惯，看到日本人的到来并不觉得惊讶，

图5-9
橘瑞超（左一）
在敦煌与房东家人合影
（1912年）

图5-10
大谷探险队拍摄的
敦煌莫高窟外观
（1911—1912年）

图5-11
吉川小一郎（右一）
与安西县电报局长、县长合影
（1911年9月13日）

把文书给他们也不觉得愧疚。橘瑞超来到敦煌后，与吉川二人先后与王圆箓反复沟通，又各自获得了大量经卷。根据吉川小一郎的追述，王圆箓给他们搬运文书时，“态度恰像贼运赃物一样”。

在敦煌，吉川小一郎获100多卷写经，橘瑞超获260卷写经（图5-12）。吉川小一郎还获取了碑文的部分拓片，拍了很多洞窟照片。1912年2月，他们雇了100多头骆驼，装载着86件“行李物品”，总重量6000多斤，将所获宝物运出敦煌（图5-13）。

由于橘瑞超和吉川小一郎在敦煌滞留的时间过长，焦急的大谷光瑞一再催促他们赶快回国。而因两个人的工作习惯、个性都不一样，他们决定分道行动（图5-14）。吉川向西前往吐鲁番，橘瑞超向东去安西。在安西，橘瑞超又收到日本的电报，大谷光瑞要求他马上中止活动回日本。于是他只好回头向西，赶上吉川，一起经哈密到吐鲁番。橘瑞超接着前往乌鲁木齐，取道西伯利亚回国。

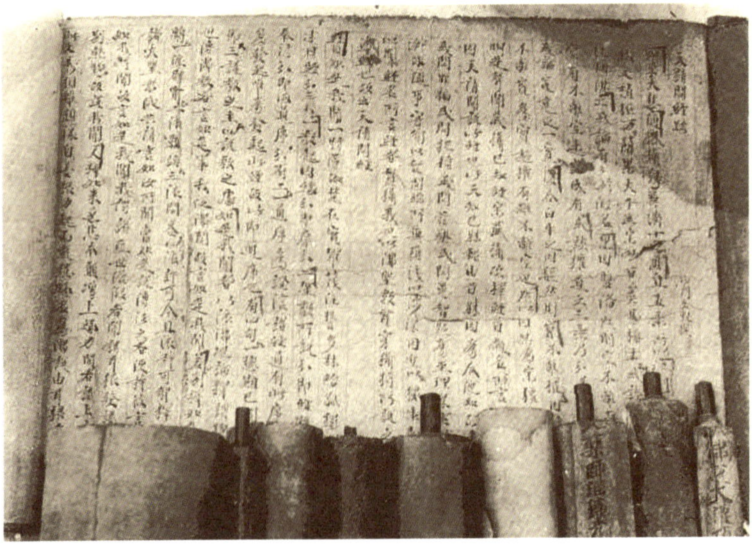

图5-12　1911—1912年间大谷探险队在敦煌获得的古文书

图5-13 日本大谷探险队满载文物离开敦煌时的留影（1912年）

图5-14 橘瑞超、吉川小一郎与安西李氏合影（1912年）

之后，吉川小一郎继续在吐鲁番附近发掘。天气炎热发掘困难时，吉川小一郎便翻越天山，待在吉木萨尔附近和博格达山中，待到天气凉爽继续回到吐鲁番。这样的工作一直持续到1913年2月，他离开吐鲁番，经过焉耆再到库车。他调查了库木吐喇石窟、苏巴什佛寺等地。这以后，他又在克孜尔石窟停留了数日，切割了一些壁画，也拍照、临摹了一部分壁画。然后，他又西进喀什，南下和田，北上阿克苏、伊宁等地调查佛教遗迹，也是在塔克拉玛干周围转圈圈。

吉川小一郎没有考古知识，所以没有能力去发掘那些人迹罕至的遗址。聪明的他便决定选择别人已经去过、考察过的地区，再进行全面细致的发掘调查。这种长时间的撒网式的发掘方式，尽管没有获取最好文物的机会，但所过遗址数量多，收获量也巨大。最后，吉川东返乌鲁木齐，经吐鲁番、哈密、敦煌、酒泉等地，于1914年5月至北京，再回日本，搜集的文物被包装成近百件行李。

5.4
大谷家的珍宝

吉川小一郎的回归，正式结束了大谷光瑞派遣的历时12年的三次中国西北考察活动。三次探险所获文物都被运到日本，一部分放置在大谷光瑞位于神户郊外的别墅二乐庄中（图5-15），另有一部分寄存在帝国京都博物馆，即现在的京都国立博物馆。这些文物的年代可以上溯到六朝时期，在整个敦煌学的研究中具有重要意义。不过这三次探险获得的文物没有确切的统计数字，仅能从一些史料和新闻中推断出文物总数量达到了4万件，种类丰富，有佛典、经籍、史料、西域文字的文书、绘画、雕塑、染织、刺绣、古钱币、印本等。大谷收藏比重最大的当数汉籍图书与碑拓，据说仅孤本、珍本就多达数千册。

1912年11月，大谷光瑞曾在二乐庄举办他的收集品展览。大谷考察队自新疆带回的文物，在1910年曾由专家从中选出精品，

图5-15
大谷光瑞位于神户郊外的别墅二乐庄本馆（20世纪上半叶）

于1915年出版了《西域考古图谱》，其中有出自克孜尔的壁画11幅、佛典写本6件。这部著作至今仍是日本敦煌学者研究的核心资料，也是研究日本在中亚地区考察的重要史料。《大谷光瑞全集》中也收录了大谷三次考察活动的收获。

大谷探险队的三次考察活动，与西方各国探险队最大的不同是：探险队员不是由学者组成的，并且对考古学一窍不通。考察队员工作粗疏，考察范围又过于广泛。他们所获得的文物不是科学发掘所得，没有很好的原始记录，所得文物都没有编号，致使后来在整理探险所获时发生混乱。拿橘瑞超来说，他的研究水平就不高，仅编有《敦煌将来藏经目录》等书。所以，他们的考察都没有出版正式的考古报告，队员的工作日记便成为了解他们调查和文物出土情况的文字材料。这些日记直到1937年才发表在《新西域记》两卷本中，书中有克孜尔石窟壁画和外景照片、洞窟形制以及壁画示意图等。另外，由于他们的探险在很大程度上是以寻宝为目的，所得的资料与文物价值大不如西方各国探险家们的所得，且对古迹古物造成了严重破坏。

在大谷光瑞收藏的诸多文物中，有一件木质漆绘舍利盒格外别致（图5-16）。这个舍利盒是渡边哲信和堀贤雄于1903年在新疆库车龟兹古国的苏巴什佛寺遗址西寺发现的，全高32.3厘米，现藏于东京国立博物馆。舍利盒为圆形，上有尖状盒盖，

图5-16　苏巴什佛寺遗址西寺发现的6—7世纪木质漆绘舍利盒（高32.3厘米，现藏东京国立博物馆，编号：TC-557）

表面有精美的漆画，与中国内地用来供奉佛舍利的方形舍利函和舍利棺造型明显不同，带有强烈的西域风格。在圆形盒身周围绘着二十一位身着西域服装的人物，他们手持各种乐器和道具载歌载舞。这幅乐舞图共分三个部分。第一部分，在盒身正面描绘了六个手牵手的舞蹈者和两个持棍独舞者，他们头戴各式假面具，身着甲胄般的彩色舞服。第二部分，从舞者一侧依次有拿着各类乐器的乐手，有两个儿童抬着大鼓，和击打的鼓手，还有演奏竖箜篌、凤首箜篌、排箫、鼗鼓和铜号角者。画师精湛的工艺还体现在这些人物相互交流的表情上：有的边奏乐、舞蹈，边回头顾盼，旁边还有手舞足蹈的小孩子作为观众，营造了欢快的气氛。第三部分，是手持长杆幡的一男一女。长幡在古代葬礼上有引导死者灵魂前往西方极乐世界的功用。因此，有学者指出，这种乐舞形式应该与送葬舞蹈有关，将当地流行的丧葬风俗描绘在释迦牟尼舍利子的容器上，正契合该器物的宗教功能。

在尖顶的斗笠形盒盖表面绘有由连珠纹组成的四个单元，每个单元内各绘一个裸体童子，他们或有鸟翼，或有蝉翼，分别演奏着筚篥、箜篌、曲颈琵琶、琵琶等乐器，画面十分生动。有些学者认为这些裸体童子是迦陵频伽。迦陵频伽是佛教中能够发出妙音的鸟，属于鸟和人的结合体，往往表现为人的上半身和鸟的下半身，也会奏乐。但这些裸体童子有着同人类一样的下半身，只是身后有翼，倒是与前文叙述的斯坦因在米兰遗址发现的有翼天使壁画有相似之处。因此，他们很可能也是受到欧洲传统艺术中天使的影响，其宗教身份应该和中国的飞天类似。

除了大谷光瑞探险队，伯希和和德国探险队都寻找到了类似的舍利盒，它们都来自库车县城北边20公里的苏巴什佛寺遗址附近。在唐代，苏巴什佛寺又称为“雀离大寺”或“昭怙厘大寺”（图5-17）。这个寺庙建筑群包括佛塔、洞窟、殿堂、僧房等，占

图5-17　新疆库车苏巴什佛寺遗址（头条@西域远方摄影）

地18万平方米，是新疆地区迄今发现的最大的一个佛寺遗址。站在高处俯瞰佛寺全景，仍能感受到当年辉煌的佛教盛况。始建于魏晋时期的苏巴什佛寺，曾经是中国古代三大佛经翻译家之一——龟兹高僧鸠摩罗什（344—413）的开坛讲经之处。它在隋唐时期达到最盛，常驻僧侣多达上万人，接受四方朝拜。唐僧玄奘前往印度取经的时候，曾在这里住了两个多月。在7世纪中叶，唐朝安西都护府设立龟兹镇后，内地高僧云集于此讲经说法，使唐朝文化在新疆地区广泛传播。遗憾的是，在9世纪时，该寺被战火摧毁。14世纪后，受到伊斯兰教的影响，这座宏伟的佛寺被彻底废弃，直到19世纪才被外国探险家们发现。

现存于东京国立博物馆的大谷探险队所获文物，除了唐代舍利盒，还有数件佛教雕塑。鎏金铜佛首就是其中之一，它是大谷探险队第一次探险带回的文物（图5-18）。新疆地区完整保存下来的佛教题材雕塑非常少见，这个佛首因此十分珍贵，自14世纪伊斯兰教势力进驻，新疆佛教雕塑被破坏殆尽，此类表面鎏金的铜制品更是罕见。这个铜像完全符合中亚犍陀罗的风格，高鼻宽目，有着欧洲人的五官特征，头顶竖着肉髻，是研究新疆古代佛教艺术与贵霜帝国的关系，乃至同一时期中国与印度佛教关系

图5-18　1902—1904年大谷探险队在和田发现的3—4世纪鎏金铜佛首（高17厘米，现藏东京国立博物馆，编号：TC-456）

图5-19　1908—1909年野村荣三郎在新疆库车库木吐喇千佛洞所获唐代7—8世纪泥塑菩萨头像（高28厘米，现藏东京国立博物馆，编号：TC-648）

的重要实物资料。

还有一件唐代菩萨彩塑头像（图5-19），是大谷探险队在库木吐喇千佛洞考察时发现的。库木吐喇是维吾尔语的音译，意思是“沙漠中的烽火台”，它位于新疆库车县西南约30公里处。库木吐喇千佛洞开凿的时间比克孜尔石窟略晚，是古龟兹国的中心——今库车、拜城一带第二大石窟群。大谷所获菩萨头像总高28厘米，有着细长的眉眼和圆润的脸庞，体现了汉唐和龟兹结合的民族融合风格。

东京国立博物馆还藏有来自柏孜克里克石窟的壁画，也是大谷探险队所获。这些壁画都融合了典型的唐代风格，是10世纪以后的回鹘绘画。其中一幅是持幢菩萨立像壁画（图5-20），菩萨双手持伞盖，身穿甲胄般的服装，大有中原一带宋代一些菩萨装

图5-20 1908—1909年大谷探险队所获新疆柏孜克里克石窟高昌回鹘时期10—11世纪持伞盖菩萨立像壁画（现藏东京国立博物馆藏，编号：TC-552）

的风格。另一幅是供养菩萨像壁画（图5-21），该菩萨呈胡跪之姿，面向上仰，虔诚地看着原画面中的主佛，双手捧着盘子，盘子里有一香炉，中有香烟徐徐上升，献于主佛。

如前所述，德国探险队在柏孜克里克石窟切割走的大型立佛像壁画两侧一般成对出现供养菩萨及护法和弟子像。这两幅来自不同洞窟的菩萨壁画应该是德国人切割走了大型壁画后剩下的边角，被大谷探险队"捡漏"了。这两幅壁画都采用了淡淡的凹凸晕染绘画技巧，即首先用墨笔勾勒出轮廓，再从轮廓边缘由浓到淡层层晕染，使人体轮廓有一种立体感。尤其在人物的鼻梁、额头、眉眼这些位置着重晕染，使面部产生突出于平面的立体感。这个绘画技巧最先是由欧洲传入中亚，再由中亚传到了中国内地，在中国史书里被记载为"凹凸画法"，或者"天竺遗法"。另外，这两幅壁画也带有明显的龟兹绘画风格，如人物细长的眉眼，饱满、圆润的脸庞和两腮等，都和龟兹地区的壁画人物相似。由此可知，这些颜色艳丽、线条流畅的壁画，是典型的融合了东西方绘画技巧的产物。

图5-21　1908—1909年大谷探险队所获新疆柏孜克里克石窟高昌回鹘时期10—11世纪供养菩萨像壁画（现藏东京国立博物馆，编号：TC-553）

5.5
探险以外的多面人生

大谷光瑞作为皇亲国戚，受封伯爵，又是著名寺庙的法主，信众众多，如此显赫的背景，日子应该很风光才对。然而，他的寺主生涯结局和晚年的境遇却是千回百转，令人唏嘘。他所资助的三次中亚探险活动虽然有着世俗意义上的成功，但因耗资巨大而饱受诟病。早在第三次探险之时，他就因僧侣集团贪污腐化受到指责。加上他管理寺院不力，把大量信众布施的金钱用于赞助探险，使西本愿寺家族寺院背负了巨额债务。1914年，在财务危机和丑闻下，大谷光瑞受到来自社会各界的谴责和指控，被迫辞掉了法主之位和伯爵爵位，由他的长子大谷光照（1911—2002）继承。此后的他则开始了隐居生活。

大谷的三次探险得来的文物也随之开始分散各地。大谷光瑞曾表示想要到被日本占据的中国东北终老。他在离开神户时，将在新疆收集的10具木乃伊，700余件汉文古写本、雕刻等文物以及2万册藏书带到中国。为了解决寺院财务问题和还债，其余文物的一部分随二乐庄卖给久原房之助（1869—1965），久原又将这批收集品寄赠给朝鲜总督府博物馆，现藏韩国首尔国立中央博物馆；一部分赠送给日本京都博物馆，现已入藏东京国立博物馆；另有一部分文物被卖给古董商。运回中国的文物分别被收藏在大连和旅顺的“大谷文库”。大谷留在旅顺的文物，后寄存在关东厅博物馆（后改名为旅顺博物馆）（图5-22），这些文物曾编有简目，与探险队员的部分日记一起发表在《新西域记》中。1948年大谷光瑞去世前，在西本愿寺发现了他从大连运回的两个装有文物的木箱，这些文物被捐赠给龙谷大学图书馆。留在旅顺的文物大部分仍然保存在旅顺博物馆（图5-23），其中的敦煌写本600余件，于1954年调到北京图书馆保存。这批文物跌宕半个世纪，有相当一部分最终还是回到祖国的怀抱，让人不得不感慨因缘的

图5-22　日据时期在旅顺博物馆中的大谷光瑞寄存物展览厅（1946年以前拍摄）

图5-23　旅顺博物馆外观

巧合。

除了探险和担任寺主，大谷光瑞还积极参与政界的活动。他与当时很多国家的首脑保持着密切联系。1913年，大谷光瑞曾经会见过孙中山（1866—1925），还在孙中山的推荐下出任过中华民国政府顾问。1914年，他因西本愿寺巨额债务问题而辞去法主之位，其后在中国、南洋、土耳其等地经营农业，并长期留住中国。他身在中国，却积极为日本政府工作，曾在上海郊区兴建无忧园，并同时设置电台，从事谍报活动。他还利用其在佛教界的地位和影响力，积极支持日本政府对华的强硬扩张和侵略活动。1933年，他从上海移居大连，建立钢盔之家，进行军工生产，满足日军军需。他历任近卫文麿（1891—1945）、小矶国昭（1880—1950）、内阁参议、内阁顾问等职，还担任大东亚建设审议会委员等重要职务，力主对华采取强硬措施。

1939—1941年，大谷光瑞主编出版了《大谷光瑞兴亚论丛》《大谷光瑞兴亚计划》《中国的将来与日本帝国的使命》等，为日本政府鼓吹“南进”论。当时的日本有两种侵略路线计划——北上

图5-24 老年大谷光瑞

或者南进。北上指向北侵略苏联，在苏联与德国军队会师。南进指向南侵略中国和东南亚。大谷出版物中提到的“兴亚”，就是复兴亚洲的军国主义思想，旨在建立“大东亚共荣圈”。可知大谷的政治观点和当时日本激进的军国主义思想极为投合。

1945年日本战败，作为积极支持日本军国主义侵略的著名人物，大谷被苏联军队扣押，软禁在大河旅馆（今大连宾馆）之中，直至1947年被查出膀胱癌，苏联才允许他回日本，他于次年死在大分县别府市。

纵观大谷光瑞的一生，僧侣、探险者、政客、地理学家等多重身份互相交织，形成了他的立体复杂的经历（图5-24）。作为探险者，他著作颇丰，所有著作全收录于《大谷光瑞全集》之中；作为僧侣，他以僧人的身份对佛经进行翻译和论述，著有《大无量寿经义疏》《第一义谛》《极乐庄严》《佛教大意》《维摩经讲话》《他力真宗》《随笔百则》等著作；在地理学方面，他师从斯文·赫定，写出了《印度地志》等书。在政治方面，他明显具有军国主义思想。

作为西本愿寺的法主，大谷光瑞没有做好自己的本职工作，而是负债累累，被迫辞职。作为僧人，他虽然在佛学研究上颇有建树，却没有领悟到佛教主张慈悲的真谛而过多地参与方外的恶念。作为政客和皇室宗亲，他积极支持日本对亚洲国家的侵略扩张，无视他国人民饱受战争的摧残。作为探险家，他组织的探险实际上是以探宝为目的的文物掠夺，不仅没有得到科学的调查资料，还让许多文物流离失所。

6 探索黑水城宝藏的柯兹洛夫

柯兹洛夫探险路线

1884年

第一次考察，恰克图—戈壁沙漠—黄河发源地—唐古拉山—西藏北部—新疆（罗布泊、塔里木河）—卡拉库尔

1889—1890年

第二次考察，卡拉库尔—伊塞克湖—天山—南疆—莎车—喀什—尼雅古城—罗布泊—斋桑湖—俄罗斯

1893—1895年

第三次考察，卡拉库尔—天山—吐鲁番—哈密—敦煌—祁连山—阿尼玛卿山—青海—黄河源头—吐鲁番—斋桑湖—俄罗斯

1899—1901年

第四次考察，恰克图—科布多—阿尔泰山—中央戈壁—腾格里沙漠—河西走廊—西宁—青海湖—柴达木盆地—四川昌都—长江和黄河发源地—兰州—库伦（今蒙古乌兰巴托）—恰克图—俄罗斯

1904年

第五次考察，俄国—库伦（拜会达赖喇嘛图登嘉措）

1907—1909年

第六次考察，莫斯科—伊尔库茨克—恰克图—库伦—土谢图汗部、赛因诺颜汗部—黑水城遗址—阿拉善沙漠北缘—阿拉善旗首府定远营—安多藏区—青海湖—兰州—黑水城遗址—喀尔喀蒙古—库伦—俄罗斯

1923—1926年

第七次考察，库伦—诺彦乌拉山（发掘匈奴墓葬）—肯特山区—黑水城

6.1

从未停歇的俄罗斯探险队

图6-1 Nikolay Bestuzhev（1791—1855）绘比丘林画像

尼基塔·雅科夫列维奇·比丘林（Nikita Yakovlevich Bichurin，教名雅金夫，1777—1853）是俄罗斯汉学家，也是俄罗斯中国学、东方学的创始人，曾任俄罗斯科学院通讯院士（图6-1）。他1800年进入教会，成为神父。1807年，他随东正教北京传道团抵达北京，在那里工作了15年。1822年回国后，在瓦拉姆修道院从事中国典籍的译著与研究工作。比丘林翻译了"四书"、《三字经》《通鉴纲目》等中国典籍，著有《汉文启蒙》等词典和语法书，以及《中国详志》《中国的民俗风情》《古代中亚各民族资料汇编》等多部关于中国民俗、地理的著作。比丘林在恰克图所创办的汉语学校奠定了俄国汉语教学的基础。从此，在俄罗斯建立了研究中国的东方学，也为日后俄罗斯探险家前往中国考察打下了基础。

19世纪末20世纪初，当西方各国探险队员还在争抢到达中国的名额时候，与中国接壤的沙俄早就开始了在中国西北地区的探险行动。为了建立细致的东亚地区地形与人文档案，沙俄探险队员的学科覆盖地理学、气候学、植物学、动物学、民族学和考古学领域。俄罗斯的间谍机构和官方组织合作，在19世纪下半叶和20世纪初陆续派出了数十支探险队纵横于东亚至西亚的广袤土地。

彼得·彼得罗维奇·谢苗诺夫（Pyotr Petrovich Semyonov，1827—1914）是俄罗斯地质学家、统计学家和昆虫学家，曾主管俄罗斯地理学会超过40年。他立志要探索鲜为人知的天山山脉。1856年，他展开了他的第一次远征探险，从巴尔瑙尔到达阿尔泰山脉，并造访了伊塞克湖。1857年，他考察了天山山脉内部，并于第二年出版了天山的第一部系统论著——《天山游记》。他最有趣的发现是有关天山起源的观点。由于这部专著，半个世纪后，俄国末代沙皇尼古拉二世（1894—1917年在位）授权他在姓氏后加上“天山斯基”（意为“天山的”）的荣誉。

图6-2 俄国探险家普尔热瓦尔斯基照片及其签名

普尔热瓦尔斯基是沙俄探险家中的先驱者之一（图6-2）。他自幼在沙俄军队服役，在1863年晋升为中尉和团参谋官。1867年，他开始对乌苏里边境的俄罗斯人、满洲人和朝鲜人进行军事侦察，不但成功完成了军事和情报任务，还进行了大量地质学、动植物学的博物学标本收集。这次任务使他受到俄罗斯科学院和皇家地理学会的认可。有了官方的政治和资金支持，他正式带队向无人地带进发，开始在中国边疆活动。从1870年开始，普尔热瓦尔斯基共进行了4次中国西部探险，足迹遍布北京、新疆塔克拉玛干沙漠、内蒙古高原、青藏高原，甚至进入了青海可可西里地区。在1876—1877年的第二次探险中，他在新疆发现了罗布泊，轰动了地理学界，为日后斯文·赫定在罗布泊旁发现楼兰古城奠定了基础。

1879年，普尔热瓦尔斯基进行第三次中亚探险时进入过敦煌。那时候他最渴望接触的就是还没有外国人获准进入的西藏地区。因此，他的考察路线几乎绕遍了西藏周围所有地区，但遗憾的是，西藏独特的高原地理使得四周都是天堑，关键要道在没有当地政府允许的情况下无法通行。普尔热瓦尔斯基不管怎么努力，都无法进入西藏地区。最后，他只能转道天山山麓，希望能够翻越天山进入西藏，却因为在伊塞克湖边误饮被污染的水源而病逝，时年49岁。这个天生的探险家，热爱冒险远胜于安稳的生活。他和斯文·赫定一样终生未婚。他曾说："我要重新奔向荒漠，在那里，有绝对的自由和我热爱的事业，在那里比结婚住在华丽的殿堂里要幸福一百倍。"

紧随普尔热瓦尔斯基之后的是格里戈里·尼古拉耶维奇·波塔宁（Grigory Nikolaevich Potanin，1835—1920）。波塔宁是俄罗斯人种学家、自然历史学家和中亚探险家。1876—1877年，波塔宁率领探险队在蒙古国科布多收集各种生物标本，并进行了民族学研究。1877年3月中旬，他的远征队前往新疆东部的哈密考察。1884—1886年，波塔宁与奥古斯都·伊沃诺维奇·斯卡西一起前往中国北方探险。他的远征队于1884年5月13日离开北京，首先进入内蒙古，再穿越黄河进入鄂尔多斯沙漠，又穿越高海拔的青藏高原，在甘肃、青海等地记录当地植被的信息，并标注了沙漠中的遗址位置。

阿尔伯特·雷格尔（Johann Albert von Regel，1845—1909）是俄国医生、植物学家、中亚研究者和考古学者，曾在中亚地区考察植物。1879—1880年，他考察了吐鲁番，报道了吐鲁番地区荒废的佛教寺庙遗址和遗物。

贡博扎布·崔比科夫（Gombojab Tsybikov，1873—1930），蒙古族布里雅特人，是俄国东方学家、地理学家、探险家（图6-3）。1899年11月25日，崔比科夫受俄国地理学会的派遣进入西藏。当时清政府不许外国学者入藏考察，他就装扮成一名到西藏朝圣的布里雅特香客，于1900年8月到达拉萨。在其后的一年多时间里，崔比科夫的足迹遍布西藏和青海的许多地方，1902年4月4日结束此次探险回国。由于崔比科夫精通藏语，又受过俄国先进的科学教育，所以在藏学研究上有所成就。他的成名之作是1919年出版的《佛教香客在圣地西藏》，中国有汉译本，围绕西藏的宗教制度，记述了西藏整个文化区的风土人情、寺院建制、僧侣生活、教派分支等。他还从西藏带走藏文典籍约300卷，给当时的俄国藏学界提供了宝贵的图书资料。

图6-3　俄国东方学家、地理学家、探险家崔比科夫（1900年）

这些沙俄探险队在19世纪下半叶的考察中更注重的是地理地图、植物、动物和当地居民的情报收集工作，并没有着手考古挖掘。这一方面是出于当时的俄国国家政治考量，另一方面就是对这些探险家个人而言，他们追求的是行走在高山和大漠上，探索未知土地的使命感和建功立业的情怀。在以考古为方向的俄罗斯人的探险中，下文要讲的柯兹洛夫和奥登堡才是其中的重要人物。

6.2

西夏国边防重镇的发现

彼得·库兹米奇·柯兹洛夫参与过普尔热瓦尔斯基最后两次探险，在新疆和青海等地考察。柯兹洛夫出生于斯摩棱斯克州杜霍夫希纳城的一个手工业家庭，在遇

图6-4
戎装的柯兹洛夫和他的获得品合影（1910年）

到恩师普尔热瓦尔斯基之前，柯兹洛夫只是个无所事事的年轻人。1884年，普尔热瓦尔斯基劝说他入伍，并将其纳入麾下，才使他发生了身份的转变。1887年，柯兹洛夫毕业于圣彼得堡军事学校（图6-4），但他并不热爱军事，而酷爱动物学与考古学，立志要向普尔热瓦尔斯基那样，当一名杰出的探险家。柯兹洛夫是前往中国探险次数最多的探险家之一，在1884—1926年这40多年里，他前后7次受俄国地理学会派遣到中国新疆、蒙古、西藏、青海、甘肃、四川等地考察，其中以第五、第六次考察的成绩最为显著。1893年，他与两位队友共同前往中亚考察。1895年，他开始独立率队，在中亚探险。根据他书中的记载，1899—1901年，他涉足黄河、长江、湄公河流域，还获得了2000年前的巴克特里亚纺织品样本。由于杰出的探险成就，他于1902年获得了康斯坦丁奖章。从此，柯兹洛夫走上了和他的导师完全不同的探险道路——以考古发掘为目的，并以随后黑水城和诺彦乌拉山的两次考古发掘震惊世界。在20世纪初的西方探险竞争中，他一跃成为世界一流探险家与中亚研究学者，可与斯文·赫定、斯坦因等人并列。

纵观柯兹洛夫的探险生涯，最主要的贡献是对黑水城遗址的发现与发掘。1907—1909年，由柯兹洛夫领导的俄罗斯第六次考察队在内蒙古阿拉善盟额济纳旗境内纳林河东面的巴丹吉林沙漠边沿地带发现了西夏古城黑水城遗址。

黑水城始建于西夏时期，蒙古语称为哈拉浩特（Khara-Khoto），又称黑城。柯兹洛夫从波塔宁的书中发现了相关遗迹的记录后，于1908年前往内蒙古探寻，并发现了这个城址（图6-5）。这次考古发现也成为近代西夏学研究的开端。

1038年，党项族首领李元昊（1003—1048）在今宁夏银川地区以兴庆为首都建立了“大夏”政权，也就是后来的西夏王朝。这个游牧部族日后逐渐掌控了甘肃、宁夏、青海地区以及陕西北部、内蒙古的部分地区，直到1226年成吉思汗（1162—1227）将其占领。黑水城便是西夏国的边防重镇，也是丝绸之路上的交通要塞（图6-6）。马可·波罗在他的游记中也曾记录下这个名叫“额济纳”的城市：“额济纳在沙漠的北部，属于西夏的一部分。这里的居民崇拜宗教偶像，有大量的骆驼和牛，这里饲养着优秀的猎鹰和隼，人们以农业和畜牧业为生，很少有商人。”

熟悉吐蕃语和汉语的西夏开国皇帝李元昊深知发展文化的重要性，他博采众长，

图6-5　西夏黑水城的西南段城墙遗址（1908年，柯兹洛夫拍摄）

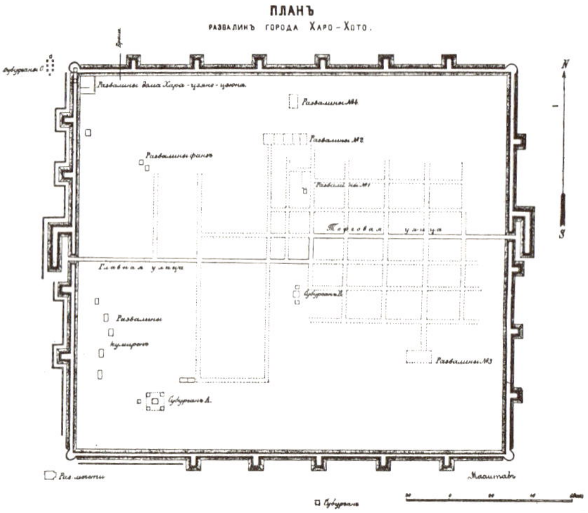

图6-6　1908—1909年间柯兹洛夫测绘的黑水城平面图（采自柯兹洛夫《蒙古、安多和死城哈拉浩特》）（*Pyotr Kuzmich Kozlov. Mongolia and Amdo and the Dead City of Khara-Khoto*）

吸收融合各民族文化，创制了复杂的西夏文。佛教也在西夏国获得了飞速发展。笃信佛教的西夏皇帝从中原、西藏和回鹘请来僧人和工匠，以举国之力修建佛塔佛寺，创造了辉煌的西夏佛教文化艺术。在周边回鹘、中原和吐蕃文化的影响下，原本没有文字记录的党项游牧民族呈现出了多元文化繁荣的景象。

西藏佛教噶玛噶举派初祖法王都松钦巴（1110—1193）的弟子格西藏索哇被第五代西夏皇帝李仁孝（1124—1193）恭迎到西夏国传法，被尊为上师。《贤者喜宴》记载：西夏王泰呼提到，法王都松钦巴到了楚布寺驻锡于此，我邀请他前来，但未能成行，但您（都松钦巴）的使者，新收的一个弟子可作应供。于是格西藏索哇去了西夏，做了西夏王的上师。格西藏索哇前往西夏的具体时间尚不清楚，但根据成书于1446年的藏文文献《洛绒教法史》推算，他在西夏居留的时间是在1189—1218年，并于1218

年在西夏西凉府（凉州，今甘肃武威）圆寂，共在西夏19年。

不仅是噶举派，萨迦派第三代祖师札巴坚赞（1147—1216）的弟子迥巴瓦国师觉本也曾被西夏奉为上师。这也是藏传佛教在西夏扎根、成为主流宗教信仰之一的有力证据。柯兹洛夫在黑水城发现的藏传佛教遗址和文物也有力地证明了这个史实。

黑水城的发现对研究藏传佛教的发展史意义深远。西藏佛教可分为前弘期和后弘期。在9世纪中叶，吐蕃帝国末代赞普朗达玛（799？—842）不信佛，并发起了灭佛运动，导致藏传佛教前弘期结束。直到100年后，西藏佛教才进入后弘期的发展。再加上历代喇嘛对前朝寺院的不断修整，在西藏地区不仅很难发现吐蕃时期的佛教遗址与遗物，就连元代之前的佛教遗址都非常少见。但在西夏国遗址中依然保存了很多藏传佛教艺术品，特别是在黑水城，因为整个城市在荒废之后无人惊扰，西夏的文化和早期藏传佛教艺术被原原本本地保存了下来，这是黑水城遗址极为可贵之处。

柯兹洛夫之前几次找寻黑水城遗址并不顺利（图6-7）。和他之前的考察队遇

图6-7　前往黑水城遗址的柯兹洛夫探险队（1907年）

到的情况一样，住在那一带的土尔扈特部族本地人不会告诉外国人遗址的具体位置，反而把他们引向黑水城的相反方向。但是在1907年，柯兹洛夫在考察时遇到了热情好客的巴尔金扎萨克一家，他们是大清赐封的蒙古贵族，过着单纯的游牧生活。巴尔金扎萨克和家人非常欢迎远道而来的俄国客人，同时被柯兹洛夫携带的留声机和手枪所吸引。柯兹洛夫看出巴尔金扎萨克的好奇，他知道只有新奇的武器才是打动游牧民族最好的礼物，一把好的手枪比金银财宝更让他们眼前一亮。于是他拿出准备好的枪支送给巴尔金扎萨克和当地的土尔扈特领袖，以博取他们的好感。在这些礼物的攻势下，柯兹洛夫终于获取了土尔扈特人的信任，成功地在当地向导的带领下抵达了黑水城遗址。

柯兹洛夫记录道：

> 最终我们看到了这座城，在瀚海粗糙的沙岩台地上伸向远方。城市的西北角耸立着带尖顶的锥形佛塔，跨在城墙上，越往上越小，看起来像外边的要塞。当我们接近这座城的时候，脚下是许多破碎的陶片，由于沙丘的上升，要塞的轮廓变得模糊。最终我们走到了台地，在这里，古城展示出了她全部的外在魅力。

四方形平面的黑水城遗址坐落在粗糙坚硬的沙岩上，当时作为交通要塞的城池有着又高又大的城墙，厚的地方甚至达到3米。城垣依旧完整清晰，城内有小花石铺设的整齐街道，精美的建筑随处可见，城内外大大小小的佛塔鳞次栉比。柯兹洛夫文中提到的西北角佛塔是城中最高的一处（图6-8）。

很快，他们就在建筑遗址中找到了大尺寸的唐卡（藏传佛教卷轴画）等文物，还出土了各种写本，上面都是他们从未见过的

图6-8 黑水城城墙西北角的佛塔（1908年）

文字。后来经过考证，这种和汉字相似、笔画复杂的文字就是著名的西夏文。由于所带的水和物资有限，考察队仅在黑水城驻扎了一个星期，绘制了图纸，便打包了各种佛像、绘画、文书和铜币等文物，寄回沙俄皇家地理学会。

沙俄皇家地理学会收到这些精美文物后，非常震惊。对佛教手卷熟悉的奥登堡很快意识到这座古城埋藏着绝无仅有的宝藏，具有极高的研究价值。奥登堡和沙俄政府立刻命令已经转换营地的柯兹洛夫赶回黑水城，继续发掘工作，争取在其他探险队找到这里之前尽量获取更多的文物。回到黑水城的柯兹洛夫欣喜地发现，那里还没有被其他国家的考察队发现，还维持着他们离开时的模样。那些被他挖出来没来得及拿走的泥塑佛像还在土堆上坐着，仿佛等待着他的再次到来。得到皇家地理学会的首肯，柯兹洛夫开始进行彻底的发掘，不仅要取走留在地表的文物，还将佛

图6-9　柯兹洛夫在黑水城发掘佛塔（1909年）

塔挖开，寻找里面可能有的珍宝（图6-9）。

1909年6月，柯兹洛夫挖开了一座名为“辉煌舍利塔”的佛塔遗址（图6-10、6-11）。在塔底13平方米的地宫里藏有20多尊真人大小的佛像和书籍，还有众多汉、蒙、藏和西夏文的经卷写本，300多幅汉风佛画和藏风唐卡。这一发现极大地刺激了柯兹洛夫。在之后的考古过程中，柯兹洛夫发掘了很多佛塔遗址，收获了更多的文物。

由于文物太多，集合数百匹马也无法装下这么多的物品。兴奋若狂的柯兹洛夫已经不顾保护文物的重要性，为了尽可能多拿走一些文物，他只取他认为好的部分打包带走，原本完整的佛像被他打碎只取佛头。疯狂的柯兹洛夫在日记中说：“挖呀、刨呀、打碎呀，我们都干了。”

图6-10 柯兹洛夫在黑水城发掘的“辉煌舍利塔”遗址（1909年6月）

图6-11 “辉煌舍利塔”遗址上的泥塑佛像群（1909年6月）

6.3

汉藏合璧的瑰宝

柯兹洛夫从黑水城遗址中发掘出的文物种类及数量十分惊人。除举世闻名的大宗西夏文刊本和写本外，还有汉、藏、回鹘、突厥、女真、蒙古文等典籍。这些文献中又以佛典居多，还包括经、史、子、集各类文献资料。另外还有辞典类，如西夏语、汉语双语词典《番汉合时掌中珠》《文海》等，是打开西夏学研究的钥匙。还有一些兵书、官府文书、民间契约、医书、历书、卜辞等，是研究西夏语言文字、政治、经济、文化、历史、宗教、法律、社会风俗的珍贵宝藏。遗址中还发掘出土了300多幅佛教绘画作品，以及20多件木版印刷品，70余件木雕，及泥塑像、铜和镀金铸像、丝麻织品、钱币、纸钞等。这些文物再现了西夏帝国的璀璨与辉煌，为研究佛教艺术及相关史学开拓了新的天地。

这批傲世的古文物于1909年秋天运抵圣彼得堡，保存在俄国皇家地理学会的新大楼里，并于1910年初首次公开展出（图6-12）。

图6-12　柯兹洛夫与俄国皇家地理学会秘书在黑水城发现品展览大厅里合影（1910年）

图6-13
俄国皇家地理学会
展出的部分黑水城写本
（1910年）

随后，有关艺术、考古类的文物被送往俄国亚历山大三世博物馆之民族学部门；书籍、文稿则运往俄国科学院，即现今的东方研究所圣彼得堡分所保存。1933年，博物馆典藏的文物被转送到国立艾尔米塔什博物馆（冬宫博物馆）东方部收藏，这些西夏文物共有3500多件，收藏量居世界之冠。

这仅仅是这些文物的大概目录。其后，俄国学者不惜代价，举国之力，花费了半个世纪的时间也没有整理完成，可见这批文物数量之浩繁（图6-13）。直到苏联解体后的1996年，俄国才逐步完成文献的初步整理工作，前后花费近一个世纪。到了21世纪的今天，这些文献仍在继续整理中。

柯兹洛夫在黑水城遗址发掘出的绘画作品可以分为三种风格：一种是深受宋代影响的汉地风格，一种是受西藏影响的藏传风格，还有一种是汉藏合璧的融汇风格。

柯兹洛夫带回的很多绘画都以藏传佛教唐卡的方式装裱，上下部分的装裱呈相对的梯形，不似汉族绘画的长方形。这些画的题材也是典型的藏传佛教人物，如绿度母、空行母、尊胜佛母、毗沙门天王、藏式风格的佛与菩萨等。最典型的是一幅描绘西藏上师的唐卡（图6-14），以写实的手法表现了这位真实存在过的喇嘛。藏传佛教崇拜上师，视他们为佛与菩萨的化身。画面下方两角的西夏男女供养人，表现了西藏的上师崇拜在西夏国的流行。

图6-14　西夏12世纪《上师像》唐卡（棉布设色，总高64厘米，宽33.5厘米，现藏俄罗斯艾尔米塔什博物馆，编号：X-2400）

《阿弥陀如来接引图》（图6-15）是一幅受宋朝风格影响的大型挂轴画。画面主要表现阿弥陀佛，他是西方极乐世界的主宰。阿弥陀佛一词来自梵语中的“Amitabha”，即不可测量的光芒，指佛陀是“无量光”的化身。该佛面部饱满，低矮的肉髻前还出露着一颗红色髻珠，是宋代佛像的特征之一。宋代佛像胸部袒露的部分较多，表现出雍容的体态，该佛像也具有这个特点。画面左侧是观世音和大势至菩萨，他们都是阿弥陀佛的胁侍。其中宝冠上有化佛的是观世音，宝冠上有宝瓶的是大势至。画面的左下角有一留着八字胡、穿着棕色长袍的男子，代表着被西方三圣接引

图6-15 西夏12世纪《阿弥陀如来接引图》挂轴画（亚麻布设色，总高99厘米，宽63.8厘米，现藏俄罗斯艾尔米塔什博物馆，编号：X-2411）

图6-16 《阿弥陀如来接引图》挂轴画中的裸体童子

的死者，他的衣着和披发都是西夏男人的特点，正双手合十，祈祷佛和菩萨的救度。他的头上升出代表灵魂的一缕青烟，化作一个可爱的裸体童子，准备投入二菩萨手捧的莲花之中，将被接引到西方极乐世界往生（图6-16）。佛的白毫中还冒出一股白色光，蜿蜒照在童子身上。画面顶部有一座宫殿飘浮在云上，代表着西方净土，上方还飞飘着琵琶、笛、钹等不鼓自鸣的乐器，仿佛演奏着佛国妙乐。从风格上看，这幅作品有着来自中原宋朝的构图特点，但其鲜艳的用色，如强烈的蓝色、绿色、金色和红色的对比，则是西藏民族绘画用色的特点。所以，它是一幅汉藏合璧风格的绘画。

相较之下，用色淡雅的画作则是受中原风格的影响，在黑水城出土的绘画中也为数不少。《水月观音图》挂轴画的色彩对比度

图6-17
西夏12世纪《水月观音图》挂轴画（绢本设色，画面总高101.5厘米，宽59.5厘米，现藏俄罗斯艾尔米塔什博物馆，编号：X-2439）

很低，显得色调柔和、淡雅（图6-17）。据说这种将菩萨像与凡间世俗风景结合的标准样式来自盛唐画家周昉的创作，但在五代以后才开始流行。在画中，观音斜坐在岩石上，体态轻盈自在，身后有山石、竹林、牡丹等，身下有一汪清泉，中有荷叶，映衬着水月观音的主题。观音身边的石台子上承托着净水瓶，瓶中插柳枝。观音的右上方是善财童子驾云前来拜谒。在这幅画中，除了上述这些水月观音画的基本元素之外，画师还按出资者的要求加入供养人像。这幅画面中世俗人物颇多，左下角一位老者正在烧香，身边陪着一名童子；右下角还绘有披发剃头的数人，都是西夏

图6-18
西夏11世纪《炽盛光佛与十一曜图》挂轴画
（绢本设色，高102厘米，宽66厘米，
现藏俄罗斯艾尔米塔什博物馆，编号：X-2424）

人装扮，有的吹奏着乐器，有的动作夸张地载歌载舞，马背上还插着引领魂魄的幡杆。这幅画也许表达的是已故长者在亲属举行的葬礼中被观音菩萨送往西方净土世界的情景，是西夏人在用中原的艺术形式表现自己的宗教情感。

《炽盛光佛与十一曜图》挂轴画（图6-18）也是很有趣的中原风格画，描绘的是西夏人的宇宙天文观。和斯坦因在敦煌藏经洞获取的唐代绢画《炽盛光佛并五星图》（图3-28）类似，在这幅作品中，主尊炽盛光佛居中坐在莲花宝座上，双手捧金轮，四周环绕的是11颗古典行星拟人化的艺术形象。它的题材可能来自唐代高僧不空（705—774）翻译的《佛说炽盛光大威德消灾吉祥陀罗尼经》，具有占星的功用。在十一曜中，身着华美服饰以帝后形象出现的是太阳和月亮；红色胡须、头顶牛首的是土星；戴凤凰步

图6-19
西夏11世纪《星座月孛图》
（纸本设色，现藏俄罗斯艾尔米塔什博物馆）

摇冠、手持琵琶的贵族女子是金星；帽子上有野猪头的是木星；女学者形象手持毛笔和卷轴、头顶猴子的是水星；戴官帽的官僚形象代表星座紫炁；佛像左侧是气势汹汹、手持三叉戟的四臂火星；与火星对称的是袒胸、露背、披发的星座月孛。位于这组人物最下方的两个愤怒相护法是来自印度的罗睺（拉胡）和计都。最为奇妙的是在佛像周围不但排列着古希腊十二星座，画面上部还有由两组官员代表的印度二十八个星座。

在另一幅西夏绘画中，只描绘星座月孛，其以妇人的形象出现（图6-19）。她披散头发，袒胸露背，右手提人首，被西方学者认为与希腊神话中的魔女美杜莎有相似之处，表现出佛教与西方神话题材的融合。因此，它可能是将印度、希腊和中国占星图融会贯通而产生的新型主题作品，说明了西夏王国高度的兼容性。

在西夏黑水城挖掘出的绘画作品中还发现了少见的道教图像，更是汉民族的传统题材。道教源于老子的哲学教义，在吸收了古代民间崇拜和原始信仰的元素后成为了

图6-20　西夏12世纪《真武大帝》挂轴画（绢本设色，总高91.5厘米，宽47厘米，现藏俄罗斯艾尔米塔什博物馆，编号：X-2465）

中国的传统宗教，真正形成的时间与佛教传入中国相仿，即都在东汉晚期。10—13世纪的西夏国也受到这一传统中国宗教思想的影响，一幅《真武大帝》挂轴画（图6-20）就是鲜明印证。画面中间描绘的真武大帝，也称玄武大帝，披发不戴冠，被人们称为“披发祖师”。根据中国古代的宇宙观，天空被划分为五个“宫”。玄武是北方宫主，也就是北方之神。位于真武大帝脚前的龟与蛇是原本古代民间认为的北方玄武形象，直到宋朝，玄武才开始以一个将军的形象出现。他的面容严肃英俊，赤脚披发，身穿黑色长袍，内有金甲，据说能趋吉避凶。他的身后是四位形象不同的随从，代表北方天空中的星座：左边女子和举旗者代表北斗七星和大熊座，在道教中有着战胜死亡的力量；右边是另一星座的守护神，手中拿着一个骨灰盒，说明火葬是西夏人常见的丧葬仪式。这幅画是为数不多的在西域发现的道教文物，对研究道教在西夏的传播有着重要意义。

6.4 神秘的双头佛像

黑水城还出土了很多西夏佛教塑像。柯兹洛夫在黑水城掘开的辉煌舍利塔的地宫中就发现了不少佛教造像。当时因为经卷太多，柯兹洛夫用40头骆驼都没有驮完这些宝物，真人大小的佛像更是无法同期运回。于是，他将剩余物品和所有人佛像都在隐秘处埋存，加以标记，准备日后再来运走。但是大自然没有给他更多的好运。数年以后，当柯兹洛夫再次来到黑水城时，他做的标记已经消失得无影无踪，柯兹洛夫四处找寻也无所获。但在他已经掠走的造像中，一尊罕见的泥塑双头佛像是其中的代表作。

图6-21　西夏13世纪彩塑双头佛像（高62厘米，现藏俄罗斯艾尔米塔什博物馆，编号：X-2296）

与同时代的雕塑像相比，这尊泥塑双头佛像（图6-21）显得格外别致。他有二头四臂，头部依然是宋代风格，前二手于胸前合十，在头身比例上头部显大，身上衣纹非常抽象而不写实。双头佛像的题材在唐代莫高窟壁画中出现过，也见于唐代四川石窟，但单体的雕塑像仅此一件。唐僧玄奘著的《大唐西域记》记载有他的故事：在古代印度的犍陀罗国，有一位穷苦人，经过许多年辛勤劳作、省吃俭用才积攒下一枚小小的金钱，把它交给了一位画工，请他在寺院中为自己彩画一身小佛像，以表达对佛的敬意。一枚金钱画一身佛像是远远不够的，但画工被这位穷苦人的赤诚所感动，就不再谈论价钱了，答应他一定画成。这位穷人刚走不久，又来了一位穷人，也是拿着一枚小金钱要求画佛像。画工就用这两枚金钱，请了一位高手，共同画成了一尊佛像。几天以后，两位穷人不约而同地来到寺庙拜佛，画工指着那身新绘成的佛像对他们说："看，这就是你们要求我画的佛像。"他们二人看了后很疑惑："怎么能画一个佛像代表两个人的心愿呢？"画工就向他们解释说："我并没有贪占你们分文，你们的钱全用在这幅佛像上了，但也只能画一身。如果我说的不是谎话，这身佛像一定会出现吉祥的变化。"话音刚落，佛像就显出了灵异，渐渐变成了两个佛头共处一身的奇妙画面，并且放射出耀眼的光芒。两个穷人心悦诚服，更加坚定了对佛教的信念。

那么，此像有没有西夏人独特的审美观呢？这还有待于学者们继续研究。

6.5
成果丰厚的探险家

1909年秋，黑水城的珍宝被运往圣彼得堡，使柯兹洛夫名利双收。黑水城的出土文物随即引发了各国探险队的垂涎。1914年，闻讯赶来的斯坦因率英国探险队进入黑水城；1923年，美国探险队在黑水城进行了考察；1927—1928年，贝格曼率瑞典探险队对黑水城进行了考察。但柯兹洛夫前后几次在黑水城的发掘已经几乎掏空了所有的宝藏，致使他们的收获极小，基本空手而归。

在第六次前往中国考察前，柯兹洛夫给密友写信道："我现在比以前更执着地想去废墟进行挖掘工作，如果幸运的话，可以用成功挖到的古代珍品来让地理学会感到欣慰。"他的这一想法一直延续到沙俄覆灭之后。

1917年，沙俄政权覆灭，柯兹洛夫继续进行考古工作。1924—1925年，他在蒙古的诺彦乌拉山（Noin-Ula）发现了大量汉代匈奴墓葬。诺彦乌拉山位于乌兰巴托以北100公里处，这批墓葬群主要分布在山坡低谷地带，自西向东分别为苏珠克特墓地、珠鲁木特墓地、古德吉尔特墓地等。据专家考证，这些墓葬的时代为公元前1世纪—公元1世纪，有200多座。柯兹洛夫发掘了其中大墓6座、小墓4座，是当时最早发现的匈奴贵族墓葬，从中获得了大量汉朝和匈奴文物，为研究匈奴社会历史和东西文化交流史提供了珍贵资料。诺彦乌拉山的发掘物可以反映匈奴的文化和日常生活，以及公元1世纪前后这一地区的社会结构等。由于早期游牧民族逐水草而居，并无城市遗址留存，这些2000年前游牧民族的墓葬就成了我们了解他们社会文化的主要资料。因此，柯兹洛夫的贡献不容忽视。

但对于这次匈奴墓葬的发掘资料，柯兹洛夫却未完成考古报告，而是由当时留学欧洲的日本东洋考古学家、京都大学名誉教授梅原末治（1893—1983）和苏联学者共同完成。之后，参与这项研究的学者多数在此后的"大清洗"中被杀害，考古报告也无法出版，1960年，才最终由梅原末治出版了这份报告。

和有些一辈子不结婚的探险家不同，柯兹洛夫与小他29岁的伊丽莎白（Elizabeth Kozlova）结合（图6-22），家庭生活还算幸福，与事业不冲突。伊丽莎

图6-22 1912年柯兹洛夫与伊丽莎白合影

白以鸟类学者的身份参与了其夫组织的最后一次中亚探险，在中亚考察鸟类，之后发表了很多关于鸟类的书与学术论文。夫妻共同探险，在同一地区考察不同的门类，可谓人类探险史上独有的佳话。

柯兹洛夫一生都在探险、考察和研究，获得了一些荣誉。他的一生经历了沙皇俄国晚期、第一次世界大战、二月革命、十月革命和苏联的初期，这是俄国历史上最动荡不安的年代。在1896年、1910年和1911年，柯兹洛夫先后被荷兰、俄国和匈牙利地理学会选为名誉会员。1902年和1911年，他分别获得俄国皇家地理学会奖章和意大利、英国地理学会奖章。1926年以后，柯兹洛夫结束探险生涯，定居在俄罗斯西北部的诺夫哥罗德（Novgorod）。1928年起他当选为乌克兰科学院院士。1935年9月26日逝世于圣彼得堡的彼得宫城（图6-23）。

图6-23　位于俄罗斯圣彼得堡的柯兹洛夫墓（20世纪上半叶）

柯兹洛夫一生著作丰厚。自1895年至1941年，他出版专著62种。其中最著名的是《蒙古、安多和死城哈拉浩特》（1923），被译成英、德、日等文字。其次为《蒙古和喀木》（1905—1906）、《蒙古和西藏三年旅行记（1899—1901）》（1913）等。这些著作提供了许多当地民族的历史、宗教、经济、风俗和民族关系等方面的资料。在其所著《西藏的达赖喇嘛》（1907）与《西藏与达赖喇嘛》（1920）两书中，他记载了1905年在库伦（今蒙古国乌兰巴托）与十三世达赖喇嘛图登嘉措（1876—1933）会见的经过。这次会见曾使英国作战部极为紧张，因为那时他的探险一直受到英国政府的监视，担心他有军事间谍的行为。但从纯学术的角度来看，他与别的西方探险家们一直保持着良好关系。他在中国所获文物大部分保存在圣彼得堡的艾尔米塔什博物馆（图6-24），越来越多地吸引着中国学者的关注。

图6-24　俄罗斯圣彼得堡艾尔米塔什博物馆（Pedro Szekely摄影）

7 眼光独到的奥登堡

1909—1910年

第一次考察，圣彼得堡—鄂木斯克—塔城—乌鲁木齐—焉耆（七个星佛寺）—吐鲁番（交河故城、吐鲁番老城、高昌故城、阿斯塔那、胜金口石窟、柏孜克里克石窟、木头沟、吐峪沟石窟）、库车（苏巴什佛寺遗址、森木塞姆石窟、克日西石窟、克孜尔石窟、库木吐喇石窟）

1914—1915年

第二次考察，圣彼得堡—塔城—乌鲁木齐—吐鲁番—哈密—敦煌

7.1 强有力的接棒者

谢尔盖·费多罗维奇·奥登堡（Sergey Fyodorovich Oldenburg，1863—1934），是俄国近现代最著名的东方学家，印度学以及佛教艺术史的奠基人之一。他出生在俄国的比扬基诺（Byankino），祖父是俄国皇家军队的将军。因为父亲是哥萨克军队的旅长，奥登堡在10岁之前跟随父亲先后生活在德国、瑞士和法国。1881年，他进入圣彼得堡大学的东方语言系，专攻梵文和波斯文，研究佛学，是沙俄汉学家瓦里西耶夫（1818—1900）的得意门生（图7-1）。出于对东方学的兴趣，他又学习了阿拉伯语、伊朗语、汉语和藏语。随后他在英国和法国学习两年，并结识了著名的梵语学者、伯希和的老师列维。1889年，奥登堡成为母校圣彼得堡大学的客座讲师，1897年升任教授。1900年，他当选为沙俄科学院研究员（图7-2）。1908年他成为俄国科学院院士。1916年，任俄国科学院亚洲博物馆馆长。1917年俄国

图7-1　年轻时的奥登堡（左）与哥哥合影

图7-2 奥登堡（后排右一）与俄国学者们合影

图7-3 俄国考古学家克莱门兹

二月革命之后，他担任克伦斯基（1881—1970）临时政府的教育部部长。在1904—1929年间，他还担任俄国科学院的常务秘书。他多年来一直致力于大乘佛教文献的研究。在1909—1910年和1914—1915年间，他曾两次领导俄罗斯考古队在中国西北地区考察，第二次的考察地点就是甘肃敦煌莫高窟。

1898年，俄国科学院派克莱门兹（D. A. Klementz，1847—1914）（图7-3）率队考察吐鲁番。他们考察了高昌故城，发掘了阿斯塔那墓地，测绘了柏孜克里克千佛洞。在千佛洞，他们发现了许多带有中亚婆罗米文和回鹘文题记的壁画，还带回了几件梵文和回鹘文的印本佛典。与后来德国吐鲁番探险队所获相同，这些都是小乘佛典的早期刻本。克莱门兹用德文撰写了此行的考察报告，名为《1898年圣彼得堡俄国科学院吐鲁番考察报告》。这一发现让俄国对中亚地区的科考行动产生浓厚的兴趣。

1900年，俄罗斯考古学会做出了对塔里木盆地进行为期三年考察的决定，打算对吐鲁番以及天山南部的和田、库车等地区进行考察。研究去新疆考察的基础工作是在俄罗斯中东亚研究协会的领导下进行的，该协会由俄罗斯皇家地理学会秘书长戈力果理耶夫、克莱门兹和奥登堡三人组成。1903年1月1日，皇家地理学会和中东亚研究协会接受了奥登堡提出的应给克莱门兹领导的吐鲁番和库车考古调查配备装备的建议。2月28日，沙皇尼古拉二世（1868—1918）批准从国家金库拨5000卢布给协会作为考察的费用。

1904年3月22日，克莱门兹向中东亚研究协会提交了一个详细的考察计划，却不愿意担任队长，原因是他需要为这个计划筹集资金。因此，他推荐画家兼摄影师杜丁（S.M. Dudin）去吐鲁番，派别列佐夫斯基（Berezovsky）前往库车。杜丁后来成为奥登堡领导的1909年吐鲁番考察时的两位主要队员之一。

1906—1907年，科卡诺夫斯基（A. I. Kokhanovsky）率考察队再访吐鲁番，共得到20项文献资料，其中有1件纸质梵文写本、9件汉文写本、2件藏文写本和印本、1件蒙文印本、3件回鹘文写本、2件回鹘文与汉文双语文书，以及几件粟特文摩尼教文书。这些材料先是交给了俄国皇家地理学会，而后转归亚洲博物馆收藏，由奥登堡编成《科卡诺夫斯基博士自吐鲁番所收集的古物简明目录》。

有了几次成功探险的收获，1908年，在俄国皇宫举办了一个有关俄国在中国新疆考古探险所获得的文物及资料成果展。正是这个展览促成了沙皇决定再次为新疆的考察拨专款，也正式确定了1909年6月奥登堡的中国之行。于是，俄罗斯中东亚协会制订了一个规模宏大的考察计划，并将此项任务委托给奥登堡负责。最后确定为奥登堡考察拨出8.5万卢布作为两年的经费，用于奥登堡和杜丁到新疆为期8个月的考察活动。根据文献记载，这次沙皇批准的项目资金是给克莱门兹的十几倍，足见皇帝对奥登堡的信任。除了金钱方面的支持，奥登堡还组织了一支“全明星”探险队。队长由时任俄罗斯科学院常务秘书、副院士奥登堡担任，队员有负责临摹与摄影的杜丁、负责测绘制图的矿业工程师斯米尔诺夫、承担考古发掘工作的考古学家卡缅斯基和研究员彼得连科。后来，卡缅斯基在前往乌鲁木齐的途中生病，提前返回了俄国。

但在阵容上，这次考察队比前文提到的单打独斗的一人考察队实力强很多。这次探险集中在喀什、吐鲁番、库车等地挖掘古代遗址，并作为第二次进入敦煌的前锋勘察活动。

7.2 在吐鲁番和库车的收获

1909年6月，奥登堡（图7-4）在克莱门兹考察队的基础上组建了他的第一次俄国赴新疆考察队，开始在喀什、吐鲁番、库车等地挖掘与考察古代遗址，到1910年结束，获得了大量文物。

用慢工出细活来形容奥登堡的性格和他的考察最为贴切。在他的笔记中曾抨击了其他考察队的鲁莽和破坏文物的行为，说他们的“发掘工作毫无系统性，仅为追求各类卷子与艺术品”，他们“进行了大量的挖掘工作，但主要目的仅为获取宝物，首先是各类卷子”。也就是批评以前来新疆的其他国家探险队只是为了挖宝，不是科

图7-4
在新疆考察期间的
奥登堡（20世纪初）

学的考古工作。

和他的先行者斯坦因、勒柯克、大谷光瑞探险队的考察相比，后来者奥登堡没有追赶第一的想法。他更追求科学合理和全面系统的考察，坚持对古迹进行综合性研究，兼顾整体性和各个局部。他不齿于只按照研究者的喜好搜集博物馆陈列品的考察行为，认为这样往往会破坏古迹的完整性。奥登堡强烈反对撬下建筑物的细部、从墙上剥离壁画等等其他探险队破坏文物的行为。他采取的是直至今天也广泛使用的科学考古记录方式——拍照、测绘、素描、临摹、文字，以此来记录古代遗址。毫无疑问，这才是正确的考古调查方法。

奥登堡的考察队在吐鲁番的工作最为细致。1909年9月29日，考察队抵达吐鲁番。1909年10月3日—11月12日，他们在这里的考察用了差不多一个半月的时间。他们按照克莱门兹和德国的格伦威德尔标出的古代遗址，首先考察了距吐鲁番最近的交河故城（图7-5）、吐鲁番老城、高昌故城。接着又访问了阿斯塔那村

图7-5
吐鲁番交河故城佛塔遗址（1909—1910年，奥登堡第一次考察队杜丁拍摄）

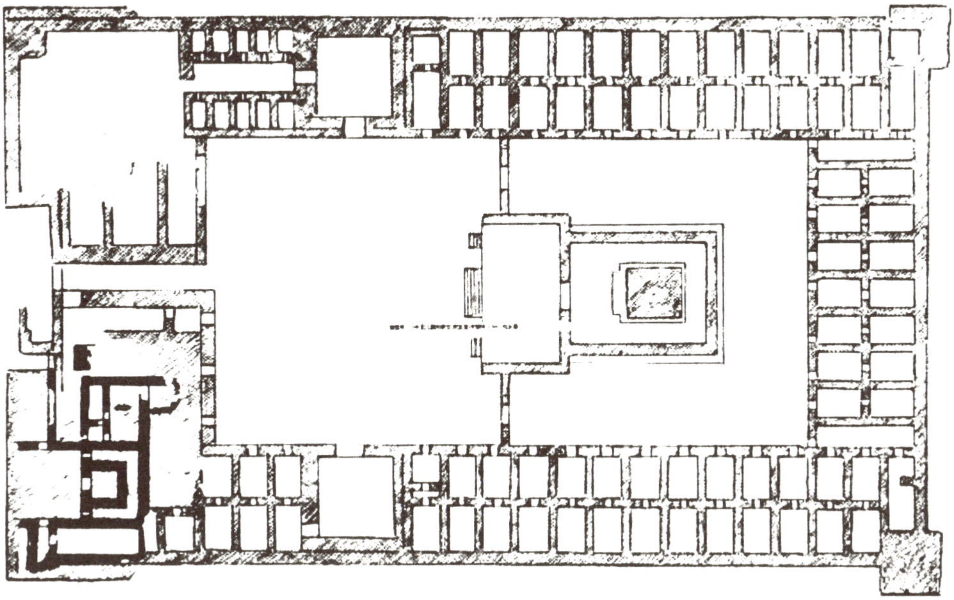

图7-6 斯米尔诺夫测绘的高昌故城B寺院平面图（1909—1910年）

附近、吐鲁番北部峡谷、胜金口、柏孜克里克、木头沟村附近以及吐峪沟等处的大小几十处石窟寺遗址。

他们花了大量的时间参照和比对克莱门兹和格伦威德尔编号的石窟寺院遗址，进行现场测绘和拍照工作。奥登堡对克莱门兹和格伦威德尔已经做过编号的石窟、寺院等遗址进行了重新编号，如对高昌故城的Z号寺院、H号建筑以及大寺院等遗址重新编号，对雅尔湖石窟编号到第8窟。他们还做了大量的现场测绘和拍照工作。奥登堡拥有两名考古经验极为丰富的队员，斯米尔诺夫测绘了有关考古建筑物和石窟洞的位置图和平面图（图7-6），杜丁除了负责拍照以外，还绘制有关建筑的平面图，并且用透明纸绘制出壁画的线描图。斯米尔诺夫所绘柏孜克里克石窟的平面测绘图，与格伦威德尔所绘存在许多小的差别，对于后来的研究者具有很高的参考价值。这些工作为当代学者了解他们所到之处的遗址情况提供了珍贵资料。

有关奥登堡考察队在吐鲁番的考察资料，一小部分已经整理发表，大部分均未

图7-7 取自克孜尔石窟第198窟的《佛说法图》壁画
（现藏俄罗斯圣彼得堡艾尔米塔什博物馆）

发表，甚至没能整理出来，现均藏于圣彼得堡艾尔米塔什博物馆。尽管奥登堡在原则上反对割取壁画，他对克莱门兹的这类做法颇有微词，但是在考察的具体操作过程中，由于宝物的诱惑力，使他并没有能够恪守自己的原则和主张，同样割取了大量的壁画，其收获品甚至要远远多于前一个俄国考察队。

结束了吐鲁番的考察之后，奥登堡探险队就前往库车地区，以克孜尔石窟作为主要调查对象。他在克孜尔石窟割取了大量壁画。如第198窟右甬道内侧壁的《佛说法图》（图7-7），中央穿袒裸右肩式大衣的佛像有龟兹晕染的绘画风格，脸庞圆而饱满，身后有圆形头光和背光。佛的旁边围绕着表情各异的天人、护法、弟子和菩萨，都有着中亚西域人种的特点。另外，在人物的深色背景上描绘着精致美丽的浅色花朵，也是龟兹壁画的特点之一。再例如第198A窟主室侧壁满身绘着千眼、全身赤裸的天人壁画（图7-8），天人双手在胸前持一海螺，也是不可多得的精品。但比较而言，这批壁画远不如德国人揭走的壁画，因为德国人毕竟是先来者。得益于奥登堡从学术角度出发，放过了许多他认为学术价值不足的壁画，使克孜尔石窟仍有大量精美壁画存在，也是一件幸运的事情。

图 7-8 取自克孜尔石窟第 198A 窟主室侧壁满身绘千眼的天人壁画（现藏俄罗斯圣彼得堡艾尔米塔什博物馆）

奥登堡第一次考察共带回30多箱壁画、木雕等艺术品，近百件写本残片，还有1500多张考察照片。写本残片中有各种语言的世俗文书，包括汉文和回鹘文、粟特文、梵文写本。这些世俗文书包括财产合同、婚约和律法文书，为研究上千年前吐鲁番的社会风俗提供了重要证据。如今，这些保存在艾尔米塔什博物馆的中国文物，与其他中国文献一起进行了数字化处理，供全世界的学者进行研究。

这次考察也是俄国在吐鲁番地区进行的最大规模的考察。其后，奥登堡对所获资料进行研究，发表了一系列成果，并因此获得了俄国考古协会的最高奖赏——大金质奖章。

7.3
敦煌“捡漏”的惊喜

奥登堡很早以前就展现出他对敦煌的兴趣，但限于时间、经费、人员等因素，第一次考察未能前往敦煌。不过，作为与中国接壤的邻国，沙俄非常重视新疆地区的情报收集工作。他们异常敏感地关注着20世纪初期在新疆地区的考古情况，尤其是英国、法国、日本等对手国的考察进度。为了追赶其他国家考察队，1914年，奥登堡关于敦煌探险的提案被考古协会迅速通过。获得资金支持的奥登堡立即组织了第二次考察队，于1914年5月从圣彼得堡出发。

第二次考察队主要由摄影师兼画家杜丁、画家宾肯贝格、矿业工程师兼地形测绘员斯米尔诺夫、民族学家罗姆贝格以及翻译和辅助人员等组成，分工明确，配比合理。通过杜丁留存的来往信件可以看出，他在奥登堡吐鲁番考察队中不仅是团队的摄影师，同时还要担任奥登堡的助理，负责管理团队的经费、补给和文献运送。他沿途联系贸易站、领事馆，协调各部门运输文书出境等。有趣的是，这次行程中，奥登堡不但雇用了翻译和面包师，甚至随身携带了7名哥萨克护卫（图7-9）。这次考察队吸取第一次新疆考察时赔付商队马匹和劳工不足的教训，所有物资都由哥萨克护卫护送运输。这是奥登堡幼年经历带来的影响，他对哥萨克护卫有着发自内心的信任。

这次考察的主要目的是搜寻对中国西北地区的佛教遗迹进行断代的可靠依据。他们在出发前做了充分的准备，制订了详细的工作计划，力求对敦煌石窟进行一次彻底全面的考察，并以考古报告形式出版。

1914年，奥登堡率考察队取道塔城，经新疆乌鲁木齐、吐鲁番、哈密，经过80天的旅程，于当年8月20日抵达敦煌莫高窟。虽然找不到奥登堡与王道士互动的记载，但不难想象，经历了与斯坦因、伯希和等人的“愉快”合作后，王道士对外国人的考察还是很感兴趣的，他应该对奥登堡的到来十分欢迎。在莫高窟，奥登堡先参观了三天，然后重新制订了总的工作规划。

图7-9
奥登堡（前排中）
第二次考察队合影
（1914—1915年）

奥登堡在日记中写道:“2点45分与杜丁到达千佛洞，顺便看了看石窟。4点，两轮车来。全都参观了，印象颇深。”这个印象深刻也显然体现在他后面的工作安排上。他决定不再和第一次那样对数百个石窟重新编号，而是采用了伯希和的编号系统，同时对伯希和漏掉的石窟进行补充。他们对莫高窟做了颇为详细的研究记录，从头开始逐窟进行平面图、剖面图等测绘，以及对石窟形制和内容进行文字记录。剖面图和平面图由斯米尔诺夫与宾肯贝格两人共同完成，杜丁和罗姆贝格在南、北区石窟内外拍摄了上千张照片。他们首次把拍摄的一些照片和平面图连接起来，最终组成了长达10米、高约2米的反映南北二区石窟面貌的总平面图和立面图。总之，他们运用严格的科学考古方法，对石窟的塑像、窟檐、顶部、四壁、底部等等做了详细记录，对洞窟的壁画和彩塑也进行了摄影、绘画、素描、测绘、文字记录等工作（图7-10）。他们还对学者们一直关注度不高的莫高窟北区石窟做了一些考古清理。奥登堡对所获资料进行了科学整理和编纂，详细描述和分析了这些洞窟。他组织拍摄的石窟照片和绘制的平剖面图，无疑是对20世纪初期敦煌莫高窟的洞窟面貌最直接、真实的记录，具有极其珍贵的史料价值和研究价值。

奥登堡一共测绘了443个洞窟。那时的洞窟里大多积满了戈壁千年的黄沙，为了绘制平面图和壁画，就要对沙土进行清理。奥登堡的耐心和苦干得到了补偿，敦煌洞窟内残留的文物，包括从墙上脱落断裂成碎块的壁画，掉落在地上的佛像雕塑残块，或是已经被践踏成泥团硬块的绢画等，都被他们一一清理出来。这些收获都是斯坦因、伯希和、大谷光瑞探险队所忽视的，他们当年脚踩着窟内的黄沙参观塑像和壁画时，从来没有想过在黄沙里面会有宝贝，现在被奥登堡捡走了。奥登堡在敦煌既有测绘图、临摹图、照片等考古资料，还发掘出了很多残雕塑、壁画、绢画、

图7-10 俄国奥登堡第二次考察队拍摄的敦煌莫高窟第292窟隋代天王彩塑像（1914—1915年）

麻布画、纸本画和版画等艺术品。这批资料对敦煌石窟考古、石窟保护、壁画艺术研究都有着极大的历史价值。

通过一系列的考察研究，奥登堡初步判断莫高窟的开凿时间是在1500多年前，壁画能够保存到现在的原因是敦煌干燥的气候。考察队的工作一直进行到1915年初，因第一次世界大战爆发而不得不中断，提前返程。

在整个考察过程中，奥登堡虽然秉持着文物保护原则，但依然有选择地切割了一些壁画，还有莫高窟北区B77窟的彩色佛座背屏等文物。在对壁画的处理上，奥登堡也是别出心裁。他不仅亲自选定了一批壁画，安排人进行拍照、临摹、记录，还率先想出用整块切割的方法带走完整的壁画16块，相对来说，这要比日后美国的华尔纳用胶布粘剥壁画更安全、更便捷。

在清理D464窟时，奥登堡与哥萨克护卫意外发现了130块珍贵的古代回鹘文木活字。尽管奥登堡抵达敦煌的日期远在斯坦因、伯希和、橘瑞超、吉川小一郎等人之后，藏经洞的文物也早被王圆箓售卖和被清政府收缴，但他的考察队通过四处搜寻购买，仍然获得了一些文书，特别是在洞窟内发掘出了1万多件写本残件，更是个大收获。这些残片和其他西方探险家从藏经洞中获得的完整文书不同，都是带着黄土泥巴的皱巴巴小纸片，只可见残文断字。虽然品相不佳，但这些写本早的可至公元434年的北凉晚期，晚的有公元1002年即大宋咸平五年，时间跨度极长，并且内容涵盖了方方面面，同样具有极高的研究价值，是藏经洞文书的一个有力补充。

1915年1月26日，奥登堡考察队启程回国，带走了在敦煌石窟拍摄的大量照片和测绘的443个洞窟的平、剖面图，还有复描的几百张绘画、详细的客观文字记录。同时，他们还带走了剥离的一些壁画，以及从洞窟中清理发掘出的各类文物、彩塑与壁画残块，还有在当地收购的文物，包括文书、经卷、纸绢画、丝织品等。特别值得注意的是，他们还拿走了几尊完整而精美的彩塑，这是以前所有来敦煌的西方探险家没有做过的事，或许是和王圆箓协商的结果。最终，他们将所有文物装满了几大车，宣告“凯旋”（图7-11）。

图7-11 载着文物的奥登堡第二次考察队准备离开敦煌莫高窟（1915年1月26日）

7.4
艾尔米塔什博物馆里的珍宝

有着梵文和佛学学科背景的奥登堡，在敦煌获得的文物也有独到之处。经统计，奥登堡此次收集了幡画66件、绢画137件、纸本画43件、织物58件，还切割下了壁画14幅，拿走了大小彩塑像28尊。另外还有数量庞大的零散文物。他获得的敦煌文书数量多达11014件，其中364件是比较完整的写本手卷，有从王道士手里买的汉文、回鹘文写卷等。奥登堡的手稿文献还有已经在印度失传的梵文佛教手稿；10650件是残片，包括考察队在莫高窟洞窟中搜寻到的遗书，还包括清政府在运走藏经洞文书时遗弃的一些文书残片和一些因不感兴趣而未运走的藏文文献。这些文书都是莫高窟保存下来的文物珍品，具有极高的收藏和研究价值。

奥登堡考察队在敦煌收集了大量珍贵的考察研究资料。由于之后的莫高窟继续遭受着自然与人为的破坏，奥登堡的考察资料便成了恢复莫高窟原貌的珍贵历史资料。这批资料主要包括：关于莫高窟的文字著录6本（共著录洞窟177个），拍摄的黑白图片约2000张，还有实测图与平面图，壁画的临摹图和线描图，以及奥登堡和其他考察人员的日记和笔记2本，杜丁关于敦煌壁画的笔记等等。回国后，奥登堡将所获写本存入亚洲博物馆，即今天的俄罗斯科学院东方学研究所圣彼得堡分所，有1万多件。他获得的艺术品、测绘资料、考察日记等则分门别类藏于俄国的民族学博物馆等处，后全部收藏于艾尔米塔什博物馆东方部。俄藏敦煌文物的数量之多、价值之高，与伦敦、巴黎的敦煌藏品相比毫不逊色。

奥登堡所获最为精致的敦煌艺术品都收藏在艾尔米塔什博物馆。他在敦煌获取了不少经幡文物，有绢质、纸质，其中麻布的最为常见。这是因为植物纤维的制作工艺比较简单，取材廉价，1000多年来就是常见的纺织材料，而且植物纤维制作的麻布比丝绸更容易保存。一幅五代的彩绘菩萨像幡（图7-12）

图7-12　取自敦煌莫高窟的五代麻布彩绘菩萨像幡（现藏俄罗斯圣彼得堡艾尔米塔什博物馆）

图 7-13
取自敦煌莫高窟的晚唐阿弥陀佛和胁侍菩萨（西方三圣）绢画残片（现藏俄罗斯圣彼得堡艾尔米塔什博物馆）

就是用麻布制作的，这种带着三角形尖顶幡头的飘幡通常用于法事仪式，也可以常年在殿堂中悬挂。有学者认为，经幡挂在杆子上的功用与引领魂魄有关。幡上所绘的菩萨立像就是引导灵魂前往西方极乐世界的领路者，三角形的幡头下绘着华盖，表现菩萨的尊贵。此画明显具有唐、五代菩萨的风格，面相圆润祥和，头顶有高发髻和高宝冠，双手合十，帔帛缠臂而下，姿态虔诚而洒脱。可惜幡脚及飘带已经遗失。类似的麻布幡还可以在大英博物馆的斯坦因收集品中看到。

奥登堡还收集了不少残绢画。有一件小巧玲珑的残绢画（图 7-13），描绘的是西方三圣，即阿弥陀佛和观世音、大势至菩萨，他们并列而坐，身下有莲台和云彩。这幅绢画表现的是三圣从天而降，接引有德行的人前往西方极乐世界的场面。这种带有宗教功能的图像在当时并不单独出现，极有可能是《阿弥陀经变图》或《观无量寿经变图》等大型绘画的一小部分。与其他很多残破的绘画相似，它们和伯希和、

图7-14　取自敦煌莫高窟北魏第263窟的《天宫伎乐壁画》残片（现藏俄罗斯圣彼得堡艾尔米塔什博物馆）

斯坦因等人的获取物来源不一样，是奥登堡在莫高窟窟内的积沙中捡到的。在王道士的眼里，它们肯定只是垃圾，但在有眼光的学者眼里，它们是宝贝，很有研究与历史价值。

当时的莫高窟内还有很多壁画剥落，也被奥登堡带走。一幅来自北魏263窟的《天宫伎乐壁画》（图7-14），展示了伎乐身体的“秀骨清像”风格，应该是从侧壁上部剥落的，因为北朝的该题材壁画一般位于那里。一幅同样来自北魏洞窟的菩萨立像残壁画，清晰可见来自西域的凹凸晕染画法。还有北魏晚期或西魏的残千佛、供养人与天人壁画，第263窟五代补绘的男供养人像，以及一些已不知来源的残武士、植物、装饰图案壁画等，都是从莫高窟壁面剥落的，都值得收集保存。

来自敦煌莫高窟隋代第124窟的横长幅《睒子本生故事壁画》（图7-15），是奥登堡主动切割下来的。这幅壁画高17厘米，横长144厘米，继承了北朝流行的佛教故事画构图，以长卷的形式描绘

图7-15 取自敦煌莫高窟隋代第124窟的横长幅《睒子本生故事壁画》（现藏俄罗斯圣彼得堡艾尔米塔什博物馆）

故事的8个场景。画面内容包括国王出行狩猎；被箭误射中的睒子在泉边临死前哀号，因为自己双目失明的父母将无人照顾；悔恨的国王向睒子父母报噩耗，睒子父母痛哭感天动地；帝释天神迹显现，让睒子起死回生。这个壁画是根据三国时代吴国高僧康僧会在太元元年至天纪四年间（251—280）翻译的《六度集经》绘制的，图像表现手法显然受到了汉代以来多场景连环画形式绘画的影响，如现藏大英博物馆的东晋著名画家顾恺之（约345—409）的《女史箴图》长卷。《睒子本生》这个推崇孝道的故事虽然来自印度，但是在印度并不流行，相反在崇尚儒学、以孝道治国的北周和隋朝很普遍。德国探险家勒柯克就从克孜尔石窟揭走了第114、178、186窟的《睒子本生壁画》。

图7-16 取自敦煌莫高窟的北魏苦修释迦像头部（现藏俄罗斯圣彼得堡艾尔米塔什博物馆）

据统计，奥登堡在敦煌莫高窟获取了彩塑像28尊，在西方考古学家中是最多的。但处事低调的奥登堡并没有将这些塑像的照片刊登出来，而是秘而不宣很多年，因此很少有人知道。近100年来，当仅得了1尊敦煌彩塑的美国教授华尔纳被中国人骂得狗血淋头时，没有人将矛头指向奥登堡。奥登堡所获塑像很多是头部，如两件约造于北魏的苦修释迦像的头部（图7-16），隋代弟子、菩萨像的头部，唐代菩萨像的头部，等等。这些头像应该是从古老的年久失修的彩塑像身上坠落

图7-17　取自敦煌莫高窟的北魏影塑菩萨像
（现藏俄罗斯圣彼得堡艾尔米塔什博物馆）

的，后被流沙埋于窟中，被奥登堡发现。或许在王道士的眼里，它们也是一文不值的。

相比之下，最为珍贵的是奥登堡从莫高窟带走的彩塑像。在北魏的中心柱窟中，常在中心柱的表面贴一些影塑，就是模制的浮塑，插桩安置在中心柱上。年代久远，很多影塑就脱落了，仅留下中心柱上诸多的凿孔。让时间回到民国初年，在莫高窟，那些早已不再使用的北魏洞窟中，流沙积满地面，很多柱上的影塑早已脱落。细心的奥登堡来到这里，清理了流沙，因此有了惊人的发现（图7-17）。

图7-18 取自敦煌莫高窟第253窟的隋代菩萨彩塑立像（现藏俄罗斯圣彼得堡艾尔米塔什博物馆）

还有几件完整的立像更是弥足珍贵。奥登堡知道并记录了这些彩塑的出处，即来自哪一所洞窟。一尊来自北周第128窟的阿难像，稚气可爱，面含笑意，表现出北周弟子像特有的窈窕身材。一尊同样来自第128窟的立菩萨像，则表现出北周菩萨像惯见的筒状身躯。一尊从隋代第253窟中搬出的立菩萨像（图7-18），透露着隋代菩萨像特有的女性般的纤细身材和优美身段，尤其是略带“S”形的身体扭动姿态，小腹还略有隆起，都体现着艺术家观察入微的高超技艺。一对来自唐代第321窟的蹲狮，在洞窟里曾经充当护法的职责，也是莫高窟少见的塑像。

奥登堡还从宋代第111窟搬走了一尊阿难像、一尊迦叶像、一尊菩萨像（图7-19）。阿难和迦叶是佛祖释迦牟尼最亲近的弟子，在佛教艺术中常结伴、配对出

图7-19　取自敦煌莫高窟北宋第111窟的（左起）阿难、迦叶、菩萨彩塑立像（现藏俄罗斯圣彼得堡艾尔米塔什博物馆）

现，分别表现一少一老的僧人形象。第111窟中原先很可能供奉着一佛二弟子二菩萨彩塑像，有三尊被奥登堡搬走了。这三尊像的塑作技艺也很高，在继承唐代健美而窈窕的风格之下有所创新。莫高窟现存的宋代（北宋、西夏时期）彩塑极为少见，被俄国收藏的宋代彩塑正好可以弥补这个缺陷。

这些完整的彩塑像原先就被供奉在这些窟里，人人可见。只是在王道士的眼里，它们属于陈旧的像，已经没有灵气了，已经褪色而又残破的塑像都是不值得参拜的，没有什么珍贵可言，被丢弃了也不可惜。王道士最珍视的是他用募缘得来的钱请人塑作的新佛像。对于旧的彩塑像，王道士最希望的是能够修复它们，即给它们涂上新鲜的颜色，这也是一般佛教徒对待旧像的做法。如今保存在莫高窟的很多色彩俗艳的彩塑像，都是那时王圆箓请拙劣的工匠重新修补上色的“作品”。王道士对莫高窟旧彩塑的这种态度，给了外国考察队可乘之机，因为在奥登堡的眼里，王道士的新像才是垃圾。他们可以通过捐助香火钱帮助王圆箓塑新像或修复旧像的方式，来和王道士进行文物交易。虽然在奥登堡的出版物中没有记录他和王圆箓的交易过程，但是我们可以想象他们是如何商谈成功的。历史就这样给中华民族开了一个大玩笑！

7.5
波澜起伏的政治与学术生涯

早在1897年，在奥登堡于圣彼得堡大学担任教授时期，就创立了学术期刊《佛学文库》。1909年和1914年两次探险所获得的佛教手稿也通过《佛学文库》持续不断地发表而为学术界所知，推动了当时各国学者在中国进行的手稿研究。该文库的出版一直延续到今天，仍旧是敦煌学和印度佛学研究者的指导性资料。

多年以来，由于奥登堡的工作日记一直秘而不宣，加上他带回俄国的文物也少有公开，使我们难以窥见俄藏中国文物的全貌，厘清当年的一些考察史实。近年情况有所好转。1997年，上海古籍出版社与俄罗斯相关单位合作，已将俄罗斯所藏敦煌文献和敦煌艺术品分别结集出版为《俄藏敦煌文献》17卷和《俄藏敦煌艺术品》6卷，将奥登堡获取的敦煌文物尽数刊出。另外，奥登堡等人的日记也在翻译中，将成为我们了解当时的敦煌石窟以及奥登堡考察队在敦煌活动情况的珍贵资料。

奥登堡在俄国和国际东方学界享有盛誉，但在本国的政治境遇却并不如意。当时俄国政治动荡，权力更替频繁，使他难以选边站队（图7-20）。二月革命之后的1917年，他开始拥护资产阶级的临时政府，担任教育部部长。不久，俄国共产党发动了十月革命，他又倒向无产阶级政权，并参与布尔什维克向临时政府的夺权。由于这样的政治转向，在俄罗斯苏维埃化以后，奥登堡仍然活跃在政治与学术圈之中。1918年和1921年，他曾经两次得到列宁（1870—1924）的接见。凭借与列宁的关系，他得以发展一个在布尔什维克和人种学者之间的联盟，后者更多地致力于亚洲人种的研究。1919年，他曾被契卡（肃反委员会）逮捕。被释放以后，奥登堡仍被斯大林（1878—1953）政府允许

图7-20　老年时的奥登堡

运作科学院，直到1929年被革职。

但奥登堡一直都活跃在学术界。1916—1930年间，他一直担任亚洲博物馆（图7-21）馆长。1930年，苏联科学院东方学研究所成立，将亚洲博物馆合并到了该研究所。1930—1934年间，奥登堡任苏联科学院东方学研究所的第一任所长。在其余生，他致力于东方研究所的行政管理工作，直到1934年逝世于圣彼得堡。

观其一生的探险与学术成就，奥登堡是19世纪末至20世纪初俄国东方学界当之无愧的核心人物，在国际上颇有影响。他的学术研究领域很广，出版论著约300种，主攻古代和中世纪印度文化和宗教。他对俄国的藏学发展也起过重要作用。他的有关敦煌学的文章有1922年发表的《千佛洞》、1925年发表的《沙漠中的艺术》，死后留有《敦煌石窟记述》手稿，亦是很有价值的巨著。

图7-21　俄罗斯圣彼得堡原亚洲博物馆所在地（A.Savin摄影）

8 不甘落后的美国人

华尔纳的考察路线

1923—1924年

第一次考察，北京—洛阳（龙门石窟）—西安—额济纳旗黑水城遗址—敦煌—兰州—北京

1925年

第二次考察，北京—敦煌—安西榆林窟—泾川县象洞石窟—北京

8.1 与哈佛不可分割的华尔纳

欧洲诸国、沙俄、日本已经先一步在中国新疆和甘肃的探险之路上留下足迹，来自大洋彼岸的另一个国家也不甘示弱，很快派出了一位身份特殊的探险家前来分一杯羹。他就是美国前总统西奥多·罗斯福（Theodore Roosevelt，1858—1919）的女婿——兰登·华尔纳（Landon Warner，1881—1955）（图8-1）。人高马大、样貌英俊的华尔纳在中西方的声誉是两个极端：他在美国是最优秀的探险家、考古学者之一，据说还是电影《夺宝奇兵》（*Indiana Jones*）的原型之一；他在日本是第二次世界大战时期保护京都、奈良古城不受美军轰炸的功臣；而在中国，他是声名狼藉的盗宝者。

图8-1
华尔纳在日本
（1908年）

图8-2
华尔纳（后面立者）
在日本奈良法隆寺的
佛像雕刻作坊（1907年）

1881年，华尔纳出生于美国马萨诸塞州的一个律师家庭。他于1899年进入哈佛大学学习佛学和考古学，从此一生与哈佛结缘。1903年，华尔纳从哈佛大学毕业之后，参加了地质学家和探险家拉斐尔·庞佩利（Raphael Pumpelly，1837—1923）的地质学和考古远征队，到俄属中亚细亚一带探险，从此燃起了他一生考古探险的好奇心。1905年，他重返母校哈佛大学进修考古学一年。出于对亚洲文化的喜欢，他于1906年去日本留学，专攻佛教美术（图8-2）。在日本，他完全按照日式学徒的方式，跟随冈仓天心（1863—1913）修习。冈仓天心是日本明治时期（1868—1912）最富声望的美术教育家和思想家，是日本近代文明启蒙期最重要的人物之一，也是日本东方美学的代表人物，在美国受到极高的推崇。冈仓天心高度凝练的美学思想也深深影响了华尔纳的一生。

1909年，华尔纳回到美国。次年，他与前总统罗斯福的女儿罗兰·罗斯福（Roland Roosevelt）成婚，成为前总统的乘龙快婿。但他的工作却一波三折。1910年，他再赴朝鲜和日本调查佛教美术。由于他在亚洲艺术方面的知识与修养，1913年，他在哈佛大学第一次开设了东方艺术课程，主要讲授中国和日本艺术史（图8-3）。同年，位于美国首都华盛顿的史密森博物学院（Smithsonian Institution）资助他前往亚洲考察了一年多时间，后因第一次世界大战爆发而中断。1916年，他来到中国，为新成立的俄亥俄州克里夫兰艺术博物馆（Cleveland Museum of Art）收集中国文物。

图8-3
在哈佛大学任教时的
华尔纳（1913—1916年）

其间，他曾接受美国著名工业家、艺术收藏家查尔斯·朗·弗利尔（Charles Lang Freer，1854—1919）之邀前往北京，负责与新生的民国政府商洽建立“北京美国考古学院”（American School of Archaeology in Peking）事宜。由于大量的文物外流，当时的中国政府对华尔纳的提议抱有谨慎和戒备的心理，虽未直接拒绝，但委婉地表示此事还要再议。眼见在中国建校无望，华尔纳就回到美国，辗转于克里夫兰艺术博物馆、宾夕法尼亚博物馆、福格艺术博物馆等地工作。尽管如此，在中国的经历，使华尔纳增强了对中国文化与艺术史的了解。

华尔纳也曾前往伦敦、巴黎、柏林、圣彼得堡等地参观，见过斯坦因、伯希和、勒柯克、柯兹洛夫等人从中国西北带走的文物。他还与一些当时在西域美术方面著名的专家和汉学家有过接触和交往，也读过他们的书，便对中国西北产生了浓厚的兴趣，希望去那里做实地考察。1922年，哈佛大学的福格艺术博物馆物色人物，准备前往中国西北从事古物搜集。华尔纳就成了最佳人选，被聘为哈佛大学教授与福格艺术博物馆东方艺术策展人。1923年，他组织自己的第一次考古队，远赴中国考察丝绸之路。

1923年7月，华尔纳携同队员霍拉斯·杰恩（Horace Jayne）一行到达北京，找了一个叫王近仁的翻译。当时的直系军阀吴佩孚（1874—1939）为他们在中国的探险行动提供了极大方便。在前往敦煌的途中，他来到了盼望已久的河南洛阳龙门石窟参观。

在美国时，华尔纳就对冈仓天心说过，他对龙门石窟宾阳中洞北魏孝文帝和文昭皇后礼佛图浮雕充满憧憬。弗利尔在龙门拍摄过这两幅礼佛图浮雕的照片，想必他对华尔纳描述过（图8-4）。那时，法国汉学家沙畹在中国做考古调查后出版的《北中国考古图谱》一书早已闻名于世，其中就发表了这两幅礼佛图。华尔纳到达龙门石窟后，还是忍不住寄了一封信给停留在开封的妻子：

> （在龙门石窟）你可以看到古代中国雕塑在全盛时期的样子。请留意那些礼佛人物——它们的构图与罗马万神庙的装饰雕刻一样好，至于那些浮雕的线条，我认为它们也毫不逊色……先生（冈仓天心）认为它们非常重要。西方应该能够接触到那座顶级中国雕塑宝库，那是一座尚未开放的万神殿，堪称整座雅典卫城，等待着人们去学习研究。（图8-5）

开凿于北魏晚期、兴盛于唐代的龙门石窟，在数百年来的战乱与近代土匪的盘踞中受到了接连不断的破坏。当地老百姓把龙门大大小小的造像卖给外国人赚钱，致使中国三大石窟之一的龙门石窟早在民国初年就已满目疮痍。华尔纳在自己的笔记中记载了龙门石窟的辉煌与惨遭破坏的现场：

> 总的来说，龙门石窟的文物之多、表现之精细，令人难以置信。在我看来，

图8-4 河南洛阳龙门石窟宾阳中洞前壁南侧北魏6世纪初《文昭皇后礼佛图》与诸神王像（1910年，弗利尔与周裕泰拍摄）

图8-5 河南洛阳龙门石窟西山普泰洞至火烧洞区（以奉先寺为中心，弗利尔与周裕泰摄于1910年）

> 我们所熟知的文昭皇后礼佛浮雕人物像已经是中国艺术的最佳之作。可和我在龙门石窟见过的东西相比，这简直都不值一提。坐佛及其八位侍从——不用说，那是全世界最伟大的圣地之一……龙门石窟最近遭受的破坏如我们听说的一样糟糕，随处可见被打掉头像的雕塑露着断裂的新茬。有的雕像被蓄意挖出，有的被士兵随意敲落……那种场面惨不忍睹，几乎使人感到恶心。

华尔纳在法国巴黎的赛努奇博物馆（Cernuschi Museum）见到了十几尊中国石窟雕塑，当时，经过询问才知道西方人前往龙门石窟按图索骥的盗凿行为已经开始。可以看出，沙畹发表的龙门石窟照片已经成了西方买家向中国人购买龙门造像的目录。他们正在纷纷赶往龙门，寻找自己想要的东西。西方的古董商们根据书中照片向中国的文物贩子下订单，再进一步委托当地石匠偷盗雕像。现在，华尔纳担心自己研究文物的出版物也会带来同样后果，并在日记中记录道："那种事情，将会极度伤害我的良心。"看来，他有保护中国文物的本能。然而，等他到了敦煌之后，这个本能就被欲望取代了。

离开了洛阳龙门，探险队到达西安，正式开始考察。当他们接近敦煌时，先去了位于内蒙古的额济纳黑水城遗址，进行了两周左右的考察（图8-6）。华尔纳发现此地已被先来这里的柯兹洛夫等各国探险队挖掘一空，再也找不到什么有价值的东西了。本着为福格艺术博物馆获取文物的目的，华尔纳迅速放弃了这里，前往敦煌。在途中，杰恩因为身体原因返回北京。

图8-6　华尔纳在内蒙古额济纳的黑水城遗址（1923年）

8.2
用银子换来的敦煌菩萨和壁画

1924年1月，华尔纳到达敦煌莫高窟。他的初始目标可能是藏经洞内的古代写本与绘画。但那时的藏经洞已空了，再没有什么文书可取了。于是，他就把目标转移到了洞窟内的塑像与壁画上。

那时的敦煌和几年前已经不同了。1917年，列宁在俄国领导的十月革命胜利以后，原俄罗斯帝国军队的残部在红军的追击下节节惨败，其中有1400多人由少校阿连阔夫（1889—1927）带领，在走投无路的情况下，于1919年窜入新疆伊犁地区。按照中国的法律，

图8-7 沙俄士兵在莫高窟（1921年）

新疆当局收缴了他们的武器，决定将他们遣送到甘肃，以分散他们的势力。1920年11月，阿连阔夫的残部900余人被新疆政府遣送到了敦煌。可敦煌当局为了县城的安全，拒绝他们进城驻扎，认为只有把他们安置在离县城40多里的莫高窟才比较“安全”。于是这900多人就住进了莫高窟的洞窟里，一住就是8个月（图8-7）。他们把洞窟和寺院中的门窗、匾拿来劈碎当柴烧，在洞窟内支锅生火做饭，许多精美的壁画被烟熏黑无法辨认。更有甚者，有人还在壁画上恣意胡刻乱写，将大批的彩塑佛像断手凿目，甚至挖心掏腹，看看里面是不是藏有宝物。他们的行为，使莫高窟的佛教艺术品遭到严重破坏。1921年8月，这伙沙俄残部才被遣送出敦煌，分赴上海、天津等地。

华尔纳虽然对有些洞窟被破坏愤愤不已，但同时也下决心选择彩塑和壁画提取。为了顺利进行工作，华尔纳给了当时看守莫高窟的王道士一些礼物之后，王道士便慷慨地同意他揭取壁画，因为在王道士看来，古代壁画没有什么珍贵之处，还不如他找的画工画的。华尔纳的主要选择是唐代开凿的第323窟。

在唐代的莫高窟，佛教史迹已经成为一种流行的题材，主要来自印度和中国的佛教史传说。它们叙述的是在佛教历史发展长河中，由僧人或者信众记录的带有神异色彩的传奇故事，经过僧众的编撰，以真实历史的形式传播。在很多故事中，涉事的主人公在历史上是真实存在的，但故事情节明显有编撰者的创作与渲染。由于佛教信徒相信这些故事是真的，僧人们就将它们绘制在洞窟壁面上，让更多的礼拜者观看。敦煌莫高窟第323窟是描绘这种故事最多的洞窟，具有非凡的艺术价值和历史意义。

在第323窟南壁，有一幅描绘东晋时扬都高悝得金像的故事画，唐代高僧道宣（596—667）于麟德元年（664）撰写的《集神州三宝感通录》一书中有记载。东晋咸和年间（326—334），丹阳的地方官高悝在张侯桥下得到了一尊金佛像，没有背光和佛座，佛像背上的梵文铭文说，这尊像是印度阿育王（前268—前232年在位）第四个女儿造的。当高悝载着金佛像到达长干巷口时，拉车的牛拒绝前行。不得已，他们就在那里造了一座长干寺，来安置金像。据说，这就是现在位于南京的长干寺。一年后，一个渔民发现了一个金莲花座。不久，有一个采珠人又在海底发现了金背光。这两件东西都和长干寺供奉的金像十分吻合。这些情节都在壁画中表现了出来。在画面上部的左、中、右处，分别画着光芒四射的佛像、莲座、背光，表现出金像、像座、背光为分别得到。在画面中部即佛像和莲座的下方，分别画一小船，扬帆海上，船上有比丘和船工数人，还有迎接来的佛像（图8-8）。在画面下部原来还绘着一只更大的船靠在岸边，船上有僧俗七人和船夫二人，刚刚迎来一尊立佛像，佛像站立在宝帐之下，宝帐前后扬着四幡。岸边还站着六位僧人持幡迎接（图8-9）。这块壁画在1924年被华尔纳用胶布粘走，现藏哈佛艺术博物馆。现在的第323窟南

图8-8 莫高窟第323窟南壁初唐7世纪《东晋扬都高悝得金像故事画》和被华尔纳粘走壁画的痕迹

图8-9 莫高窟第323窟南壁《东晋扬都高悝得金像故事画》局部
（现藏美国哈佛艺术博物馆，编号：1924.41）

壁上还留有壁画被粘走的痕迹，以及原壁画下边缘两名纤夫和迎佛的僧俗人众。

然而，这幅被掠走的壁画现状堪忧，人物面目显得模糊不清。一部分原因是含铅颜料遇到空气氧化；另一部分原因是壁画被华尔纳用胶布粘下来的时候遭到损坏。矿物质颜料都有一定的厚度，胶水仅仅是将壁画表面的颜料粘下来，而洞内壁面上还可看到未被粘走的残存颜色，他拿走的这幅壁画自然就缺失了一些原始面貌。因此，他粘壁画的行为无疑是严重的破坏。据敦煌研究院统计，华尔纳用他特制的涂有黏着剂的胶布片敷于壁画表层，还剥离了莫高窟第第320、第321、第323、第328、第329、第331、第335、第372等窟的唐代精品壁画26方，共计32006平方厘米。

同时，华尔纳又以70两银子的价钱，从王道士处得到了第328窟通高120厘米的盛唐精美彩塑供养菩萨像一身（图8-10）。华尔纳记录了跟王圆箓谈这笔交易的细节。王圆箓对华尔纳用强力胶

图8-10　华尔纳从敦煌莫高窟唐代第328窟搬走半跪式菩萨彩塑像（1924年）

粘取壁画的事情表现得很“豁达”，对洞窟内保存的古老彩塑像也不珍视，那些他请人修复的旧塑像和重新塑作的新塑像才是他的功德和骄傲，如果华尔纳拿走了这些他的新作，就等于抹平了他的功德。当华尔纳提出想要一尊莫高窟的彩塑像时，他以为华尔纳想要他的新像，就断然拒绝。这让华尔纳哭笑不得，连忙说只想拿走一件旧塑像。王圆箓这才放心，一口答应了下来。获得王圆箓首肯的华尔纳欣喜若狂，他明白王圆箓并不知道这些古老塑像的价值，只把它们当成了废旧残次品。华尔纳和其他来到这里的外国探险队员一样，再次利用了王圆箓的无知。

华尔纳搬走的这尊盛唐蹲跪姿势供养菩萨像，是第328窟正壁龛内释迦牟尼佛两侧的八身胁侍塑像之一，原来位于龛的右侧边缘处（图8-11）。在这个佛龛中，阿难与迦叶站在佛祖身旁，龛的两侧壁是两尊坐姿菩萨和两尊蹲跪姿的菩萨，在龛外两侧还各有一身蹲跪姿菩萨。八个塑像环卫着主佛，将参观者的目光自然引向高高在上的

图8-11　敦煌莫高窟唐代第328窟正壁

佛祖。这些塑像和石质雕像不同，是用混合稻草、纸片等纤维的泥土裹在木头支架上做胚，再用竹片刮刀进行塑形，待泥土干透后涂白，再经过彩绘、堆塑和描金等工艺做成的。其中的菩萨像身材苗条婀娜，又有着饱满的脸庞，是敦煌佛教艺术的代表作。

为了取走那尊菩萨塑像，华尔纳毁去了像的基座，仅仅留存和塑像连接的部分莲花底座，这对雕像来说是严重的破坏。另外值得注意的是，洞窟中仍然留有三尊和它几乎相同动作的塑像，但和哈佛大学保存的这尊状态完全不一样。洞窟中的塑像尽管经过了仔细的清理和修复，仍然有大面损坏，颜色也不如哈佛的艳丽，因为后者经过了修复，没有泥土和灰尘，许多颜色也是整旧如旧，可以看到菩萨光洁雪白的手臂闪烁着象牙般的光泽（图8-12）。这其实体现了文物修复理念的不同：有的博物馆展览时会尽量使文物体现出它的原来模样，因此会在知晓原貌的部分使用打磨或者上色等工艺，但不会全部整旧如新。其他很多博物馆要求的是不损坏文物，因此打磨或者上色等工艺很少使用。在这种不同的理念之下，在某些博物馆因氧化而显得颜色黑灰的金银器，到另外的博物馆则锃亮如镜，仿佛昨天还使用过。

在华尔纳的笔记中还有关于洞窟其他壁画及雕塑的描写：

> 许多洞窟的雕塑都是六朝时期的文物，这些洞窟有中心柱，有交脚佛，有楔形鼻，还有锥形长脖子……所有这些都是东西方佛教在敦煌出现交融的确凿证据。还有许多石窟使用了大量的沉黑阴影，使得佛像的脸部肥胖臃肿，看不出轮廓线条。

他说的阴影，就是北朝壁画人物使用的凹凸晕染法，晕染的肉色因为年代久远而氧化发黑。不懂壁画的华尔纳对残存的壁画

图8-12 取自敦煌莫高窟唐代第328窟的蹲跪式菩萨彩塑像（高122厘米，现藏哈佛艺术博物馆，编号：1924.70）

充满疑惑，误以为那是画师本身的意图。他还对洞窟中的佛像评价道："尽管粗糙，却厚重并充满力量。"

华尔纳还说：

> 它们使我略微想到吐鲁番，在同一类并且同一年代的洞窟里，有用沉重的笔触渲染出来的恶魔，和这里的所有绘画雕塑一样有力量。但因为毁损太严重了，我怀疑照片无法将它们显示出来。它们更像是米开朗琪罗的雕塑，而不是常见的中国画。

这些残存的文字记载着1920年代的敦煌莫高窟，而现在的观光者只能通过一些老照片和文字来领略。

另外，华尔纳在敦煌还购得《妙法莲华经》写本残卷。当时由于气温寒冷，不利于胶水的使用，加上他也缺乏助手，便在剥取了上述壁画之后，于1924年4月返回兰州，经北京回国。在《在中国漫长的古道上》（图8-13）一书中，他写道：

图8-13
1926年出版的华尔纳著《在中国漫长的古道上》

图8-14
1927年的哈佛大学
福格博物馆

经过了五天由早到晚的工作，以及五夜的内心惭愧——由于我们的粘剥，使得这些古代壁画与洞窟分离了。我们把一块块壁画夹放在平板之中，用毯子裹紧，再用皮条捆牢。它们将经过大车（马车）、火车、轮船先后18个星期运输，被送到哈佛大学福格博物馆（图8-14）。

8.3
失败的第二次考察

在第一次赴中国考察结束后，携带文物回到哈佛的华尔纳受到了从未有过的表彰，还受到福格艺术博物馆赞助人的嘉奖和支持。很快他决定利用这些资源组织一次更大规模的考察活动，目的地仍是敦煌，主要是为了更多更好地揭取壁画和搬走彩塑。于是，他着手组建了第二次考察团。为了更加完整和高效地带走壁画，他在美国反复试验胶水配方，准备在莫高窟再次行动。为了这次考察，华尔纳配备了很专业的助手和设备，让杰恩担任副领队，特别招募了理查德·斯达尔（Richard Starr）负责摄影，丹尼尔·汤普森负责调制胶水配方和壁画剥离工作，阿兰·普爱伦（Alan Priest，1898—1969）负责壁画保存，霍拉斯·史汀生（Horace P. Stimson）为测量、记录以及随队医生。有了这个相当专业的团队，华尔纳的主要目标是莫高窟西魏开凿的无比精美的第285窟，准备将此洞窟全部搬到美国（图8-15）。

华尔纳的第二次考察还有一个愿望，前文提到早在1916年华尔纳首次访华就是受弗利尔之托想在中国设立一所培养考古人才的学校。虽然弗利尔此时已经逝世，但华尔纳依然保留着这个心愿，在中国寻找一所与哈佛大学合作共同研究中国文化的学校。他选中了北京大学。但那时的中国学者已经意识到保护文物的重要性，对外国考古队的态度产生了极大的变化。再加上当时中国人的反帝高潮和排外情绪，他和北京大学的合作只得搁浅。但是北京大学的陈万里（1892—1969）先生主动请缨随行。陈先生的工作表面上是为考察队释读汉文碑铭，一路上还要求当地官员派兵保护，实际上是为了暗中阻止华尔纳随便拿文物。因此，他的同行，给华尔纳的考察团活动带来了极大不便，有效地保护了敦煌文物。沿途所发生的事均记在他后来的个人日记《西行日记》中。

1925年2月16日，考察团离开北京，开始了考察活动。5月19日，他们到达敦煌。在和县政府接洽的过程中，华尔纳等考察千佛洞的要求被拒绝了。因为华尔纳第一次的破坏行为已使当地老百姓十分气愤，他们也向王道士责问此事，使王道士很尴尬。经过一番商讨，敦煌县政府最后给考察团一系列限制与规定，要求他们晚上不准住宿在莫高窟，参观洞窟时必须要由当地人陪同

图8-15 敦煌莫高窟西魏第285窟内景

与监视，并且必须当日返回县城，不准破坏壁画及其他一切文物。

不仅如此，当地老百姓还组织了一队人专门监视考察团的行动，时时有发生武力冲突的可能。在如此严密的监视下，华尔纳等人只在当地购得一件敦煌写本《大般若经》，还拍了一些石窟照片，就不得不草草结束考察活动。他们总共只在敦煌活动了3天，便于5月23日离开。之后，他们又去了安西榆林窟，在那里拍了一些照片。1938年，华尔纳发表专著《万佛峡：一所9世纪石窟佛教壁画研究》，第一次介绍这处石窟群，是一项学术贡献。华尔纳一行还在甘肃陇东地区参观并拍摄了泾川县象洞石窟（即王母宫石窟）。

1925年5月30日，全国各地爆发了“五卅运动”，北京大学最终决定不与哈佛大学合作，并电令陈万里与考察团决裂，提前返校。美国一方也考虑到中国国内的形势，电报要求华尔纳一行结束活动回国。华尔纳回到北京后，继续给美国博物馆征集重要艺术品。他和他的学生劳伦斯·史克曼（Laurence Sickman，1907—1988）出入清朝末代皇帝溥仪（1906—1967）在天津的住所及古董店、琉璃厂的市场，寻找各种符合博物馆甄选标准的文物。1925年8月，华尔纳返回哈佛大学，史克曼留在北京继续文物征集工作（图8-16）。1927年，华尔纳被美国艺术与科学院（American Academy of Arts and Sciences）聘请为访问学者。

图8-16　劳伦斯·史克曼在洛阳古董市场（1932年）

8.4
矛盾的“文物保护者”

华尔纳将他自己的艺术考察活动评价为“英雄般的行为”，认为他的考察与文物收集是在保护中国文物免遭破坏。他对龙门石窟雕刻的看法就能证明他的观点。

龙门石窟北魏宣武帝开凿的宾阳中洞前壁有孝文帝和文昭皇

后礼佛图。在20世纪30年代初，《文昭皇后礼佛图》先被盗凿，雕刻碎片流入古董市场。1931年，史克曼前往龙门石窟考察时，面积十余平方米的帝后礼佛图仍保留在原位。但在1932年末，史克曼在北京古董商处看到了“断裂的单手、残破的佛头、浮雕佛龛装饰和铭文的碎块”。有深厚鉴赏力的史克曼立刻认出这些碎片来自龙门石窟宾阳中洞的帝后礼佛图浮雕。

宾阳中洞是一所平面呈马蹄形的大型洞窟，窟内主像是一组三世佛，代表过去佛、现在佛、未来佛，还有胁侍的弟子、菩萨像等。帝后礼佛图位于该洞窟前壁窟门南北两侧下层，上层是维摩诘和文殊菩萨对坐说法图，以及萨埵那太子舍身饲虎、须大拏太子施舍的本生故事浮雕，下部还有十神王浮雕。帝后礼佛图（图8-17）表现的是北魏宫廷宏大的礼佛行进队伍，人物众多，构图复杂，是宣武帝

图8-17 河南洛阳龙门石窟北魏宾阳中洞前壁门两侧四层浮雕实测图
（采自水野清一、长广敏雄《龙门石窟的研究》）

特意为其父母做功德而雕刻的。这两个礼佛队伍分别以皇帝和皇后为主体，他们被众多的侍从簇拥着，众人手持鲜花、香炉和贡品，画面生动描绘了他们向洞中佛祖拜礼供奉的游行场面。

见到了礼佛图的雕刻碎片，史克曼意识到龙门石窟宾阳中洞可能遭到破坏。他立刻找到北平国立图书馆馆长、民国中央古物保管委员会成员袁同礼（1895—1965），希望他派人保护龙门石窟。但袁同礼不以为然，拒绝了史克曼的提议。史克曼于1933年再次抵达龙门石窟，果然发现《文昭皇后礼佛图》的大部分已经不翼而飞了。当史克曼于1934年最后一次访问龙门时，《文昭皇后礼佛图》已几乎被盗凿殆尽。不久，他就发现这幅大型浮雕已经分别被很多藏家买走了，大部分在北京、郑州、开封、上海，有的则远在德国。为此他开始向华尔纳提出收集该浮雕碎片的想法。因为龙门石窟属于寒武系石灰岩，硬度大、质地细腻。盗取这些石雕的窃贼一般晚上行事，乱凿一通，无法追求文物的完整性。所以，这些大型石雕造像在盗贼手中就变成了难以分辨的残片。华尔纳考虑了这个提议后，便联系了福格艺术博物馆和纳尔逊艺术博物馆的赞助人，两家博物馆最后决定联合购买这些石雕碎片。

这些碎片的收集耗费了一年多时间。1935年，史克曼返回美国，就任纳尔逊艺术博物馆东方部策展人。在以后的数年中，他从中国收集到了大大小小的《文昭皇后礼佛图》碎片，装了3大箱子，运往美国。1939—1940年间，纳尔逊艺术博物馆根据前人出版物中的照片与拓片，拼接完成了这幅礼佛图（图8-18）。史克曼认为自己完成了人生最重要的事情。很多年以后，他回忆当年的情形，写道：

那时，我是一个快乐的质朴青年。现在，我已两鬓斑白，身体弯曲，脑子也不再特别灵光。但是，我得到了完整的

图8-18
正在纳尔逊艺术博物馆内
拼接的龙门石窟北魏宾阳中洞
前壁南侧的《文昭皇后礼佛图》浮雕
（1939—1940年）

《皇后礼佛图》浮雕（图8-19）。从这里到那里，从这家店到那家店，从开封到郑州，是的，包括在上海，我一块接一块地收集，这里收半个脑袋，那里收一条袖子，从夏先生手里收一只手，成百上千的小碎块……不管怎样，最后，这件早期中国雕塑最伟大的单件浮雕被组合在了一起。我觉得，我们为中国艺术，为全世界做了一些事，其价值只能被后人评估。我们花了3个月时间，把它们一块块拼接起来。像一群小孩子整天坐着，试试这块，试试那块。哪块该放哪里，合不合适，那是一只眼睛，还是一条服饰花边。

只是造化弄人。在这个"拼图"完成后3个月，史克曼前往中国，却发现更多礼佛图的残片还留在中国，他开始怀疑自己买到了一些赝品碎片。尽管收集龙门石雕的碎片是他想要拯救那些流落在各地古董商处的礼佛图，但是有买就有卖，他不顾一切的收集和购买行为是否又加剧了龙门石窟的盗凿呢？好的初衷是否结下了恶之果？这个矛盾的问题令他在自我怀疑中无法自拔，郁郁一生。

让史克曼终生愧疚的还有另外一件事，就是美国大都会艺术博物馆的东方艺

图8-19　取自龙门石窟北魏522年前后宾阳中洞前壁南侧的《文昭皇后礼佛图》浮雕（203.2厘米 x 278.13 厘米，现藏美国堪萨斯城纳尔逊艺术博物馆，编号：40-38）

术策展人普爱伦彻底凿下了《孝文帝礼佛图》（图8-20）。普爱伦曾经跟随华尔纳的第二次考察队前往中国。同是华尔纳学生的普爱伦，将史克曼视作竞争对手。在普爱伦得知史克曼已经获得了《文昭皇后礼佛图》的碎片后，他立刻以大都会艺术博物馆策展人的名义前往北京，并在1934年10月与北京琉璃厂的古玩商人岳彬（1896—1954）签订购买《孝文帝礼佛图》的合同。1935年，岳彬在洛阳地区的土匪、保长、石匠的合作下成功获取这幅礼佛图，并于同年入藏大都会艺术博物馆。

无论是《文昭皇后礼佛图》还是《孝文帝礼佛图》，这两幅稀

图8-20 取自龙门石窟北魏522年前后宾阳中洞前壁北侧的《孝文帝礼佛图》浮雕（208.3厘米 x 393.7厘米，现藏美国纽约大都会艺术博物馆，编号：35.146）

世珍宝到达美国的时候都是一堆难以辨识的碎片。虽然在研究员的不懈努力下，这两幅大型浮雕拼凑成型，并分别留在了堪萨斯城纳尔逊艺术博物馆和纽约大都会艺术博物馆。但是也许是因为浮雕碎片真假参半，也许是因为拼凑过程中疏漏与错误太多，仅凭肉眼都可以看出浮雕人物与身体之间不连贯的线条和无法复原的飘带裙裾、冠冕璎珞和神态、眼神等。仔细看还能看出孝文帝脸庞的生硬和不合比例，连头上的宝冠都有些许勉强，更别提其他的人物造像了。另外，在今天美国的古董市场，有时还会出现一件礼佛图中的人物头像（图8-21）。所以，自从这两幅浮雕在美国展出以来，很多学者都质疑它们的真假。但不论如何，这两幅浮雕终究是不能回到中国了，龙门石窟宾阳中洞前壁也再无复原的可能。

图8-21　2017年3月在纽约古董市场现身的来自龙门石窟北魏522年前后宾阳中洞《孝文帝礼佛图》中的孝文帝侍从头像（常青拍摄）

图8-22　龙门石窟武则天执政时期（684—704年）东山擂鼓台中洞主佛头部（现藏美国旧金山亚洲艺术博物馆，编号B60S38+，常青拍摄）

除了这两幅礼佛图浮雕，无论是欧洲还是美国，很多博物馆都有几件真假难辨的龙门石窟石像（图8-22），记录着一段令人悲伤的龙门百年破坏史。无论是购买浮雕的福格艺术博物馆、纳尔逊艺术博物馆、大都会艺术博物馆，还是其他存放有龙门石窟雕像的博物馆，都是这段历史不太光彩的参与者。不管是将流散各地的《文昭皇后礼佛图》拼接起来的史克曼，指挥岳彬等人强行凿下《孝文帝礼佛图》的普爱伦，还是史克曼笔下拒绝保护石窟的袁同礼，亲手凿下洞窟佛像的石匠们，以及间接参与此事的华尔纳，在中国文物百年流散史上，他们的名字永远和龙门石窟绑在了一起。

由于他们参与的动机不同，得到了中国人截然不同的评价。普爱伦是主动和中国奸商合作，把《孝文帝礼佛图》盗凿至美国的，他至今仍被中国人骂作“帝国主义的文物盗窃分子”。史克曼则不同。他没有主动去盗凿龙门雕刻，而是在《文昭皇后礼佛图》早已流散的情况下，尽自己所能予以收集，再将其拼接整合，其性质等于是挽救了这件艺术杰作。因此，他的行为一直受到中国人的赞赏，他本人也和中国政府保持着良好的关系。

华尔纳对史克曼的做法也是赞赏的，他甚至是史克曼挽救《文昭皇后礼佛图》的合作者。他曾对此事辩解说：“如果我们因为买下那些残片被批判的话，那么我们在汇集拼接这些残片时所花费的爱、劳动和金钱应该让所有的指责销声匿迹。这项工作是对中国的一大贡献，而他们本国在这个问题上未做过任何比这更大的贡献。值得注意的是，大部分的破坏都是为了利用买家提供的图像来满足西方收藏家的订单。”所以，在他看来，《文昭皇后礼佛图》的流失，首先应该怪中国人自己。他自己和史克曼等美国博物馆方面不但没有责任，反而是爱心的付出。

无独有偶，从留存的文档和日记来看，每个当事人与每个博物馆都在极力撇清自己对龙门石窟文物流失的责任。其中不乏各种相互指责和推卸责任。大都会艺术博物馆至今对此事讳莫如深，从不在公开场合或出版物中提及《孝文帝礼佛图》进入大都会的曲折过程。如今，当年的参与者都已作古，是非功过只能留待后人评价了。

华尔纳从敦煌掠走的文物都收藏在哈佛艺术博物馆。如今，有不少中国人要求哈佛艺术博物馆归还这些彩塑和壁画残块。但博物馆认为：华尔纳提供的购买账单，证明他在敦煌获得这些艺术品是合法的，不应该归还给中国。这个问题不仅仅涉及哈佛，所有收藏了中国文物的西方博物馆几乎都无法避开中国人的这个要求。

这样的回复看似不无道理，因为那时的中国没有文物保护法，更没有像现在这样的珍贵文物不许出国境的禁令，外国人在中国所得文物也都有一定的手续，如买卖合同、官府的合作批文，或是像王道士那样的文物保管者的允许等。但事实是中国文物在流失中饱受折损，中国文物的归宿应当是它们的祖国。

8.5
是谁保护了奈良与京都?

前些年，央视播放的一部关于第二次世界大战的纪录片中，有这样一则信息。1945年，由于感受到日本民众狂热的参战情绪，美国军方决定对日本不再实行定点轰炸——只炸他们的军事目标，而是实施战略轰炸，即不分军事与民用建筑，排头轰炸过去，直到一片焦土为止。东京是被炸的重点，最后就成了一片焦土。但美国人深知日本历史文化之悠久，就想避开一些文物古迹丰富的城市。于是，他们就邀请了中国著名古建筑学家梁思成（1901—1972）来到美国正在进攻日本的位于太平洋的军舰上。梁思成在一张日本地图上划了两个圈圈，标注的是奈良和京都。于是，美军没有轰炸这两座城市，其中不可胜数的古建筑与文物由此得以保全。

的确，奈良和京都是日本保存古代文物遗址最丰富的两座城市。奈良地区是统一的日本最早建都的地方。公元592年，日本最早的都城飞鸟京建在今奈良县的飞鸟地方（今奈良盆地南端山麓的明日香村）。公元690年，又在飞鸟京的西北部（今奈良县橿原市一带）建设藤原京。710年，元明天皇（707—715年在位）将首都自藤原京向北迁至平城京（今奈良市市区），在平面布局上模仿唐长安城。在此后70多年的时间里，平城京一直都是日本的政治中心，这段时期在历史上也被称为“奈良时代”。在奈良时代，日本确定了全面向中国学习的国策，朝廷多次派出遣唐使，又从唐朝不断带回各种物品，形成了富有特色的日本文化，忠实地保留了很多在中国已几乎看不到的唐朝物质文化。784年，日本首都迁至长冈京（今京都府向日市、长冈京市、京都交界处），奈良地区仍留下了东大寺、药师寺、兴福寺等奈良时代佛教兴盛期寺庙，继续维持着繁荣，因此奈良也被称作“南都”。

京都，古称平安京，位于奈良北部，于公元794年起被定为日本首都，是日本中古及近代的政治与文化中心，直至1869年迁都东京为止。平安京在建设时仿照唐代东都洛阳城的平面设计，将宫城设在城市的西北角。城南和城东为外郭城，外郭城又分为东西两部分：西侧称“长安”（右京），东侧称“洛阳”（左京）。但在平安京建成之后，叫长安的右京因为地势低洼多沼泽而迅速衰落，只有叫洛阳的左京人口增长并发展壮大。因此，洛阳就成了平安京的代名词。历经千年的发展，京都保存着无数的官署、住宅、佛寺、神社，与奈良同为观察日本传统文化的最具代表性的橱窗。

在第二次世界大战后期，美军确实打算保护一些日本文化遗产，他们轰炸了包括东京在内的很多城市，还在广岛与长崎投下了原子弹，确实没有轰炸奈良与京都。但这个功劳不是梁思成的。因为那时，梁思成远在中国云南躲避战火，没有机会前往美军在太平洋的军舰。

其实，这种保护措施与美军的一个特殊机构有关。当美国卷入第二次世界大战之后，1943年，盟军成立了一个“历史丰碑、美术和档案计划”[Monuments, Fine Arts, and Archives（MFAA）Program]部门，隶属于盟军民政和军政府部门（The Civil Affairs and Military Government Sections of the Allied Armies），旨在帮助和保护第二次世界大战期间和之后战区的历史和文化古迹免受战争破坏。该部门由大约400名军人和平民专家合作组成，在第二次世界大战接近尾声时，他们帮助寻找并归还被纳粹政府窃取或隐藏的艺术品和其他具有重要文化意义的物品。华尔纳的学生史克曼（图8-23）在第二次世界大战时期入伍，就服务于这个部门。

图8-23 第二次世界大战时期入伍的史克曼

1945年，对日战争接近尾声时，MFAA的工作人员乔治•斯托特（George Stout）和史克曼少校建议为日本成立一个MFAA分部。因此，东京盟军最高统帅部总司令部（General Headquarters of the Supreme Command of the Allied Powers in Tokyo）下属的“市民信息教育科艺术与历史丰碑分部”（The Arts and Monuments Division of the Civil Information and Education Section）成立。

图8-24 华尔纳在日本担任 MFAA 分部顾问时留影（1946年）

从1945年8月到1946年年中，斯托特担任该部门的负责人。在第二次世界大战期间，华尔纳是哈佛大学福格艺术博物馆的考古学家和东方部主任，也是当时美国顶级的中国和日本艺术史专家。1946年4月至9月，他受聘担任日本的MFAA分部顾问，为保护日本文化遗产提供建议（图8-24）。这个部门的成员还包括著名亚洲艺术史学家李雪曼（Sherman Lee，1918—2008）。

那么，到底是谁建议保护日本奈良和京都不受美军轰炸呢？观点莫衷一是。首先，史克曼和李雪曼一开始就在MFAA日本分部工作，他们极有可能提出这个建议。其次，他们二人都算是华尔纳的学生辈，在提出建议之前，也极有可能与华尔纳商量过。所以，就有了这个建议来自华尔纳的说法。1955年，日本昭和天皇给华尔纳颁发了瑞宝章，以嘉奖他为研究日本艺术与文化所做的贡献（图8-25）。瑞宝章是日本于1888年开始制定的勋章，奖励给在公共事务有功劳者、长年从事公务者。在第二次世界大战后期，除了奈良与京都，镰仓也受到了保护，没有遭到盟军轰炸。镰仓在1192年至1333年间是镰仓时代幕府的政

日本國天皇はアメリカ合衆國人
ランドン・ウォーナーを勲二等に
叙し瑞寶章を贈與する
昭和三十年六月九日那須において
璽を捺させる

昭和三十年六月九日
内閣総理大臣 鳩山一郎
内閣総理大臣官房賞勲部長 村田八千穂
第七二二四号

图8-25 1955年6月9日日本昭和天皇给华尔纳颁发的瑞宝章

图8-26
日本镰仓驿西口的华尔纳纪念碑（1987年4月立，2009年拍摄）

治中心，是这一时期日本的实际首都，保存有众多的历史文化遗迹。1987年4月，日本相关文化团体为华尔纳在镰仓建立了纪念碑，以纪念他在第二次世界大战后期为保护日本三古都（奈良、京都、镰仓）所做的贡献，并认为美军的保护措施来自华尔纳的建议(图8-26)。

第三，还有人认为该建议来自来美国战争部长（U.S.Secretary of War）亨利·刘易斯·史汀生（Henry Lewis Stimson，1867—1950）。但史汀生不是日本艺术史专家，即使是他的建议，也可能咨询了华尔纳或史克曼、李雪曼等人。总之，在第二次世界大战后期，美军在对日本实行战略性轰炸时，特别是准备在日本使用原子弹时，有意避开了京都、奈良这些拥有丰富历史遗迹和遗物的古代都市，有效地保护了日本的文化遗产。那也是全人类文化遗产的组成部分，相关美国人的功劳是不容忽视的。

9 奔走于东西方的古董商
——卢芹斋

卢吴公司部分事件

1908年

卢芹斋在巴黎正式开设来远公司，之后在北京和上海开设分号，开始了自己的古董生意

1915年

卢芹斋和上海人吴启周在纽约麦迪逊大道与第57街的街角开了一间美国最大的古董店——卢吴公司。唐太宗昭陵六骏中的“飒露紫”和“拳毛䯄”被偷运出西安，后经卢芹斋之手运至美国

1928年

河南洛阳金村发现东周王陵和贵族墓地。其中的很多文物经卢芹斋之手被卖往美国

1935年

伦敦举办中国艺术世界博览会，卢芹斋将5.78米高的隋代白石立佛像赠送给大英博物馆

1948年

在陈梦家的鼓动下，卢芹斋向清华大学文物陈列室捐赠了1928年河南洛阳金村出土的战国青铜器“令狐君嗣子壶”

9.1
从巴黎到纽约

一件文物从中国销往国外需要经历数道环节，包括中国文物的出售者、中国与西方的古董商，以及西方的个人收藏家或博物馆策展人。前面提到的西方考古学家，他们在古代遗址挖掘并获取文物，再将这些文物带到他们本国的博物馆收藏，极个别的交给文物商人或自己收藏。还有一大批文物出售者是家族遗产的继承者，或者通过有意搜寻文物再将其出售来牟利。当这些文物出售者为了获利把文物卖给古董商之时，就开启了中国文物销往海外的环节，而古董商是卖家和买家的桥梁。

古董商会根据市场情况决定将文物送到什么国家，卖给什么人。他们有时是私下进行交易，有时也会组织规模庞大的公开拍卖会。历史上有不少文物商人都曾举办过盛大的中国文物拍卖会，涉及的拍卖数额巨大。

而交易链条的最后一环——西方的文物购买者也各有不同，私人收藏家是出于热爱与兴趣购买文物；博物馆策展人则是接受公共基金的资助，代表博物馆直接购买文物，以充实博物馆的藏品，并在博物馆内向大众展出。因此，策展人往往比普通的私人收藏家更为大方，需求量也更大，是古董商们最喜欢的合作对象。甚至，古董商们以他们的文物能被博物馆购买并陈列为荣。

在西方不计其数的以买卖中国文物为目标的大小古董商中，

图9-1　卢芹斋

图9-2　卢芹斋（右二）与家人合影（约拍摄于1900年）

卢吴公司与山中商会最为出名。在20世纪上半叶，他们几乎以一己之力垄断了将中国文物售往美国各大博物馆的业务。他们的经营模式简单、直接，就是将他们认为有价值的中国古代文物运到国外卖给有钱有势的外国收藏家或博物馆。

卢吴公司的创建人卢芹斋（Ching Tsai Loo，1880—1957）是活跃在西方古董界的一位风云人物（图9-1）。1880年，卢芹斋出生于浙江湖州卢家渡，初名焕文，后改名芹斋（图9-2）。他出身贫寒，幼年失怙，起初寄养于远房的堂叔家，后入南浔巨富张家，给张家大少爷张静江（1877—1950）做随仆。张静江也是浙江湖州人，出身江南丝商巨贾之家，虽身有残疾，却仗义好侠，是孙中山的密友，后来还与蒋介石结为兄弟，成为国民党四大元老之一，曾任国民党中央执行委员会常务委员会主席。1902年，张静江任清廷驻法国商务参赞，行动不便的他便将卢焕文一同带去了巴黎。

抵达巴黎后，精明的张家很快就支持张静江在巴黎开设“通运”贸易公司，主要经营茶叶、丝绸和古玩，生意十分兴隆。由于晚清政局动荡，使众多的中国古董流失，也在境外掀起了一股中国收藏热。例如，一只宋代小白瓷碗从山西进价10块大洋，可以在巴黎以1万美元卖出；300大洋的陶瓷观音从庙里请来，就被纽约大都会艺术博物馆以50万美元买走。古董价值的积累速度堪比印钞，使张静江的通运公司大获其利，公司的收入悉数用来资助孙中山的革命事业。

在这段时间里，出身贫贱又语言不通的卢焕文从跑腿、门房和古董店学徒开始做起。他刻苦学习古董店的各项业务，逐渐掌握了英语和法语，再加上张静江的提拔，很快成为通运公司古董店面的掌柜。1908年，张静江回国协助孙中山革命。28岁的卢焕文却选择了与过往身份分道扬镳，把自己的名字从卢焕文改成了卢芹斋，在巴黎正式开设了自己的公司——来远公司。他又很快在北京和上海开设分号，开始了自己的古董生意，C.T. Loo便是他的公司和卢芹斋的英文缩写。这个名号现在在美国、英国、法国等各大博物馆的文物标签和文件里都可以见到。

早在巴黎通运公司工作时，卢芹斋就知道美国有成为世界古董市场中心的潜力。生性仁厚慷慨的张静江并没有因为卢芹斋离开而与他交恶，相反允许他带走了通运公司的客户。凭借着多年积累的客户资源，1915年，野心勃勃的卢芹斋和上海人吴启周在纽约麦迪逊大道与第57街的街角开了一间美国最大的古董店——卢吴公司，专门从事向美国人出售中国文物的生意。此时的卢吴公司已经有了明确的分工，卢芹斋驻国外负责客户沟通，北京的合伙人祝续斋和缪锡华给他们进货，运往上海吴启周处，再由吴启周向巴黎或纽约发出。这是一家时间最早、规模最大、经营时间最长的中国文物专营出口公司。

卢芹斋在纽约开业之前，已经有许多东亚文物商人在美国这片土地上扬名立万，将中国文物贩往西方，而当时的卢芹斋还在巴黎耕耘。比起日本山中商会于1899年开设的纽约分店，卢芹斋的卢吴公司整整晚了十几年。不过，卢芹斋找准了公司的运作方向，凭借国内的资源与关系，他将卢吴公司打造成了最专业的中国文物出口公司。

为了尽快打开市场，卢芹斋学习了竞争对手豪华奢侈的店铺装潢，将古董文物陈列满屋，力求将喜爱古玩的客户都吸引到他的店铺来（图9-3）。为了进一步扩展客户，卢芹斋还向石油大亨小约翰·洛克菲勒（John Davison Rockefeller, Jr.，1874—1960）写信介绍自己，顺便附上一长串他在通运积累的客户名单。熟练的英语和一手好书法，再加上客户们的背书，使他在美国无往不利。

美国收藏界的著名人物很快都成了他的客户。除了小约翰·洛克菲勒，还有银行家J. P. 摩根（John Pierpont Morgan Sr.，1837—1913）、本杰明·阿特曼（Benjamin Altman，1840—1913）、理查德·尤金·富勒（Richard Eugene Fuller，1897—1976）等人。还有一个重要客户，就是卢芹斋在旧金山的巴拿马太平洋万国博览会上结识的查尔斯·弗利尔（Charles L. Freer，1854—1919）。作为19世纪末至20世纪初美国最重要的中国文物收藏家，弗利尔从卢芹斋处购买了大量的中国文物。弗利尔在去世前将他的所有收藏捐赠给了美国联邦政府，并出资建立了自己的博物馆，就是后来的弗利尔美术馆（Freer Gallery of Art）。

图9-3
卢芹斋在他的古董店接待重要客户观看中国古代书法作品（20世纪上半叶）

9.2 流水般的白银与文物

卢芹斋除了施展浑身解数以吸引个人买家之外，也非常注重那些拥有雄厚资金、购买力强劲、需求量大的博物馆，如纽约大都会艺术博物馆、波士顿艺术博物馆、哈佛大学福格艺术博物馆、华盛顿弗利尔美术馆等。卢芹斋很注意和这些大博物馆亚洲部负责人保持联系，并主动赠送古代艺术品，以维系和他们的良好关系。1917年，卢芹斋在北京停留时还曾写信给宾夕法尼亚大学博物馆馆长说："如果我见到一些适合贵馆的藏品，我将写信给您。"

他的努力为他带来了广泛的人脉和丰厚的收益。1921年，卢芹斋向洛克菲勒报价4万美元，准备出售一件唐代铜制观音头像，却被洛克菲勒直接砍价到2.5万美元。二人讨价还价，各不相让。卢芹斋最终放弃和洛克菲勒交易，以4万美金的价格把此像卖给了宾夕法尼亚大学考古与人类学博物馆。尽管没有达成交易，卢芹斋仍然继续努力与洛克菲勒搞好关系，并在此后陆续达成其他交易。而弗利尔美术馆在弗利尔去世后的30年中仍花费86万美元向卢购买了124件藏品，丰富了该馆的青铜器、玉器和佛教造像展览区。这就是卢芹斋所信奉的"关系"的价值。

为了确保自己有足够的文物出售，卢芹斋一直让人四处寻找珍贵文物，花钱如流水（图9-4）。1914年，卢芹斋在巴黎举行了一个大型古董展览会，其中有6件完整的圆雕佛像凿自响堂石窟。响堂石窟位于河北邯郸，距离北齐都城邺城（今河北临漳）很近，即现在的河北和河南交接之处。石窟开凿在那里的鼓山山麓，分为北响堂、南响堂、小响堂（水浴寺）三个区域。北响堂石窟是由北齐皇室出资开凿的，相传北响堂的北洞还是东魏权臣高欢（496—547）的实际葬处。南响堂和小响堂由当时贵胄开凿。响

图9-4 卢芹斋正在拆包登记从中国寄来的北魏佛教造像碑（20世纪上半叶）

堂石窟造像不似山西大同北魏中期的云冈石窟那样厚重雄壮、充满异域风情，而是在北魏晚期秀骨清像、褒衣博带式风格的基础上延伸出来的独特的艺术风格，是在南朝和西域影响下的产物。

不幸的是，如此重要的北齐石窟，在民国时期文物贩子的洗劫之下早已残破不堪，原来的4000余尊佛像鲜有完整者。卢芹斋就是给响堂石窟带来悲惨命运的参与者之一，大量精美的雕像被他派人凿下，并售往海外。然而，中国石雕像在这个时候还没有引起西方的广泛重视，以至于这些雕像在法国巴黎找不到买家，仅能当作礼品赠送给各处博物馆，供卢芹斋打通关系之用。宾夕法尼亚大学考古与人类学博物馆馆长乔治·高登（George Byron Gordon，1870—1927）很有远见，他联系卢芹斋，以每件5000美金的价格买下了来自南响堂的完整辟支佛和二菩萨雕像，是海外收藏响堂石窟雕像中的罕见精美作品。尽管每件5000美金的价格比50000美金一幅乾隆时期的书画少了一个0，但是它的利润巨大。

出于对中国艺术的喜爱，高登将中国展品放在博物馆最具特色的圆形穹顶大厅之中，辟支佛和二菩萨圆雕石像就矗立在那里（图9-5）。位于中央的辟支佛像最为完整，他的头顶有螺形发髻，内着袒右式僧祇支，外披垂领式大衣，双手放在胸前，握着一朵含苞欲放的莲花，是典型北齐晚期的筒状简洁造型。与之对应的是雕饰

图9-5　来自河北邯郸南响堂石窟的北齐石雕辟支佛和二菩萨立像（现藏宾夕法尼亚大学考古与人类学博物馆，左起编号：C113、C151、C150）

华丽、裙裾繁复的观音和大势至菩萨像，他们都佩戴着复杂的宝冠、项圈、臂钏和手镯，穿着长裙，显得雍容华贵。这三尊造像展示了北齐时期高超的石窟雕刻技艺。由于里面还展出着众多的中国古代艺术品，这个大厅被人们称为“中国圆厅”。

卢芹斋还出售了来自响堂石窟的两件菩萨头像和一件佛头像给宾州大学博物馆。它们也是响堂石雕艺术的精品，用自然写实的手法雕刻出的面容十分温婉，神态安详平静，如入慈悲境界，标志着北齐雕塑艺术步入了成熟阶段。然而，宾州大学博物馆的慷慨购买，却引发了对响堂石窟和中国其他石窟寺院更大规模的盗凿。据统计，除了宾州大学博物馆，大都会艺术博物馆藏有4件响堂雕像（图9-6），英国伦敦维多利亚和阿尔伯特博物馆藏有背光保存完整的响堂石窟雕像，弗利尔美术馆也收藏了数量可观的响堂雕像，特别是来自南响堂的大型西方净土变浮雕，更是响堂石窟中的精品。还有众多的响堂石窟造像收藏在旧金山亚洲艺术博物馆、纽约哥伦比亚大学图书馆、哈佛大学艺术博物馆、圣地亚哥艺术博物馆、日本大阪市立美术馆，还有一些在私人收藏家手中。更有甚者，为了增加销售利润，卢芹斋曾经将一件佛像拆分成多件销售，使一尊完好的佛像七零八落：佛首藏于伦敦维多利亚和阿尔伯特博物馆，右手藏于纽约大都会艺术博物馆，抓着衣带的左手则在旧金山亚洲艺术博物馆……一件佛像遭到如此肢解，恐怕历史上也难得一见。

作为精明的商人，卢芹斋敏锐地感觉到西方各大博物馆对建立一个无人能及的收藏机构的勃勃野心，甚至不乏竞争攀比之心。他也因此奇货可居，并不会一次性出售他在中国获取的系列收藏，而是逐件求价，随市而动。他拥有对中国文物高超的鉴别力和天才的商业眼光，收购的大量高品质中国文物逐渐征服了欧美收藏界。他的名气和人脉很快使他成为许多博物馆的供应商和文物鉴定顾问，前往他的古董行访问的客人不是商业巨子，就是活跃于文物与美术界的专家（图9-7）。他所参与买卖的中国文物许多都是价值连城的珍品，包括精美的雕塑、壁画、青铜器、玉器等。

对中国艺术有着独到审美的卢芹斋还陆续将数十尊中国不同朝代的观音造像送往美国，其中大多是“水月观音”（图9-8）。水月观音产生于唐代，盛行于宋代以后，是不见于印度的一种中原本土观音形象，在敦煌莫高窟、榆林窟和一些寺庙中

图9-6　来自河北邯郸北响堂石窟中洞的北齐石雕菩萨头像
（高81.3厘米，宽44.5厘米，厚30.5厘米，现藏大都会艺术博物馆，编号：51.52）

图9-7　卢芹斋在他的古董店接待重要客户（20世纪上半叶）

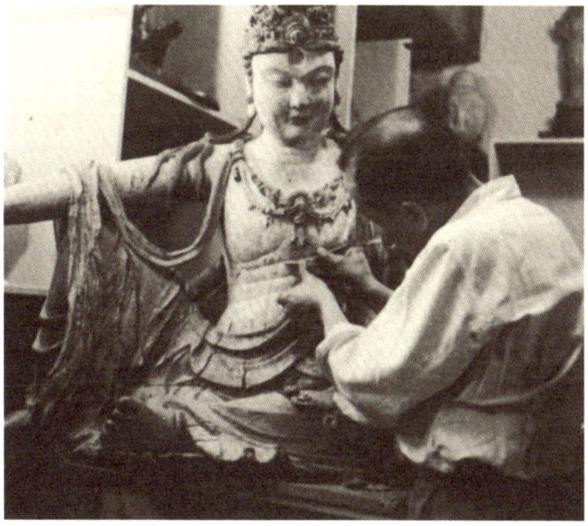

图9-8　卢芹斋请的技术人员正在修复他收购的宋代水月观音木雕像（20世纪上半叶）

都有发现。水月观音闲适恬淡的气质，很符合西方人的审美。在卢芹斋售往海外的水月观音中，堪萨斯城的纳尔逊艺术博物馆收藏的一件最为完整、优美。这座高达2米的辽代木雕像完好地保存了身体表面的红、青、黄等彩绘，还有贴金的痕迹。他上身袒露，下身着长裙，衣带飘扬，佩戴着珠宝装饰；右腿弯曲支撑，左腿下舒，以随意却不失优雅的坐姿呈现。看到这样的优美作品，不得不使人感叹艺术家的高超技艺，能够赋予本无生命的木头以洒脱出世之感。

当时，卢芹斋在古董行一言九鼎，经他手出售的中国古董最为收藏者所信服。每年卢芹斋从中国回到美国或法国，马上就有收藏家或博物馆策展人赶来先睹为快，把自己最中意的古董抢购下来。例如，1928年，洛阳金村意外发现东周王陵和贵族墓地。随后数年间，有8座大墓被盗掘（图9-9），出土文物数千件，包括很多精美玉器、青铜器。其中的很多文物经卢芹斋之手被卖往美国，大部分进入了哈佛大学福格艺术博物馆收藏，其他的则被弗利尔美术馆购入。从1912年到1950年，西方许多博物馆都是通过卢芹斋才逐渐建立其亚洲藏品的展览区。

图9-9　1928年洛阳金村东周大墓被盗现场（20世纪上半叶）

图9-10　卢芹斋在给客户介绍青铜器（20世纪30年代）

总之，自1915年起，卢吴公司向西方出口文物长达30年之久，不计其数的国宝源源不断地运往美国和欧洲（图9-10）。公司的一个小股东每年都可分得银圆十几万元，当年琉璃厂一间古玩铺的全年流水也没这么多。卢芹斋古董生意的高峰期，正是中国多灾多难之秋。清政府的垮台造成了大批清朝遗老遗少破产，昔日贵族家庭的败家子们为了自身的生活而不得不将祖传的宝物出售。北洋军阀的混战，日本人的入侵，使得中国政府无暇顾及历史文物。这些都给卢芹斋低价收购珍品带来了“绝好的时机”。

1930年以后，国际亚洲艺术古董市场发生了很大变化。在西方，对亚洲与亚洲艺术的研究逐渐演变成为博物馆界的一门专业，从而要求策展人深入了解馆藏亚洲文物，使其亚洲文物更加全面和有一定的研究深度。在大学，亚洲文化艺术也越来越成为高校的教学内容，以及研究所的课题。在中国，国民政府也开始重视以古代艺术展览来向西方宣传与提高中国的形象。这种千载难逢的中西机遇把卢芹斋的古董生意推向了高峰，卢吴公司占据了国际大部分中国古董市场。他的国际艺术品网络于此时精准地推向了英国、法国、德国、美国等富裕之地。

9.3 昭陵六骏的灾难

经卢芹斋之手贩卖到美国的国宝级文物数量极多，其中最著名的就是唐太宗李世民（626—649在位）昭陵六骏（图9-11）中的“飒露紫”和“拳毛䯄”两幅浮雕作品。昭陵是唐太宗与文德皇后长孙氏（601—636）的合葬陵墓，花费13年建造而成，也是中国最大的帝陵。总面积是埃及法老金字塔的数倍。五代十国时的崇州（今

图9-11　西安碑林博物馆展出的唐太宗昭陵六骏浮雕——上左起：什伐赤、青骓、特勒骠；下左起：飒露紫（复制品）、拳毛䯄（复制品）、白蹄乌

陕西铜川）节度使温韬曾盗昭陵，他形容里面“宫室制度宏丽，不异人间。中为正寝，东西厢列石床，床上石函中为铁匣，悉藏前世图书，钟繇、王羲之笔迹，纸墨如新”。

自封为“天可汗”的唐太宗在他成为皇帝的第十年，也就是公元636年，下令为六匹随他征战疆场立下战功的战马雕像，这就是后来赫赫有名的昭陵六骏。昭陵六骏分别为：拳毛䯄、什伐赤、白蹄乌、特勒骠、青骓和飒露紫。其中三匹骏马是站立的姿势，三匹骏马是奔驰中的形态。据传这六尊雕像是由朝廷高官兼艺术家的阎立德（596—656）、阎立本（601—673）兄弟创作并雕刻，石刻原本陈列在昭陵神道旁祭殿两侧的廊庑里，三匹向右，三匹向左，对称朝向墓的方向。昭陵六骏每件都近1.7米高，2米左右宽，重达4吨。1907年，法国汉学家沙畹访问过昭陵，那时六骏仍在原址。他拍摄的照片，就成了六骏被移出昭陵前的唯一历史记录（图9-12）。

当年对六骏垂涎的古董商很多，这段六骏被盗的历史也有多种说法。1921年，巴黎古董商保罗·马龙（Paul Mallon，1884—1975）曾给宾夕法尼亚大学考古与人类学博物馆写去一信，记录了他于1913年想运走六骏失败的经过。他说自己已通过北京的一

图9-12
在唐太宗昭陵原址的
昭陵六骏之三骏
——什伐赤、青骓、特勒骠
（1907年，沙畹拍摄）

位中介派遣人去策划运走六骏。“1913年5月，六骏浮雕从昭陵运离。不幸的是，浮雕的搬运者遭到了当地农民的攻击，那些珍贵文物被扔到一处断崖下面。”计划失败后，六骏全部被政府没收于西安。保罗·马龙还说他损失了预付购买六骏浮雕的一大笔钱。但这只是故事的开头，不是结尾。据记载，当时六骏石雕中的二骏在向西安运输的过程中被当时的陕西军阀陆建章（1862—1918）截获，袁世凯（1859—1916）的二儿子袁克文（1890—1931）下令让陆建章将二骏运往北京，送给即将登基的袁世凯当作贺礼。因此，在保存下来的文物运输文件上有袁家的印章，那是允许六骏浮雕离开西安运往北京的文件。于是，二骏“飒露紫”和“拳毛䯄”于1915年被运出了西安。然而，它们却没能抵达北京就消失了。

1918年，一直下落不明的二骏神秘地出现在纽约大都会艺术博物馆，这与卢芹斋有关。卢芹斋声称他购自当时非常重要的人物之手，这个重要人物难道就是袁克文吗？在他与宾夕法尼亚大学考古与人类学博物馆馆长乔治·高登的通信中，卢芹斋故作神秘地嘱咐高登：如果要买二骏，务必前往大都会博物馆一趟。卢芹斋是如何获得这二骏的，至今仍是个谜。卢芹斋说，他是通过北京古董商人赵鹤舫（1881—1936）打通了与袁克文的关系，从赵的手中买下的。另一种说法是卢芹斋就是蛊惑袁克文发出“送礼”命令的人，目的就是将二骏运送到美国。据卢芹斋的描述，在他从东北乘坐火车进京的时候，收到了当局要逮捕他的电报。“当时的北京政府因我经手唐太宗的骏马石碑而要逮捕我，我就在几公里的转乘车站上临时改换行程，跳上了一列经过的火车。”

总之，在1916—1917年间，卢芹斋通过各种关系与渠道，得到了六骏中的“飒露紫”和“拳毛䯄”，偷运至美国。当时为了方便运输，两幅石刻都被肢解打碎成数块。根据他的往来信件记录，卢芹斋原计划将昭陵六骏石刻全部搬走，但在偷运时被当地村民发现，遭遇了强烈的阻截。这样看来，似乎从一开始他就参与了对六骏的盗窃。被保护下来的四骏现藏于西安碑林博物馆（图9-11），原本一家的六骏就这样被人为地分开了。1918年3月9日，乔治·高登在大都会艺术博物馆库房见到了二骏浮雕。经过协商，卢芹斋把它们租借给了宾州大学博物馆，并提出“免除租借费”。5月8日，二骏抵达宾州大学。最后在1920年，卢芹斋以12.5万美元价格将二骏卖给了宾夕法尼亚大学考古与人类学博物馆。

保存在美国的“飒露紫”是六骏中唯一带有人像的浮雕，所刻的是李世民未称帝时就陪伴左右征战边疆的大将军丘行恭为这匹战马拔箭的情景（图9-13）。公元621年，当时还是秦王的李世民在与盘踞河南的军阀王世充的战役中，坐骑飒露紫被射中前胸，形势十分危急。丘行恭把自己的坐骑让给秦王，一手牵着受伤的飒露紫，一手持刀力战突围，救了李世民的性命。丘行恭80岁高龄去世之后，陪葬于昭陵，还作为六骏浮雕的一部分一起守灵，可见其死后的殊荣与唐太宗对他的敬重。另外一件“拳毛蜗”浮雕表现的是奔驰中的骏马，在李世民参与的战役中，它前面中了六箭，背上中了三箭，战死在两军阵中（图9-14）。

卢芹斋对当年的这笔交易无半点愧疚之心，从他留下的两段文字中即可看出。

图9-13
丘行恭与“飒露紫”浮雕
（宾夕法尼亚大学
考古与人类学博物馆）

（这笔）交易是完全合法的，将二骏石刻卖给我的是当时国家的最高权威。如果从总统手中购买一件东西不合法，那么，谁还有权出售？如果当时合法，如今又不合法，又会有多少古董商和收藏家遭遇相同处境？这两件文物已经流出12年了，这期间没有任何人向我质疑过这笔交易的合法性。其间我回过中国很多次，也从没有政府部门过问我这件事。

当时全国正处于兵荒马乱之中，谁有军队谁是老大，完全没有王法。因此我必须小心为妙。

总之他根本不认为自己偷盗国宝有什么问题。而在1926年卢芹斋写给高登的信中，他又有不同的说法：

杨、金和马三位先生会获得二骏石刻收益的33%……，他们为搞到这两件文物辗转了四五年时间，历经各种艰难险阻，冒着坐牢甚至生命的危险。如今

图9-14
在唐太宗昭陵原址的“拳毛䯄”（1907年，沙畹拍摄）

在中国搞古董简直比登天还难，像这样罕见的文物已经几乎不可能再搞到了，一来风险太大，二来文物精品已经差不多都倒腾出来了。

如此反复多变又扑朔迷离的线索，让昭陵二骏的经历成了谜。这两骏究竟是通过哪个“当时国家的最高权威”卖给了卢芹斋，卢芹斋又是如何将其偷运出国的，为何数年后神秘地出现在大都会艺术博物馆，都很难查证了。但可以确定的是，与张静江共同支持辛亥革命的卢芹斋自然与国民政府有着不可言说的密切关系，这种偷运国宝的行为足以证明他与当时政府高层的关系匪浅。

9.4
个人品牌的打造

卢芹斋能够成为独领风骚的国际古董商，除了百年不遇的时机、精明的生意头脑、古董来源可靠外，还有无人能及的学习能力和眼光独到的审美。他对经手的古董过目不忘，几十年后谈起所有购销细节，历历在目，仿佛昨日。他还勤奋好学，做着生意的同时，不忘把中国艺术放入了欧洲艺术史的框架中，以西方惯用的分析古希腊和古罗马雕塑的概念来描述佛教雕塑。卢芹斋在1937年出版的《中国艺术史索引：初学者指南》一书用“巴洛克”来形容中国唐代末期的雕塑，使对中国一无所知的“欧洲中心论”西方受众能形象、简明地了解中国文化。

除了每年夏天回国内与古董商交往，他也花了大量的时间和金钱来赞助国际著名的中国艺术史学者，使他的商铺“谈笑有鸿儒，往来无白丁”。法国的伯希和、纽约大学教授萨尔莫尼（Alfred Salmony，1890—1958）等汉学家也参与制作了他主持的中国文物图册。从古董商到中国文化大师，他完成了对自己最成功的包装（图9-15）。

图9-15 卢芹斋和宋代水月观音木雕像（20世纪上半叶）

随着个人品牌的成功，卢芹斋逐渐被各国的博物馆接受。1935年在伦敦皇家艺术学院举办了中国艺术世界博览会，参观者破纪录地高达42万人次。其中卢芹斋带去的5米多高的隋代白石立佛像引起了人们关注，这尊佛像在尺寸、造型和材质方面都令人惊叹（图9-16）。这尊石佛像在卢芹斋手中已经很久了，为了方便运输，他将佛像拆成几块，佛的双手不知所踪。即使这样，重达20吨的石像运输也非易事。数年前，他就把这尊石佛推荐给纽约的一些大客户，可无论是大都会艺术博物馆还是小洛克菲勒，都觉得它尺寸巨大，没有合适的展览地点存放。通过中国首次参展的这个艺术博览会，他巧妙地“借花献佛”——由他将石佛捐赠给中国政府，再由中国政府以友谊名义赠送给大英博物馆。他在给中国驻伦敦公使郭泰祺（1888—1952）的信中说：“捐赠这尊珍贵的石佛旨在帮助中国树立形象，同时也可以为鄙人公司提高知名度。”他的目的很简单，就是让他的公司名字出现在藏品介绍中，以达到英国政府为他背书的目的。但是对公司进行商业宣传并不符合当时博物馆的认知。各方扯皮数月之后，大英博物馆决定用以下文字介绍佛像的来源：“由卢芹斋先生赠予中国政府，再由中国驻英公使转赠大英博物馆。谨此纪念1935—1936年伦敦中国艺术世界博览会。卢芹斋先生为巴黎艺术商人，此展品由他的纽约分店于1935—1936年期间为世界博览会提供。”

即使在世界四大博物馆之一的大英博物馆，这个巨大而又沉重的佛像也很难安置。直至今日，它都陈列在博物馆一层的台阶处，供游览的观众顺着楼梯爬升的同

图9-16
在伦敦皇家艺术学院展出的隋开皇五年（585）白石立阿弥陀佛像（1935—1936年）

时感受千年前佛教朝圣者的心情，同时也可以从脚到头欣赏到佛像精致的雕刻（图9-17）。根据底座上的铭文，这尊阿弥陀佛像是于开皇五年（585）献给今河北省韩翠村崇光寺的。如今这个寺址已经无法寻觅，只能根据其所用的白色大理石质大致推断它在河北保定附近。隋朝的两任皇帝都是虔诚的佛教徒，将佛教奉为国教，这也是为何有如此巨大的单体雕像的原因。隋朝佛像依然有着印度笈多风格的影响，但已基本趋于本土化，并开始向后期的自然主义转型。这个仅持续30多年的朝代，留下的佛教文物数量却十分庞大，有铭文的造像也不少，而这尊佛像在造型的精美、尺寸的高大、材质的高贵等方面综合来看仍然独一无二，在中国佛教艺术史上有着重要的价值。近处观察这尊白石玉雕像，还可以看到在白色的石质表面有斑驳的金箔和彩绘，让我们可以想象这尊雕像曾经的辉煌灿烂。

在文物贩子之外，卢芹斋很注意和学者们保持密切关系。他经常邀请知名学者对自己的文物进行研究，如与伯希和合作出版

图9-17 在大英博物馆展出的隋开皇五年（585）白石立阿弥陀佛像（高5.78米，编号：Asia 1938.0715.1，2019年6月28日，常青拍摄）

了《古玉图录》，邀请伯希和和篆刻家、考古学家褚德彝（1871—1942）编写《青铜器图录》等。这些研究成果增加了中国文物和艺术品在西方的价值与知名度。1944年，中国现代著名古文字学家、考古学家、诗人陈梦家（1911—1966）与妻子赵萝蕤（1912—1998）在芝加哥大学深造期间，曾得到卢芹斋的热情接待（图9-18）。陈梦家当时正筹划写一本关于流散海外的中国青铜器专著，卢芹斋为其多方周旋打通关节，慷慨地为他的研究提供便利，方便他在各地参观私人和公共博物馆，还把自己的摄影师和摄影棚给陈梦家使用，共拍摄了850张文物图片。1948年，陈梦家记录了卢芹斋对他的帮助：

> 卢先生是浙江吴兴人，年纪已六十开外，身材瘦小，而精神极好，行动敏捷。他的北方官话很差，故我们都讲家乡话。他说在他经营中国古物四十年间，时常有英欧和日本学者到他地方寻材料，这一次他难得的逢到自己国人，更觉欢喜非常，告我凡一切他可帮助的，他都衷心地乐意为我做。
>
> 我在外四载，集中心力搜集中国铜器流传于美加欧者，在经济上多得

罗氏基金会的人文学组、哈佛大学的哈佛燕京社和芝加哥大学的帮助。然在进行工作之际，除了各大博物院外，卢先生的贡献最大。我工作的起始可说从卢公司出发。由他的通信卡片中寻到所有私人收藏家的地址和所藏的铜器；由他出售铜器的底本上寻到所有博物馆的收藏；由他的照相底片中我得到千数以上的铜器照片；由他助手开罗君的帮忙，我们摄了凡可到手的铜器；而在他的仓库中我亲手观摩了数百件精美的铜器。我们两次到纽约仓库看法国富豪大卫魏尔的中国古铜器并一一摄影。卢公司发源于巴黎，故我后来赴欧，颇得他的便利。在纽约他的店里，经常是学者与收藏家的集会之所，我到纽约看铜器也以卢公司为歇脚处。

图9-18　陈梦家与妻子赵萝蕤（20世纪上半叶）

陈梦家编著的《海外中国铜器图录》，于1946年由商务印书馆出版发行。这本书不得不说得到了卢芹斋的帮助。1962年，科学出版社再版了该书，将书名改为《美帝国主义劫掠的我国殷周铜器集录》，是1949年以后中国第一本青铜器专著。荒诞的是，资助陈梦家调查并获得这些海外铜器资料的，是美国的文化机构。

此外，1948年，在陈梦家的鼓动下，卢芹斋向清华大学文物陈列室捐赠了1928年河南洛阳金村出土的战国青铜器“令狐君嗣子壶”（图9-19）。同年，陈梦家记录了此壶归国的经过。他说：

图9-19　卢芹斋捐赠的1928年河南洛阳金村出土的战国青铜器“令狐君嗣子壶”（高46.5厘米，现藏中国国家博物馆）

> （民国）三十六年（1947）八月初，我由纽约飞往欧洲。旅行之际，我向卢先生告别，并希望他对于我回清华筹备博物馆有所赞助，他一口答应了。他并且说凡有铭文的重要铜器，他很愿意它们回国。我当时即指名要嗣子壶，他说一等我们的博物馆稍有眉目，他即邮寄来……因为接洽运输，此壶于（1948年）八月初由纽约航空运来，八月底到了北平，在海关存了达三月之久。卢先生在运物单上估了五千美金的价值……现在这件铜器居然平安的放在陈列室，我个人有无限的快慰。并不是因为在我们的收藏之中更多了一件重要的铜器，倒是为了这件重器渡重洋寄居巴黎、纽约二十年之久，现在又回到了老家。我个人特别感谢卢先生，因为他使我个人多年的梦想忽然实现：第一是大学博物馆需要靠公私的交换与捐赠；第二是古物中有历史价值者应该保存在国内，其已出者设法请其回来。

陈先生第二个梦想，又何尝不是所有中国人现在的梦想呢！1959年，嗣子壶调拨中国历史博物馆，即今中国国家博物馆。此外，卢芹斋还提供资金供著名作家、翻译家林语堂（1895—1976）发明“明快”牌中文打字机，是他为中国文化事业发展做出的又一贡献。

9.5 巴黎红楼

1925年，卢芹斋在巴黎右岸并不那么时髦的17街区购买了古塞拉路库尔塞街8号的一个小楼，并将其改建成一个中国宝塔般的建筑，这就是日后著名的“巴黎红楼”（Pagoda Paris）（图9-20）。卢芹斋对这个建筑有着非常高的期待和要求，聘请了法国建筑师费南·布劳（Fernand Bloch，1864—1945），且预算高达800万法郎。当时在巴黎街区新古典奥斯曼式建筑中间，立起一栋红砖砌起的绿色琉璃屋顶、雕梁

图9-20　1920年代或1930年代初期的巴黎红楼

图9-21　卢芹斋的小女儿珍妮17岁时在红楼里拍婚礼照片（1937年）

画栋、朱漆大门的中式高楼，哪怕是在拥有莫奈、马蒂斯、毕加索这样的反潮流画家的巴黎也显得荒诞不经。无论是当地的居民、市政府还是媒体都蜂拥而来，纷纷批评反对。但卢芹斋仍要坚持修建。不得不说，此举带来的一波媒体宣传使红楼受到了名人雅士的拥趸，在崇尚叛逆的20世纪巴黎留下了浓墨重彩的一笔。

有了拥护者，他用文物营造的中国文化气氛极为浓厚的红楼，不仅仅是他收藏与展出中国乃至亚洲文物的基地，还成了名流雅士最爱徜徉的沙龙（图9-21）。每年，各界名流不远千里飞越大西洋，只为来参加卢芹斋在红楼举办的活动。卢芹斋死后，人去楼空，红楼失于维护。由于红楼曾经拥有的名气，以前反对红楼存在的邻居们，又抗议政府想要拆除红楼的决定。如今“巴黎红楼”被巴黎市政府列为文化遗产，得以永久保护。2010年，红楼被法国一位投资商人买下，重新修整，成为举办艺术活动的场所。红楼内卢芹斋的图书馆也对学者们开放，依然在中国艺术史研究方

图9-22　卢芹斋在红楼里与菩萨像壁画合影（20世纪上半叶拍摄）

图9-23　1924—1950年卢芹斋出版的文物图录

面做着贡献。

在卢芹斋红楼的留影中，最令人印象深刻的便是他与菩萨像壁画的合影（图9-22）。这批精美的菩萨像壁画高达数米，创作于五代至北宋时期，一直保存在红楼墙壁上。它们作为红楼装修的一部分，也是卢芹斋最珍爱的一部分藏品，始终不曾售卖。根据卢芹斋自己的描述，1923年，他获知河南与山西边界附近有一所被毁的寺庙。在与当局协商后，他将这些壁画从寺庙残骸中清理出来，转往巴黎。直到1948年，卢芹斋才将它们带往美国，在纽约第五大道的画廊举办了“北宋中国壁画”（Chinese Frescos of Northern Sung）的主题展。这种以销售为目的的主题展，是卢芹斋一直以来的看家本领。根据自己已有的收藏和对艺术史的理解，卢芹斋将中国艺术以主题展的形式，进行分门别类、有深度的介绍和研究，同时出版图录，进行销售（图9-23）。与以往的主题展不同的是，这批壁画是卢芹斋几十年来收藏的心血。

也许是感觉时日不多，又或许是一心想将他最重要的藏品托付有心人，1950年，卢芹斋主动请纳尔逊艺术博物馆的策展人劳伦斯·史克曼在他的藏品中挑选赠品。

欣喜若狂的史克曼在信中记录道："我们刚刚收到了卢芹斋先生捐赠的中国佛教艺术壁画。此件作品长1.8米，宽0.9米，在卢先生位于巴黎的住处保管多年，是他一系列壁画藏品中最精美的一件。在中国历史最悠久的佛教壁画中，这件作品是迄今发现的最杰出的作品。它的历史可以追溯到公元11到12世纪。承蒙卢先生厚爱，可以让我们随心所愿地选择，我们收获了这个标价一万六千美金的杰作。"

史克曼所提到的仅是一件作品。事实上，纳尔逊艺术博物馆藏有《菩萨梵香图》《如意轮观音菩萨图局部》《持莲观音图》等艺术价值极高的中国壁画。经学者考证，这些壁画来自河南焦作市温县城西北大吴村慈胜寺，是五代后周时期（951—960）的作品（图9-24）。由于五代时期的战乱，能留存于世的壁画非常稀少，加之慈胜寺壁画技艺超群，属绝世精品。在主题展图录中，卢芹斋写道：

> 如果有我的同胞感到这些壁画流出中国是我们国家的一大损失，我相信，他们一定会对这些壁画能够安全和永久地保存在一个友好的国家而感到满意。艺术无国界，她应该被全世界的人来共同欣赏。

图9-24　卢芹斋捐赠的五代《菩萨梵香图》壁画（175.26厘米 x 90.17厘米 x 3.81厘米，现藏纳尔逊艺术博物馆，编号：50-64 A）

图9-25 巴黎红楼里的中国石刻展厅（20世纪上半叶）

正如他所言，在1951年卢芹斋结束生意前，他将自己收藏的壁画捐赠给了美国7个艺术博物馆。笔者查阅了相关资料，这7所博物馆拥有的壁画并没有完全包含整个主题展中的展品。由此可见，还有一大部分展品被卢芹斋销售给了个人收藏家，从此再无面世。

卢芹斋出版的系列展览图录，展示了他的古董知识与买卖经历。学者们至今仍然可以通过巴黎红楼留下的照片，来寻找曾经的文物归属。1933—1941年，卢芹斋每年至少举办一次展览，进行文物售卖活动。从他的展览图录中，我们可以看到有来自河南洛阳龙门石窟，山西大同云冈石窟、太原天龙山石窟，河北邯郸响堂石窟的石雕像，还有大量来自中国佛教寺院的单体石像与造像碑（图9-25）。这些佛教雕刻精品后被多个美国著名的博物馆收藏，如大都会艺术博物馆、弗利尔美术馆等，有的则被私人收藏。有人说，在20世纪上半叶，从中国流往海外的一半古董是经卢芹斋之手。此言虽有夸张，但从另一方面可以说明卢在当时西方古董界的重要地位。

巴黎红楼也留下了卢芹斋大半生的私人生活印迹。1908年，卢芹斋开设来远公司没多久，就与公司附近一个开女帽店的女店主奥尔佳（Olga Hortense Libmond，1876—1960）相识。奥尔佳的父亲是波兰人，母亲是意大利人，很小就在巴黎一对夫妇家里做家务，后被这家男主人诱奸并怀孕，19岁时诞下了女儿玛丽·罗斯（Marie Rose，1895—1971）。以后，奥尔佳在情人的资助下开了一家女帽店，生活舒适。认识卢芹斋的时候，奥尔佳刚满30岁。

卢芹斋很快与比他大4岁的奥尔佳坠入情网，两人如胶似漆。刚烈又热情奔放的奥尔佳，一方面不愿失去资助她女帽店的有钱情人，一方面又不想放弃卢芹斋，就决定将自己15岁的女儿玛丽·罗斯嫁给卢芹斋，以便继续维持她与卢的关系。1910年12月29日，卢芹斋与罗斯举办了简短的婚礼。

婚后，罗斯成了家庭主妇，先后给卢芹斋生下4个女儿（图9-26）。过早结婚的罗斯除了顺从母亲之外，并不了解其他的生活，卢芹斋对这个不会约束自己的妻子非常满意，单纯的罗斯也一直无条件地支持丈夫。无论是事业、金钱还是个人兴趣，她都以丈夫的喜好为喜好。在许多人的记录中，都有这样一个优雅温婉且对中国文物有着独特偏爱的法国女人的存在。

这场婚姻唯一让饱受中国传统思想影响的卢芹斋失望的就是他有4个女儿，却没有儿子。在他看来，“不孝有三，无后为大”，只有女儿，没有儿子，就意味着“绝后”了。他还认为，这些女儿都是法国人，将来都要嫁人的，给别人家传宗接代，与他自己没有关系，也和中国没有关系。于是，他从来不教女儿们说中文，也从不给她们讲中国的故事。因此，直到最小的女儿在2013年去

图9-26 卢芹斋的四千金在巴黎红楼里合影

图9-27 着清装的卢芹斋大女儿莫妮卡24岁时在红楼的门厅拍照（右侧为唐代石雕狮子，1937年）

世，4个女儿从来没有回过卢芹斋的故乡，也未想与父亲湖州故里的卢家人联系。然而，酷爱古董的卢芹斋，却适时地利用了女儿们的资源。这4个天生丽质的中法混血千金小姐经常出现在卢芹斋为他的文物所拍摄的广告宣传照片中，成了不花钱就能雇来的平面模特儿，给沉闷的装满古董的红楼里增添了一道靓丽的风景线（图9-21、9-27）。

9.6 “功”与“罪”

面对这样一个出卖中国文物的人物，中西方的评价截然对立。在西方人的眼里，

图9-28
30岁的卢芹斋和
他的古董在一起

卢芹斋是20世纪上半叶卓越的中国艺术品古董商，他以一己之力将中国早期艺术介绍到了欧洲与美国。卢芹斋被赞誉为让西方认识中国古董的启蒙者。他有丰富的文物专业知识与独到的眼光，让人们学会该如何欣赏中国墓葬文物——墓葬雕刻、青铜器、陪葬古玉、陶俑以及佛像等。没有卢芹斋的卢吴公司，就没有许多美国大博物馆中国艺术品收藏的基础。此外，他还造就了一批西方大收藏家（图9-28）。

法国巴黎吉美博物馆策展人珍娜·奥波耶（Jeannine Auboyer）在追忆卢芹斋的文章中说：

卢芹斋对文物的热爱不仅仅出于一个生意人的眼光，他还想将历史瑰宝保留下来，流传后世，并与尽可能多的人分享。这就是为什么欧洲和美国博物馆获得了成倍于其他个人客户的物品，因为博物馆最能帮他实现上述目的……卢芹斋一生钟爱中国文物，他最大的安慰就是将艺术品托付于有责任心的行家之手，让它们免受摧残。

奥波耶的溢美之词是基于1929—1950年间卢芹斋向吉美博物馆捐赠了众多藏品，但失之偏颇的主要原因还是奥波耶的另外一个从未被证实的头衔，那就是卢芹斋的绯闻女友。在这个角度，帮助卢芹斋辩解也就成了理所当然的事情。

而中国人则更倾向从卢芹斋古董公司对中国古代文物造成的客观后果来评价他，尽管他声称没有直接参与对中国历史遗迹与文物的破坏，包括盗凿石窟中的佛教造像等。但这些艺术品毕竟是经他之手流向海外的，不少中国人认为卢芹斋是卖国商人，大发国难财，是中国文物流散的最大罪人。

晚年的卢芹斋以些许内疚的心情评价了自己的一生。他说：

作为国宝流失的源头之一，我感到羞耻。唯一能让我们辩解的是没有一件艺术品直接出自我们之手，而都是在公开市场与其他买家竞争获得的。中国失去了她的国宝，但唯一令我们安慰的是艺术无国界，这些被学者们及公众欣赏的流往世界各地的雕塑也许能比任何活着的大使令中国更多地获益。通过这些艺术品，中国能在外面的世界更加闻名。由于中国的战乱与巨变，我们的历史丰碑们也许会在别的国家得到更好的保护。我们失去的国宝将作为真正的信使，让世界了解我们的古代文明、文化，从而让更多人热爱、了解中国与中国人民。

卢芹斋还说：

我很高兴，为了子孙后代，我出口的这些艺术品都得到了很安全和细心的保护。因为我觉得如果它们仍然留在中国，它们中的许多作品将被毁坏。

卢芹斋留下的很多言论都在为自己的行径辩解。他声称几乎所有经他之手的文物都来自公开市场，也就是正当的渠道，而非非法盗掘所得。譬如有件西周青铜器，是由他的朋友在自家新居打井时发现的。他认为所有文物外流的罪恶应归咎于盗掘者和购买者，作为中间商的他并无罪过。但追根究底，没有买者就没有卖者，他正是这个行业里最重要的一环。如果没有他沟通买家与卖家，许多交易并不会达成，文物盗掘也不会如此泛滥。这就像是并不直接种罂粟和吸毒的贩毒者所起的作用一样。就算他没有亲自参与盗掘文物，但却如蜘蛛般细细密密地织了一张从贩卖者、盗掘者到买家的利益关系网。另外，即使很多留在中国的文物日后遭到了毁坏，也不能作为他将文物运出祖国的理由，因为他的行为并非是有预见地防止那些文物被破坏，而是一种事后的诡辩。

例如，在卢芹斋的一封信件里，他附上比利时银行家、著名收藏家阿道夫（Adolphe）和苏珊娜·斯特克莱（Suzzanne Stoclet）夫妇的一张藏品照片，指示国内文物商人："你们可以找找这样的佛头。"这就是他远程指使有目的地搜求文物的证据，至于他的国内线人用何种手段得到他想要的文物，就非他的控制所及了。卢芹斋每年夏天还会回中国，专门款待各地古董贩子和盗墓贼。一有好东西，他不仅抢占先机，马上拿下，还能免去层层经销商的抽利——毕竟卢吴公司财大气粗，动辄收购上万银圆的古董。当时，欧洲正是东方文化热的繁荣时期，玩中国古董成为有身份、有教养的象征。因此，买卖古董是他的有意行为，也使他的公司获利丰厚（图9-29）。

但人也并不是非黑即白。卢芹斋在大肆贩卖文物出国的同时，又积极地从事抗日捐款等爱国活动。从辛亥革命到七七事变，卢芹斋都是第一时间投入爱国行动。他不仅自己捐款，还在巴黎、纽约各处动员捐款，支援中国抗战。他的夫人玛丽·罗斯担任了战争遗孤救济会的财务工作，为中国难民和伤员提供救济。卢芹

图9-29
摆满古董的
巴黎红楼一角
（20世纪上半叶）

斋夫妇的奔走呼吁起了很大作用。与他们肩并肩一起投身慈善事业的还有外交家顾维钧夫妇和文学家林语堂夫妇。卢芹斋还加入了“对华友好协会”，对共产党人也持积极支持态度。1937年10月，卢芹斋前往日内瓦参加了当地中华妇女联合会举办的义卖，共提供9件拍卖品，义卖获得的收益全部捐献给了中国红十字会，用于救助战争受难者。除了个人捐赠，他还给他财力雄厚的客户群体写信，号召他们共同捐助，援助中国。

1938年1月，卢芹斋在伦敦赞助了一场中国文物展，招揽收藏家捐款。其收入全部捐献给美国医药援华会。1942年，宋美龄受美国总统富兰克林·罗斯福之邀在美国国会发表演讲，美国第一夫人安娜·埃莉诺·罗斯福邀请宋美龄入住白宫，并为她召开新闻发布会，卢芹斋是众多受到鼓舞的听众之一，并付诸行动，支援抗日。

图9-30 卢芹斋与奥尔佳（20世纪50年代）

那时的中华民国驻美大使组织各种促进中美关系的活动，卢芹斋也积极出钱出力。此外，仅仅在1938年一年里，卢芹斋夫妇就收养了40个孤儿。直到去世前，他都在做着慈善活动。他说："我一直认为，金钱只是人们之间互通有无的工具。我有富裕的钱，就要慷慨解囊，让有需要的人受惠。"

卢芹斋在1950年3月的一封公开信中写道："上海查封了我收购的大批文物，其中包括我至关重要的藏品。这令我意识到，我的古董生意已山穷水尽，无以为继……因此，我不无遗憾地决定，从此退出古董交易这个行业。"此信在西方收藏界引起了轩然大波，众人误以为是因为1949年中华人民共和国成立才导致卢芹斋的文物生意彻底终止。诚然，越来越难从中国获取文物对卢芹斋产生了很大的影响，但这并不是导致他退出古董行业的最终原因。他被迫清空公司股票的主要原因，是在1948年豪掷百万法郎购置的一批假古董和假画。这批精心做旧的赝品来自中国著名书画收藏家谭敬（1911—1991）。对书画并不擅长的卢芹斋，因为贪心掉入了谭敬的陷阱。为保名声，卢芹斋不得不打落牙齿往肚里咽，对自己的失误不声张，同时清仓甩卖，偿还欠债。他的生意自此转给了长期共事的同事弗兰克・卡罗（Frank Caro）。

破产后的卢芹斋（图9-30）一蹶不振，身体每况愈下。他肌肉萎缩的症状恶化，导致生活无法自理。这种神经性硬化症，俗称“渐冻症”，哪怕在今天依然是一个医学难题。卢芹斋只能看着自己身体的肌肉逐块萎缩，直至呼吸肌也无法运作而死亡。1957年，卢芹斋死于瑞士的尼翁镇，终年78岁。他的遗体被运回巴黎，葬在妻子的家族墓地古何贝瓦。一代传奇文物商人就此结束了自己充满争议的一生。

10

山中定次郎与日本山中商会

山中商会部分事件

1912年

山中商会以34万大洋买下恭王府除了大部分书画以外的青铜器、陶瓷、玉器、翡翠等器物收藏

1915年

农历二月二十二日，醇亲王府将乾隆年间编写的《秘殿珠林》《石渠宝笈》中记载的6件古书画作品卖给山中商会

1916年

山中商会在纽约举办了11次中国古董美术品拍卖会，一举奠定了世界最大中国艺术品交易商的名号

1917年

山中定次郎在北京购入肃亲王家四合院作为山中商会在北京的支店

1924—1927年

山中定次郎先后前往天龙山石窟、洛阳龙门石窟、大同云冈石窟调查，并开始大量盗凿天龙山石窟造像

1932年

11月，山中商会在日本东京美术协会举办了“世界古美术展”，将凿下的天龙山石雕公开拍卖

10.1
从大阪走向世界

山中商会原本是日本大阪府的一个名不见经传的家族古董店，可另一个古董小店的孩子彻底改变了它的命运，还将它从大阪带到全世界，发展成为大型跨国连锁店，成为近代中国文物流散史的重要一环。这个孩子就是山中定次郎。

图10-1　31岁的山中定次郎（1896年）

山中定次郎（1866—1936）（图10-1），原名安达定次郎，出生在大阪一个古董商家庭，是安达信五郎的长子，有家传经营古董商铺的背景。因此，他从幼年起便随其父在古董店中学习古董知识。1873年，他入学堺市寻常高等小学。毕业后，13岁的定次郎进入当时大阪颇有名气的山中吉兵卫的古董店担任学徒，正式开始了他的古董商生涯。他在店内表现十分优秀，勤劳肯干，从不偷奸耍滑。通过自己的勤奋学习与钻研，他积累了相当的从商经验和鉴定文物的知识，同时也接触到很多来自欧美的学者和收藏家，打开了一扇通向西方古董界的大门，意识到东方艺术品在西方古董市场上的巨大商机。1883—1886年，他还在大阪市商业夜校与英语私塾学习，为以后向国外发展做准备。

图 10-2
位于日本大阪
高丽桥一丁目的
山中商会本社
（20 世纪初）

安达定次郎很快就获得山中吉兵卫的青睐与单独培养。23 岁那年是定次郎一生事业的转折点，山中吉兵卫希望定次郎做他的养子，并把自己的长女许配给他为妻。从此，定次郎便入赘山中家族，改姓山中。他也从此开始主持山中古董店的大小事务，努力将山中商会的古董生意引入欧美市场（图 10-2）。

1894 年，29 岁的山中定次郎察觉到东方文物在西方具有巨大的影响力，意识到这是一个商机。充满野心的他立刻带着妻子前往美国开设分公司，就在纽约市西 27 丁目 4 号开设了山中商会的古董店（图 10-3、10-4）。到达纽约后不到半年，他们就完成山中商会纽约分部的筹建工作，并开始举办艺术品展会和拍卖会。从这时起，这个来自大阪的家庭古董店开始正式走向世界。

能将山中商会从大阪发展到纽约，除了山中定次郎超乎常人的冒险精神，还有他精明的生意头脑。他知道古董收藏完全是富有阶层的爱好，因此不顾高昂的租金，把他的画廊搬进纽约最时尚的第五大道。装修设计也不按照当时流行的欧洲皇室风格，相反，他参考日本寺庙的设计，不仅在店内设置榻榻米式的地板，忽明忽暗照射着藏品的光束，还在大门两侧陈列日本常见的各类福兽，以吸引来往客人的目光。客人走入店铺，就如同跨越时空进入了东方国度。他的这种设计策略不仅赢得了纽

图10-3　山中商会纽约支店内景（20世纪初）

图10-4　山中商会纽约支店（20世纪初）

约的客流，还使山中商会获得美国其他地区的关注。

1899年，为了扩大古董经营，他又沿用了这一套商业模式，在波士顿、芝加哥等地陆续开设分店（图10-5）。时任芝加哥市山中商会店铺经理的下妻丰吉曾记录了山中定次郎的这一理念："我们公司选择这家店，就是因为这里和纽约第五大道高度相似。附近是芝加哥最高档的酒店和公寓，还有逐渐兴盛的时尚街区，这里注定会成为这个城市的高档购物中心。"

我们现在通过市场营销学的知识可以得知，山中定次郎这种市场战略与欧洲奢侈品牌在中国开设店铺的策略一致，都具有极高的吸睛度。后来，比他晚十几年抵达纽约的卢芹斋也在学习他这种开店策略，力求打造出最奢华的异域风格店铺，并在1928年将这种策略融入了其在巴黎开设的古董贸易旗舰店——巴黎红楼。

山中定次郎在确认这套商业策略的可行性之后，又将其迅速复制到其他国家。1900年在伦敦（图10-6）、1905年在巴黎也相继开设了代理店，并改组为山中商会集团公司，自己担任业务执

图10-5 纽约支店长山中定次郎（中）、伦敦支店长山中六三郎、波士顿支店长山中繁次郎合影（20世纪初）

行。其后，又在北京、上海、京都、东京等多个城市开设了山中商会的分店，俨然成为一个强大的国际古董贸易公司。1917年，山中商会集团公司社长山中吉兵卫去世。1918年，山中定次郎改组公司为山中商会股份有限公司，并就任社长。1919年，由于杰出的业绩，山中定次郎本人还获得了英国国王乔治五世和玛丽皇后颁发的皇家委任认证（Royal Warrants）。这种皇家认证通常只颁发给为皇室提供多年优质商品的公司和商人，这也间接证明了当年山中商会的业务范围与客户实力。自1923年起，山中商会在日本开始以大规模展览方式销售艺术品。

图10-6 山中商会伦敦支店（20世纪初）

10.2 在北京发展

在欧美立足之后，山中定次郎便开始将目光投向中国这个文物大国。山中商会的主要古董来源之一就是历史悠久、文物与艺术品珍藏丰富、古董市场交易最活跃的中国，而主要宗旨就是收购东方文物，再将它们销售到欧美以从中牟利。随着海外市场对中国艺术品需求的扩大，山中定次郎开始在北京建立山中商会支店。从那时起，山中商会才真正开始发迹的辉煌历史。1901年，山中商会先在北京东城麻线胡同3号设立办事处。1900年，中国爆发义和团运动，随后八国联军入侵（图10-7）。当时的清朝统治者慈禧和光绪仓皇而逃，大量清宫珍藏文物被掠夺出宫。山中商会很注重收购这批外流文物，在极短时间内就收购到了大量文物。

由于发现中国市场的潜力巨大，山中定次郎干脆于1917年购入肃亲王家一处300平方米的四合院作为山中商会在北京的支店，支店长是高田又四郎，包括日本店员4人，中国雇员15人（图10-8）。山中商会在北京经营期间，支店长高田非常注意和北京琉璃厂的古玩商进行交往，及时了解市场上新出现的古董信息和流向，敢于出高价购买稀有、奇特、珍贵的古董文物。除了从民间收集古董，他还通过当时北京的琉璃厂、各地古玩商以及落魄的王公贵族收集流失宫外的皇家珍品。山中定次郎深谙货品品质的重要，

图10-7 坐在故宫椅子上的山中定次郎（20世纪初）

图10-8
山中定次郎（前排左二）与位于肃亲王府的山中商会北京支店店员合影（20世纪初）

在开拓市场的同时也不忘跟进货源。他每年春秋两季都会从大阪前往北京进行采购，大约停留2周。事先由北京支店联络北京古玩行业的经营者、摊商、各地的古董贩子来山中商会的院中，以摆摊的方式将各自的古玩收藏摆放在6尺的长桌上，由山中定次郎带领欧美各分店的采购人员按照需求选购商品。然后，由北京支店的雇员负责分类、运输、结账。在连续几天的采购中，来自各地的古董商每天有200人左右，他们乘坐人力车将各自的藏品和各类文物带到山中商会北京支店，供山中商会挑选。就这样，通过在中国30多年的经营，山中商会从中国收集了大量珍贵的古代艺术品，致使无数中国国宝流失海外（图10-9）。

山中商会在北京购买的文物中包括4尊非常珍贵的隋代夹苎干漆大型佛像（图10-10）。中国自古就有制作漆器的传统。漆器是用漆涂在各种器物的表面所制成的日常器具及工艺品。最早的时候，漆器作为小型的实用器具诞生。魏晋以后，佛教盛行，因漆器轻巧、耐腐蚀、不受虫蛀的特点，被寺院看重，开始广泛用于佛像制作。夹苎干漆佛像是一种特别的造像，工艺繁杂，耗工费时。首先用泥塑出佛像，然后将轻薄的苎麻布敷在泥胎上，用天然大漆固定。等到大漆干透，再敷一层苎麻布，再上漆固定。如此反复数十次，就在泥胎的外面形成了一个苎麻和漆的漆壳。

图10-9　山中定次郎（左二）在中国旅行（20世纪初）

等到所有的漆层干透后，雕塑师就从像的下面小心地将内部泥胎全部掏出，只剩下轻薄的漆壳塑像。然后再在上面用漆进行修饰、塑造细部，最后上色，并用金箔敷身。

制作一尊1米多高的夹苎干漆佛像，往往需要几十个月的时间，是漆器工艺的无上作品。因此，这种造像不会大批量地制作，一座寺院最多做一两件，用于“行像”仪式。行像，就是把佛像安置在装饰性的花车上，在街道上巡行，以供路旁的人们瞻仰、膜拜。北宋高僧赞宁（919—1001）在《大宋僧史略》一书中说：行像，自从释迦牟尼佛涅槃以后，王公大臣们多恨自己不能亲睹佛的真容，于是就造出了佛的降生相抬着巡城，象征着释迦太子降生后巡城的情景。因此，行像仪式一般在释迦生日（农历四月初八）那天举行。不过，也有在释迦生日以外的日子举行的，那么所抬的佛像就不限于佛的降生相了，一般的佛像也行，如山中商会购买的四尊干漆像。干漆佛像的优点就是轻便，容易搬动。如果是石、木、铜等材质的佛像，用作行像仪式就不容易了。但

图10-10 购自山中商会的隋朝夹苎干漆坐佛像（105.1厘米 x 73.1厘米 x 55.1厘米，现藏美国马里兰州巴尔的摩沃尔特斯艺术博物馆，编号：25.9）

干漆佛像的缺点则是不易保存，容易被毁坏。因此，自古以来极少有干漆佛像保存于今，因此山中商会的四尊干漆像更显珍贵。

山中定次郎在北京总店检查各地古董商送来的货物时，无意中看到了这几尊尘土敷面、显得破败不堪的佛像。尽管这些佛像的双手、背光和发髻细部均不见踪影，他仍凭借着对大漆工艺的熟悉，判断出这四尊佛像是不可多得的珍宝。于是他果断买下，并将其中一尊留给自己，其他三尊运往山中商会纽约分店。但山中定次郎并不知道他这次遇到的不是一般的干漆佛像，而是1400年前隋朝制作的绝世珍宝，全世界也不过数尊。

图10-11　2017—2018年“漆佛的秘密”展览上展出的三尊隋代夹苎干漆坐佛像（右起分别现藏于弗利尔美术馆、大都会艺术博物馆、沃尔特斯艺术博物馆）

从此，这三座珍贵的佛像永远留在了美国，被分别收藏在美国纽约大都会艺术博物馆、马里兰州巴尔的摩沃尔特斯艺术博物馆和华盛顿弗利尔美术馆。2017—2018年，华盛顿史密森博物学院国立亚洲艺术博物馆举办了“漆佛的秘密”展览（图10-11）。这三尊雕像都是结迦趺坐，身披大衣，袒露右肩，身形窈窕，尺寸比真人略小，衣纹塑作写实，表面残留有色彩和金箔痕迹。佛像的眼睛处均嵌有玻璃珠，中空的身体里本应填有经卷等物，都已佚失。通过X光、磁共振等高科技扫描技术，证明它们的来源与年代相近，印证了原始档案所述来自河北正定隋朝大佛寺的说法。至于山中定次郎私藏的那尊干漆佛像，曾被收录于瑞典美术史学家喜龙仁（Osvald Siren，1879—1966）于1925年出版的专著《5—14世纪中国雕塑》。但是在第二次世界大战以后，这尊干漆佛像在日本不知所踪，不得不说是一大憾事。

10.3
恭王府的宝贝

山中商会成立以来最可称辉煌的业绩，就是购买了恭王府的旧藏文物。1911年辛亥革命时期，恭亲王溥伟（1880—1936）（图10-12）等清廷皇亲国戚成立了“宗社党”，主张整兵与革命党一战，拒绝在清帝“退位诏书”上签字。1912年2月12日，宣统帝宣布退位，溥伟等“宗社党”清皇族成员便开始了复辟大清国的行动。为了支持末代皇帝溥仪复位，溥伟决定将他的恭王府的收藏全部出售，用来筹集军饷、

图10-12 恭亲王溥伟（1911年以前）

图10-13 山中定次郎（右三）、山中六三郎等在恭王府正殿前合影（1912年3月）

支持复辟行动。得到消息的山中定次郎立即联系恭亲王，商谈购买事宜（图10-13）。

山中定次郎这样描述他在1912年踏入恭王府的情景：

> 穿过恭王府一道又一道大门，是排列整齐的建筑，居住着恭亲王的家人、侍从等三四百人，还有供王府护卫队居住的区域……院落的后面，穿过花园的中心，是大书房，那里除了左右两侧丰富的藏书外，主要陈列青铜器和玉器。距藏书室不远是一幢巨大的两层建筑，看上去十分坚固，呈“L”形，这座建筑可以被称为美术馆，里面有数不胜数的珍宝。
>
> 穿过这个藏宝楼，走进一座石拱门，是一座花园，园内奇花异草掩映着茶室、湖心亭和赏月台，在这样一个地方，欣赏着秀丽的自然景色和精美的艺术珍品，人们肯定会流连忘返。

很显然，第一次踏入恭王府，山中定次郎被这座王府的奢华震撼了。他仔细查看了恭王府的如意库、书画库、玉器库、青铜器库等几十座宝库。其中每间屋子里不计其数的珍宝落满了灰尘。在玉器库中，他还能看到无数的翡翠珠宝首饰，多得就像是米店里的大米。恭王府管家捧起一堆翡翠饰品向山中定次郎问道：“这些东西，你打算出多少钱收呢？”山中定次郎脸上浮现一丝惊喜，暗想这次买卖可做大了。1939年出版的《山中定次郎传》有对购买恭亲王府文物过程的描述，它的“数额不同于十万或二十万”，山中定次郎认为，无论对哪个古玩商人来说，这都是一生不会再有的机会。

经过权衡与交涉，山中定次郎决定以34万大洋买下恭王府除了大部分书画以外的青铜器、陶瓷、家具、玉器、翡翠、座钟等器

图10-14 1913年山中商会在纽约美国艺术画廊举办的《恭王府专拍图录》封面与图录中的玉质笔筒、清乾隆御制紫檀漆地嵌玉圆光座屏

物收藏。在当时的西方古董界，中国古董还没有完全打开市场。山中定次郎此举花了大本钱，无异于一次冒险的赌博。但现实很快就证明了他的远见卓识，这次交易给山中定次郎带来一生最大的辉煌，奠定了山中商会成为世界上最大中国古董文物交易商的坚实基础。

山中商会于1912年买下恭王府的珍藏宝物后并未急于出手，而是将其运往美国，逐件拍摄照片，出版图册，在一年后才分批举办拍卖会，逐步奠定山中商会的霸主地位。1913年，在纽约的美国艺术画廊，山中商会举行了“天上艺术至宝”拍卖会，并印制了烫金的图录配合拍卖（图10-14）。这次拍卖轰动了美国收藏界，被认为是中国艺术品的极品收藏。据统计，这次拍卖成交总额达到27.6万余美元。有人推测，从购买到拍卖这一年的时间，山中商会通过店头及个别销售等，就卖掉了相当多的一部分。27万美金在当时是破纪录的天文数字，说明拍卖取得了巨大成功。

1914年，山中商会再次在纽约的“美国艺术画廊”举办“天津中国贵族私人收藏及山中商会在北京所购文物”专题拍卖会。拍卖会成交额近20万美元，再次取得成功。这两次拍卖，使山中商会的生意步入黄金时代。在其后的1916年，山中商会在纽约举办了11次中国古董美术品拍卖会，一举奠定了世界最大中国艺术品交易商的名号。

山中商会购买的恭王府文物究竟包括了哪些奇珍异宝，对于后世来说始终是个谜。我们可以想象，如果恭王府文物能够原封不动地在原地保留，那将是一座多么辉煌与引人注目的博物馆！根据山中商会当年出版的拍卖图录，我们能窥见这个巨大收藏之一斑：当年在纽约拍卖的恭王府藏品有536件，包括玉器、青铜器、陶瓷、木器、珐琅、石雕、织绣等7大类清代宫廷艺术品。总体来看，这批藏品具有很高的历史、艺术价值，堪与皇家收藏相媲美。在图录中，每件均有定名、断代和简短文字说明，大部分还配有照片。在这次拍卖中，玉器数量最多，约244件。玉材有和田白玉、翡翠、碧玉、墨玉等；以清代制品为主，个别为汉玉璧；器物类型包括供器、摆件、插屏、笔筒、挂件、如意、玉山子等。虽然这批玉器年代早的不多，但它们玉质好，体量大，种类繁多，制作精美，具有很高的观赏艺术价值。

这次拍卖中有瓷器133件。白釉器物35件，有宋代定窑系的白釉水盂、明初永乐官窑甜白碗、清雍正时期景德镇官窑白釉文房用品、明清两代德化窑观音塑像及文房清供。青花五彩瓷器35件，以明末清初的景德镇观音尊、棒槌瓶居多。还有63件康熙、雍正官窑生产的单色釉瓷器，有乌金、蓝釉、洒蓝描金、红釉、豇豆红、郎窑红、黄釉、天蓝釉、孔雀绿釉、金酱釉、珊瑚红、郎窑绿、苹果绿、茶叶末等十几个品种。从图录看，恭王府旧藏瓷器的年代跨度为北宋至清代，种类以景德镇明清官窑为主，兼有钧窑、定窑、哥窑等宋代名窑，还有少量的地方窑，如德化窑、法华瓷等品种。这些瓷器造型精美，制作精良，而且每件都有原

图10-15 《恭王府专拍图录》中的商代青铜觥

配的硬木底座，从器物造型及艺术价值分析，应为恭王府内殿堂和大书房的日常陈设之物。这些瓷器，只是恭王府原藏众多精品中的一部分，从中可见王府用瓷的规格和主人的审美鉴赏功底。

在上述拍卖图录中，还有青铜器99件。有尊、爵、壶、簋、鼎等常见器类，也有一些造型奇特的动物形酒尊、酒壶、酒觥等（图10-15）。这些器物有些造于商周或春秋战国时期，有些则是宋代以后特别是清代的仿古器。由于清代乾嘉考据学的兴起，整个社会形成了研古尚古的潮流，文人士大夫们把家中摆设仿古青铜器当作一种时尚，就连清宫的造办处也跟风仿造。恭亲王家中的这类藏品有些可能出自清宫造办处，把它们摆设在家中也是为了表现崇古的时尚。拍卖中还有11件象牙和犀牛角制品，以及其他礼器、织物、画像等。

其实，山中商会购买的恭王府文物大部分并没有出现在拍卖中，而是通过私人交易的方式，提前将这些珍贵的清宫旧藏出售给了私人藏家。希根森（Francis Lee Higginson，1877—1969）就是从山中商会购买文物的大买家。希根森是美国著名银行家，也是哈佛大学的著名赞助人，哈佛大学有以他名字命名的希根森学院。在希根森从山中商会处购买的恭王府青铜器中，有一件四出戟凤鸟纹卣（图10-16）。卣是古代的一种青铜盛酒器，这件卣是少见的晚商至西周早期风格的大型青铜器。在整个卣身上遍布商周时期典型的几

图10-16　商代晚期或西周初期青铜四出戟凤鸟纹卣（高35.5厘米，宽22.8厘米，现藏美国波士顿艺术博物馆，编号：34.66，1934年购自山中商会）

何折线纹和细密的云雷纹，以及当时流行的凤鸟浮雕等，尤其以器盖和把手上的立体凤鸟雕塑最为精美。这件卣比上海博物馆现存的缺失盖子的卣更加完整，具有更高的艺术研究价值。1934年，希根森将这件青铜器通过山中商会出售给了波士顿艺术博物馆。

希根森还曾经收藏了另一件更为著名的西周初期兽面纹青铜卣（图10-17）。在清乾隆时期内务府编纂的《西清古鉴》卷十五

图10-17　西周初期兽面纹青铜卣（高25厘米，现藏美国波士顿艺术博物馆藏，编号：34.63a-b，1934年购自山中商会）

中就有这件卣的信息。《西清古鉴》对当时清廷内务府庋藏的所有青铜彝器的图像、尺寸、重量进行记录，勾勒款识，并备有注释。在这尊兽面纹卣的条目中明确记载了卣身及卣盖上有“⾅丞乍文父丁尊彝”八字铭文，说明该卣是父丁用来祭祀的礼器。与常见的云雷纹浅浮雕礼器不同，这件兽面纹卣并没有使用云雷纹衬底，反而突出了牛角和牛耳神兽形象，卣盖和提梁末端也装饰有浮雕牛首状兽面。因为出土时间较早，传世悠久，器型整体保存较为完整，并没有大范围的锈蚀，显得分外淡雅，有较高的研究价值。

这件兽面纹卣曾归刘体智（1879—1963）收藏。刘体智是民国官员、藏书家，安徽庐江人，晚清重臣四川总督刘秉璋(1826—1905）之子。刘体智著有《善斋吉金录》，于1934年出版，这件兽面纹卣即收录其中。那时，他曾经收藏的这件兽面纹卣已经流散海外。根据记录，1934年2月1日，这件卣与四出戟凤鸟纹卣一起进入波士顿艺术博物馆，希根森通过山中商会将它们出售，购置款项由安娜·米歇尔·理查德基金会（Anna Mitchell Richards Fund）提供。

10.4 清宫御藏西洋钟表

直至今日，山中商会从未公布过恭王府中所收器物的完整清单。除了波士顿艺术博物馆、藤田美术馆外，日本私人收藏家根津嘉一郎（1860—1940）创建的根津美术馆也从山中商会处购买了数量众多的文物。根津嘉一郎热爱收藏茶具和佛教文物，后来逐渐将藏品扩充到书画、青铜器、陶瓷、漆器、雕塑和织染面料等领域。根津美术馆馆藏文物中最著名的莫过于南宋牧溪的《渔村夕照图》、南宋时期的青瓷花瓶、《金刚界八十一尊大曼荼罗图》，以及他从山中商会处购得的山西太原天龙山石窟佛像、出自商王墓葬的大型青铜方盉、出自河南地区的青铜双羊尊等。不过，最令人惊叹的是根津嘉一郎一直秘不示人的恭王府钟表、原清宫御藏的西洋式钟表（图10-18）。

欧洲的机械钟表始造于14世纪。到了18世纪时，钟表在欧洲

图10-18　清乾隆年间制清宫旧藏嵌宝时钟（高44厘米，恭王府旧藏，现藏根津美术馆，购自山中商会）

图10-19　清乾隆年间制鎏金铜镶嵌珐琅料石转花花盆顶水法音乐钟（恭王府旧藏，现藏根津美术馆，购自山中商会）

仍属于奢侈品。16世纪中期，西方传教士访问中国时，用钟表作为贡品来博取明朝廷的礼遇，以便教会在中国立足。就这样，西洋钟表被带到了中国。明万历二十九年（1601），意大利传教士利马窦（Matteo Ricci，1552—1610）向明神宗（1573—1620年在位）进献了两座自鸣钟，在当时的宫廷引起轰动。到了清代，在历代皇帝推崇下，举国兴起时钟艺术热潮。清宫内务府造办处在雍正十年（1732）将贮存、修理、制作钟表的处所改名为“做钟处”。做钟处主要是给皇家制作更钟、自鸣钟和时乐钟等，由造办处内漆、木、金、玉、牙、铸炉、枪炮等作坊配合制作。为了保证钟的质量，有时还要通过广东海关从西方国家购买发条、表盘等。制作一件大型钟表需用几年工夫。清廷历代皇帝不仅对自鸣钟情有独钟，更是雅好收藏钟表，还有咏颂自鸣钟的御制诗文。据耶稣会教士沙如玉（Valentin Chalier，1697—1747）在乾隆初期估计，清廷已有自鸣钟4000具以上，且自鸣钟之声在紫禁城内终日随处可闻。由此可知，时钟已成宫廷生活必需品，作为举行各种宫廷仪式的时间依据。

外国政府及高官进献给中国皇帝的时钟，报时功能反在其次，而越来越多地具备自动机械及八音盒等新颖娱乐功能。在根津美术馆藏的15具钟表之中，13具兼备音乐功能，12具是自动钟，均设计华丽，有着匠心独运的精美外壳，以及富丽堂皇的鎏金和镶嵌各类色彩缤纷宝石的工艺，令人叹为观止。这些钟表采用了当时世界上最先进的制作技术，有音乐机心和多重自动机械，活动零件之多，使人眼花缭乱。

根津美术馆有8件自鸣钟是乾隆末年广州制造的。这是由于广州是与西方最早建立联系的窗口，朝廷造办处就在广州建立专门负责研制各式钟表的机构。另外，广州的工匠接触欧洲时钟的机会较多，不少人曾经装配或修理过由欧洲进口的时钟，在制作风格上承袭了欧洲画工精细的珐琅钟面、色彩缤纷的人造宝石，以及各种装饰技巧，深受皇亲贵族喜爱。同时，中国还特意从欧洲引入钟表技术。这些钟表结合了西洋工业革命的科技和华丽的宫廷特色，在乾隆时期一度成为顶级奢侈品。

广州造办处的机械自鸣钟设计也大都兼具中西合璧的装饰元素。匠人们在钟表上添加红宝石、蓝宝石、翡翠等珍贵的宝石，还增添了许多西洋钟表没有的吉祥如意、龙凤呈祥、长命百岁等图案。根津美术馆中的一件钟表藏品会在每小时报时的时候出现一个学者塑像，报时的同时还可以展开手中的卷轴露出“万寿无疆”的字样。皇帝会将这些珍贵的钟表赏赐给喜爱的皇亲大臣，恭王府内的钟表大多是这样来的。因此，这批自鸣钟的收藏价值极高。

2008年，根津美术馆耗巨资在东京表参道高档街区修建展馆。为了筹措资金，美术馆拿出15件清宫旧藏钟表在佳士得拍卖行进行拍卖，人们才意识到还有大量恭王府文物藏在我们不曾注意的角落。在这场钟表拍卖中，最为罕见的是来自广州造办处的三层“盆景”嵌珐琅自鸣钟，其不仅使用了金丝楠木这种贡品材质，还在最顶层的郁金香、牡丹、向日葵、兰花等各色花卉上镶嵌了宝石，上弦之后花卉能随着钟表报时的音乐共同摆动（图10-19）。这次拍卖的15只钟表售出了3600万美元的高价，比预估价格高出了10倍，足以佐证山中商会当年带走的恭王府文物是多么精致和稀有。

山中定次郎的客户还有纽约的艺术收藏巨头洛克菲勒家族、底特律的查尔斯·朗·弗利尔、波士顿的恩内斯特·费诺罗萨（Ernest Francisco Fenollosa，1853—1908）和伊莎贝尔·斯图尔特·加德纳（Isabella Stewart Gardner，1840—1924）等。弗利尔是美国最重要的东方艺术品收藏家之一，也是山中商会最大的客户。据记录，弗利尔在山中商会纽约和波士顿分部购买了1598件物品。这些物品在弗利尔死后成了弗利尔美术馆东亚部分的核心藏品。弗利尔在他的信中描述当时的山中商会："现存最大的日本艺术品交易公司……在美国古董商中拥有强大的影响力……纽约几乎所有的经销商都从那里进货。"

拥有经济头脑和追求最大利润的山中定次郎并不满足于单一渠道进货。他还经常亲自开发采购渠道，连远在高山的日本本地寺庙都不放过。1905年，他给弗利尔的信中提到自己曾去日本佛教圣地高野山的古老寺院搜寻宝物。除了抱怨当地寒冷的天气和难吃的食物，山中定次郎还在信中描述了这次痛苦行程中的收获——镰仓时代（1185—1333）13世纪的菩萨骑狮画像和其他佛经、佛像卷轴画等。弗利尔被他的描述所打动，出了6000美金的高价购买这幅作品和其他卷轴画。如今，这些精美的日本早期佛教卷轴画都保存在弗利尔美术馆中。

10.5 扑朔迷离的书画

说起山中商会在美国的成功，必须提到一个人，那就是前面提到的恩内斯特·费诺罗萨（图10-20）。费诺罗萨是美国著名的日本艺术史学家，曾经在日本居住、教学多年，是最早接触东方文化的美国人之一。作为著名的东方学家，费诺罗萨对亚洲文物的收藏和鉴赏直接影响了收藏家弗利尔和画家惠斯勒（James Abbott McNeill Whistler，1834—1903），甚至他对东方文物的判断和喜好都成了19世纪美国人选择东方文物的标准。1890年，费诺罗萨在担任波士顿美术馆日本中国艺术部主任时，曾多次从山中商会购买各类亚洲文物。当他得知两件青铜卣被希根森买走后，大感惋惜。后来通过山中商会几经周折协商，终于从希根森手中买下这两件器物，使它们成为波士顿艺术博物馆的镇馆之宝。

图10-20　恩内斯特·费诺罗萨

除了青铜器，费诺罗萨还通过山中商会购买了大量书画藏品，其中最为珍贵的当属南宋画家陈容的《九龙图》（图10-21）。陈容（约1200—1266），字公储，号所翁，福建长乐（今属福州）人，中过进士，当过国子监主簿，做过莆田太守。他既诗文豪壮，也以画墨龙闻名于世。陈容擅长用墨，可以仅靠控制墨的干湿浓淡在纸上渲染出层层墨云，他绘制的龙在宋代受到热捧。《九龙图》是目前陈容存世作品中最珍贵的一幅。画面上云海弥漫，九条墨龙藏于浩瀚雨雾之中，神龙见首不见尾，又有腾飞之势。无论从技巧、意境和情感表达上，这幅画都可以称为画龙绝唱。陈容画的龙甚至影响了数百年来东方画坛对龙的印象，日本国宝级画家葛饰北斋（1760—1849）、小泉淳作（1924—2012）等人就受到陈容的极大影响。《九龙图》在清朝一直被宫廷收藏，直至晚清才被赐给恭亲王，后来随着恭王府的收藏一起被卖给山中商会。而费诺罗萨的收藏最终都进入了波士顿艺术博物馆。

山中商会在北京收购的中国古画，还有不少是来自醇亲王

图10-21　南宋陈容1244年《九龙图》局部（1244年绘，纸本设色，画面46.2 厘米x 958.4厘米，现藏美国波士顿艺术博物馆，编号：17.1697，购自山中商会）

家。第一代醇亲王是道光皇帝的第七子奕譞（1840—1891），光绪皇帝的父亲。第二代醇亲王载沣（1883—1951），是奕譞的第五了，末代皇帝溥仪的父亲，曾任清朝摄政王。根据山中商会的交易记录，为了复国筹措军饷，醇亲王载沣亦变卖了自己的收藏。载沣亲自出面，于民国四年（1915）2月22日将乾隆年间编写的分类著录清宫所藏道释书画总集《秘殿珠林》《石渠宝笈》中记载的6件古书画作品卖给山中商会，包括唐代韩幹的《马性图》、北宋李公麟的《便桥会盟图》、北宋赵令穰的《鹅群图》、南宋陈容的《六龙图》、元代王冕的《雪梅图》、元代赵孟頫的《洗马图》等珍品。由醇亲王府管事张彬舫经手办理（图10-22）。

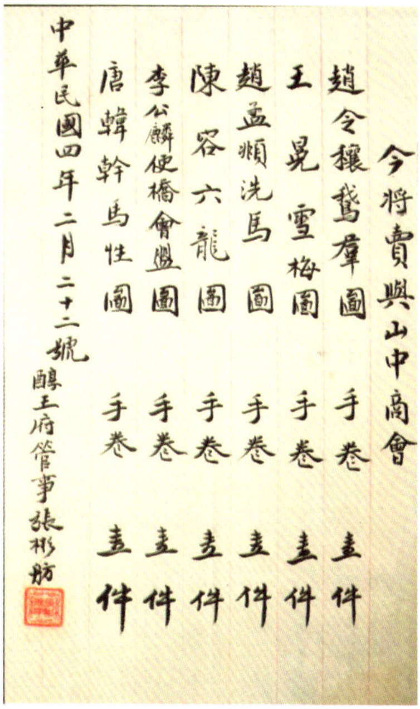

今将賣與山中商會
趙令穰鵞羣圖　手卷　壹件
王冕雪梅圖　手卷　壹件
趙孟頫洗馬圖　手卷　壹件
陳容六龍圖　手卷　壹件
李公麟便橋會盟圖　手卷　壹件
唐韓幹馬性圖　手卷　壹件
中華民國四年二月二十二號
醇王府管事張彬舫

图10-22　中华民国四年（1915）2月22日醇王府管事张彬舫出具的将六幅藏画售给山中商会的单据

韩幹是唐代著名画家。他画马不学古人，

图10-23　唐代韩幹《马性图》卷（原日本大阪藤田美术馆藏品）

只注重真马，其画作不仅栩栩如生，更能体现出每匹马独特的脾气秉性。韩幹的作品历朝历代都是宫中珍藏，后代画马名家都曾经学习临摹他的画。《马性图》常被乾隆皇帝放在案边欣赏。此画中的马匹来自中亚，有着灼热的眼神、张扬的鼻孔和舞动的马蹄。画面旁边密密麻麻的印章和题记，说明了历代收藏者对这幅画的喜爱（图10-23）。

从清宫出来的每件文物都有自己复杂的身世和故事，但最令笔者觉得扑朔迷离的还是醇亲王卖出的这6件古画。在山中商会的记录中，这6幅古画收据上都有醇亲王的亲笔签字和印章，但其中赵令穰、王冕、李公麟和陈容的4卷书画上均钤有“恭亲王印”。结合清代史料可以发现，这4幅画卷都是御赐给恭亲王的，可是偏偏由醇亲王卖出。这中间究竟发生了何种转移，又是如何卖给山中商会的？这些问题恐怕只有将溥伟和载沣从棺材中摇醒才会有

图10-24 南宋陈容《六龙图》(原日本大阪藤田美术馆藏品)

答案了。但这些谜团也说明了一个问题。在20世纪早期，皇亲国戚、太监宫女，甚至是寻常百姓，都参与了这场轰轰烈烈的国宝外流行动，就连末代皇帝溥仪本人也加入其中。溥仪在天津居住的时候，就曾将宋人仿著名画家郭忠恕的《雪霁江行图》出售给堪萨斯城纳尔逊艺术博物馆。杨仁恺教授（1915—2008）的鸿篇巨著《国宝沉浮录》追溯了溥仪在离宫之后带走的大批书画珍品，以及它们令人唏嘘的下落。

醇亲王家的6件古画，连同各类青铜器、金银器和钟表珍藏被山中商会卖给了藤田传三郎（1841—1912）的藤田美术馆。由于藤田美术馆经营不善、资金周转困难，在2017年纽约佳士得春季拍卖会上，藤田美术馆将《马性图》《六龙图》等6幅绘画作品和一些青铜器等物售出，其中仅《六龙图》就售出4896.75万美元（折合人民币3亿多元）的天价（图10-24）。

除了书画作品外，波士顿艺术博物馆还收集了许多对日本艺术史影响深远的作品。1920年，波士顿艺术博物馆向山中商会购买了一尊金代水月观音像（图10-25）。观音背后有很多字模糊不清，大致说明它来自山西稷山。观音头顶冠上有一个阿弥陀

图10-25　金代12世纪水月观音木雕像（141厘米 x 88厘米 x 88厘米，现藏波士顿艺术博物馆，编号：20.590，1920年购自山中商会）

佛小像，指明了他的身份。观音头略低，面颊略宽，带有笑意，仿佛是在欣赏水中月色。他身躯富态，神态慵懒，体现出北方游牧民族对观音的审美特点。这尊像表现了水月观音造型的真正寓意——世间万物如水中月、镜中花，转瞬即逝，终将灰飞烟灭。

10.6

天龙山石窟的浩劫

山西太原天龙山石窟的开凿可追溯到东魏时期（534—550）。天龙山石窟坐落在太原西南约40公里的天龙山，历经东魏、北齐、隋、唐的开凿，终止于唐玄宗（713—756在位）时期，共有25个洞窟、1500多尊佛教雕刻像。它的总体规模并不算大，却有着独特的风格。据考证，天龙山就在东魏权臣高欢的避暑离宫附近。高欢是鲜卑化了的汉人，东魏王朝的实际掌权者，位居大丞相。东魏的首都在邺城（今河北临漳），晋阳（今山西太原）是东魏的夏都。高欢常居晋阳，以此为他的政治中心来掌控东魏，天龙山石窟的历史便是在这个时期开始的。

天龙山的25所洞窟分布在东西两峰南坡峻峭的山腰间，自东向西排列（图10-26）。其中东峰有12所洞窟，西峰有13所洞窟。位于天龙山东峰的第2、第3窟，是

图10-26 1920年代的山西太原天龙山石窟外景（采自关野贞、常盘大定:《支那文化史迹》图版VIII-1）

东魏时期开凿的一组左右毗邻的小型洞窟。北齐时期的天龙山有第1、第10、第16窟，规模比东魏石窟略大一些。此外，还有隋代开凿的第8窟和唐代的19所洞窟。石窟内的造像都是公元6世纪下半叶至8世纪中期北方石雕像的代表作。特别是一批唐玄宗时代的洞窟更显弥足珍贵。由于这位皇帝不信佛，致使中原北方的开窟造像活动锐减，在山西大同云冈石窟、河南洛阳龙门石窟、巩县石窟等著名石窟群中很难找到玄宗时期的作品。天龙山唐玄宗时期的洞窟就成了不可多得的珍宝，反映出盛唐时期的风格。特别是其中的菩萨像着重于身姿的刻画，有着细腰、宽胯、扭动身躯的夸张形态，紧贴身体的衣饰表现着人物肌肤饱满的美感。这种兼具夸张和写实的雕刻技法充分体现了盛唐崇尚健美的特征，是唐朝佛教雕刻艺术达到顶峰的作品。

1918年，日本人关野贞根据地方志的记载，找到了当时香火冷落、游人罕至、已被遗忘的天龙山石窟，并对石窟进行了详细的调查。1921年，他将调查成果发表在日本《国华》杂志第375号上，题为“天龙山石窟”。从此，天龙山石窟的佛教造像开始在世界上引起广泛关注，瑞典学者喜龙仁，日本学者常盘大定、田中俊逸等纷纷前去考察天龙山石窟。其中田中俊逸的研究成果发表于1922年。

学者们对天龙山石窟造像的研究成果立刻受到山中定次郎的关注。1924年，山中定次郎初次登上天龙山后，在日记中写道：

> 能探查佛教圣地天龙山是我期盼已久之事。因为这里珍藏了北齐到隋唐中国佛教艺术最鼎盛时期的辉煌。在石窟内，当我看到佛龛、佛像等雕刻时，内心的惊讶与喜悦无法用语言表达。我拿着电筒仔细观察着每一处，久久不愿离去。

图10-27 山中定次郎团队在天龙山石窟考察（1926年）

图10-28 1927年山中定次郎（中排右一）团队与天龙山圣寿寺方丈净亮和尚等人合影

回日本之后，山中定次郎仍然难以抑止对天龙山造像的渴望。1926年10月，61岁的山中定次郎再次来到天龙山（图10-27）。在调查中，山中定次郎的团队还拍摄了大量的照片，并于1928年出版了《天龙山石佛集》一书，客观上为天龙山石窟保存了很多历史资料。然而，此书出版之时，天龙山石窟已被山中定次郎亲手破坏殆尽，他的图册主观上当然是为了拍卖他从石窟中凿下的雕像。

1927年，山中定次郎拜会了管理天龙山石窟和山脚下圣寿寺的方丈净亮和尚。他通过贿赂等手法，买通了这位方丈，为他的盗凿开了绿灯（图10-28）。他还与当地政府积极接触，得到了政府的默许。很显然，在净亮和当地政府眼里，天龙山石窟造像不过是一堆古代遗留下的破烂，毫无价值可言，也就乐得用它们来结交这位日本朋友了。天龙山石窟的劫难开始了。

图10-29　天龙山石窟第18窟后壁造像（1922年）

图10-30　天龙山石窟第18窟后壁现状

通过山中定次郎团队的盗凿，大批天龙山雕像或丢了头部，或整个身体全被凿掉。在25所洞窟里，他们凿下了45件佛首，尤其是精美的唐代第18窟和21窟被破坏得格外惨重，整个石窟群基本被毁坏殆尽（图10-29、10-30）。山中定次郎这样写道："每找到一个佛首，那种喜悦，超过了黄金万两。"只有第9号洞窟的大型佛与菩萨像，因为尺寸巨大难以运输，凿下了也无人可买，才幸免于难（图10-31）。笔者不敢说这些被凿下的雕刻均出自山中商会之手，但至少大部分是经他们之手流散到了国外。

图10-31　山中定次郎在天龙山第9窟考察（1926年）

天龙山的雕刻最初大都被运到了日本，还在该国举行了"天龙山佛雕艺术品展览"。后来，又有许多天龙山雕刻被辗转卖到欧美等国的博物馆或私人收藏家手中，以牟取暴利。据统计，有150多件天龙山雕像流失海外。1932年11月，山中商会在日本东京美术协会举办了“世界古美术展”，将这批天龙山石雕公开拍卖（图10-32）。于是，天龙山的雕刻就从此分散到了世界各地，再无团聚之日。更令人遗憾的是，1937年，山中定次郎捐赠给柏林亚洲艺术博物馆几个天龙山佛头，在第二次世界大战后期遭到毁坏，人们再也无法目睹这些佛像的真容了。唯一庆幸的是，一旦有天龙山造像在一个收藏地曝光，找到它在石窟里的原来位置并不难，因为有前人调查石窟的历史资料可以参考。

一些天龙山雕刻也因此进入美国博物馆的收藏。收藏天龙山石窟雕像最多的是哈佛艺术博物馆，共有25块浮雕残片。这些雕刻多数来自东魏开凿的第2、第3窟，包括弟子、文殊菩萨、飞天、供养人等，都是在1943年入藏该馆的，也是今天复原这两所洞窟的主要资料。该馆还收藏着来自第21窟北壁的主尊坐佛像（图10-33）。在馆藏记录中，还保存着1943年从山中商会购买这尊唐代坐佛的发票。这些天龙山

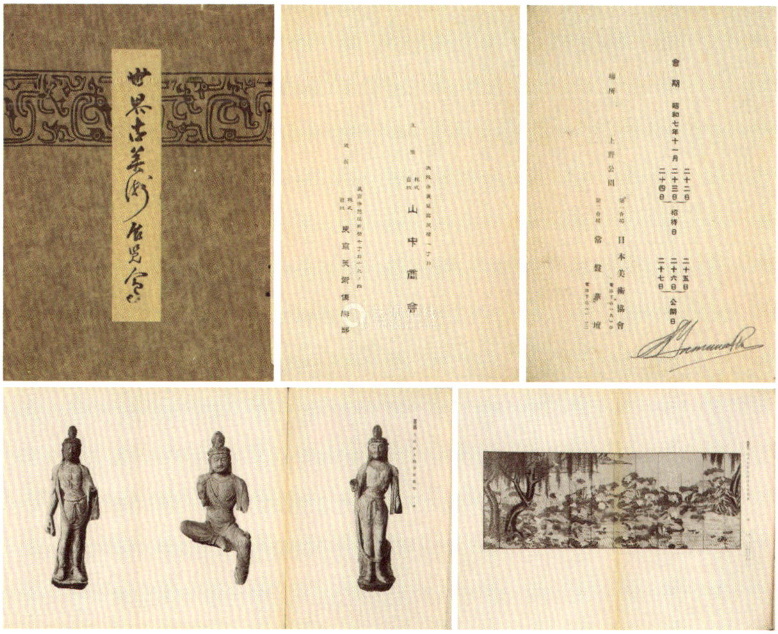

图10-32　1932年11月“世界古美术展”拍卖图录

图10-33 哈佛艺术博物馆展出的天龙山石窟雕刻（下排中尊为来自第21窟北壁的主尊坐佛像，余为东魏窟浮雕）

雕像一共花费了2.5万美元，现在全部在哈佛艺术博物馆中国展厅展出。其中来自第21窟的唐代坐佛（图10-33）是天龙山洞窟中仅有的数尊较为完整的雕像之一，其他雕像都免不了身首异处的惨境。通过这尊唐代雕像，我们可以充分感受到当时人们的审美艺术理念与多民族融合后的佛教艺术风格。

大都会艺术博物馆所藏的一尊菩萨头像，也来自天龙山石窟第21窟（图10-34）。山中商会在美国销售天龙山造像时，洛克菲勒家族购买了这尊菩萨头像。1942年，小洛克菲勒（John Davison Rockefeller Jr.，1874—1960）的夫人——艾比（Abby Greene Aldrich，1874—1948）将此心爱之物捐给了大都会艺术博物馆。天龙山第21窟北壁原有一组坐佛二立菩萨雕像，大都会艺术博物馆这尊菩萨头像就是这组雕像中西侧菩萨的头部，而菩萨的身子

图10-34　取自天龙山石窟盛唐第21窟北壁西侧菩萨像的头部（砂岩，高40厘米，现藏大都会艺术博物馆，1942年洛克菲勒二世夫人捐赠，编号：42.25.12）

现藏日本出光美术馆。东侧菩萨的头部现藏日本根津美术馆，中间的坐佛在哈佛艺术博物馆。就这样，拜山中商会所赐，同一洞窟中的一佛二菩萨雕像竟被两个国家的4个博物馆瓜分。

收藏天龙山雕像的还有堪萨斯城纳尔逊艺术博物馆。该馆收藏了隋代第8窟的一件佛头像，唐代第4窟的倚坐弥勒佛并二立菩萨像，还有唐代第17窟优美的坐菩萨和力士像等。

除了天龙山石窟外，1925年，山中定次郎还前往洛阳龙门石窟、大同云冈石窟调查。从他们以后的文物买卖记录可知，山中商会也参与了龙门等石窟的盗凿，弗利尔就从山中商会购得了来自大力山、龙门、响堂石窟的石雕作品。除了石窟雕像之外，山中商会还收购、出售了大量的中国单体造像与造像碑，有很多也被弗利尔买到，其中不乏赝品。山中商会当年出版的展览图录，记录了这些国宝从他们手中流往各地博物馆与私人收藏家时的最后状态。

10.7
凄惨的结局

图10-35　1928年的山中定次郎

尽管山中商会有费诺罗萨、冈仓天心等专业学者担任文物顾问，作为负责人的山中定次郎（图10-35）也有一定的古董阅历，可由于古董的不确定性和仿制品泛滥的缘故，山中商会依旧时常被古董贩子蒙骗而买到假货。例如在1927年由山中商会售出、1954年经卢芹斋之手又转卖给弗利尔美术馆的乾隆款美人蒜头瓶就备受质疑。这个蒜头瓶以粉彩景泰蓝活灵活现地

图10-36 清乾隆款粉彩美人蒜头瓶（高17.2厘米，现藏弗利尔美术馆，编号：F1954.127a-e）

描绘了一个美人形象，甚至还被当作山中商会1943年拍卖图录的封面。但多数学者认为这个蒜头瓶并不是它标注的那样来自恭王府旧藏，甚至可能是19世纪的仿品（图10-36）。专业人士提出质疑的主要原因是这个蒜头瓶曾经标识的来源并非恭王府旧藏，而在来到美国展览之后才被山中商会改成了恭王府旧藏。

这种更改来源的方式在山中商会的销售中并不少见。为了满足顾客们对恭王府旧藏的喜好，山中商会谎称物品来自恭王府的案例时有发生。这也使得当代藏家在甄选文物时对标注来源于恭王府旧藏或山中商会的货品格外小心。现在在弗利尔美术馆和它的网站上，这个蒜头瓶还标注着“可能为现代仿品”的字样，以示警惕。除此之外，弗利尔从山中商会购买的佛教造像中，也有赝品。在各大博物馆和美术馆保留的写给山中商会的信件中，还可以看到来自伦敦的维多利亚和阿尔伯特博物馆、大英博物馆的策展人、学者们也对出自山中商会的物品持有怀疑态度。但对于存疑的物品，山中商会并不提供任何证明，也不做任何解释，只是迅速进行另一轮包装，转向下一个市场，将物品卖给其他人。这样的做法只能让人更加起疑心。这样尽快将文物流转起来，拥有多层面多地区的销售渠道，可能也是山中商会宁愿支付昂贵房租也要不断发展世界各地分店的原因之一。

1932年，日本在中国东北扶持建立伪满洲国，以溥仪为傀儡皇帝。美国感受到来自日本的威胁，与日本的政治联系逐渐疏远。也就在这一年，山中定次郎停止前往美国，并于1936年病逝（图10-37）。临死前，他还希望山中商会能够更加壮大。在此后的一段时间里，山中商会借助日本对中国的军事扩张，趁着战乱从中国、朝鲜和东南亚廉价获取各类文物，并在日本军队的保护下堂而皇之地将物品运输到日本和西方。但随着第二次世界大战的深入，特别是美国的参战，山中商会遭到了美国的查封和清算。

1941年12月7日，日军偷袭美国海军基地珍珠港。次日，美国正式对日宣战。

图10-37
老年的山中定次郎
在京都住宅庭园

作为宣战内容之一，美国将所有日本国民定义为国家和人民的敌人。早在1917年的第一次世界大战期间，美国为了扣押、使用、管理和清算在美国境内所有“外国敌人”拥有的财产，就通过了《对敌贸易法》。也就是说，被美国政府宣布为敌国的所有个人、团体和企业在美国的财产均归美国所有。基于这个法案，山中商会在美的所有财产，包括艺术品、股票和房地产等都被美国政府扣押。由于没收物品众多，美国外侨资产管理局和美国联邦调查局只能继续雇佣山中商会的日本职员对物品进行清点和售卖。

背负着巨大租金成本压力的山中商会，在美国外侨资产管理局的经营下入不敷出，不得不于1943年将纽约、波士顿及芝加哥三地分店库存精品统一规划进行拍卖，名为“中国及远东艺术珍品专场”。首次拍卖的物品有1683件，主要包括中国历代金属器及骨器、玉器、雕像、壁画、织绣、绘画、家具、陶瓷器等，吸引了众多古董商、博物馆和私人藏家，包括卢芹斋、洛克菲勒、弗利尔、费诺罗萨等人。哈佛的福格艺术博物馆就是在这次拍卖中获得了众多天龙山雕刻，这些文物的档案中也记录下了1943年这

图10-38 1943年美国初版初印《山中商会美国展览图录》封面与其中一页（28.1厘米 × 21.1厘米）

个入藏时间。这次大规模拍卖一直持续到1944年6月底，拍卖的总金额高达50万美元（图10-38），而长达3年的清理拍卖所得都归美国政府所有。谁都没有想到，风光跨越两个世纪的山中商会就这样遭到清算，50年在美国的积累全部进入了美国政府的口袋。

不过，尽管受到查封和清算的打击，山中商会在日本的本部仍在持续经营。甚至在战争结束后的1952年，他们又重新回到纽约，继续开展业务。不过，再从中国获取文物已无可能，他们的文物来源只能是中国以外的古董商家。那时，原各分店的负责人也相继死去，山中商会过去独霸西方古董界的风光已一去不返。直至今日，山中商会依然在运营，成为少数跨越3个世纪历史的古董店。在欧美很多大博物馆中都收藏有山中商会当年销售的文物，仅弗利尔美术馆一家就有700多件物品标注来自山中商会，依然证明着这家古董商号当年的辉煌。

11 热爱中国文化的美国工业家——弗利尔

弗利尔到中国参观与购买文物路线

1895年

第一次，美国—香港—上海—日本

1907年

第二次，美国—香港—广州—香港—上海—日本

1909年

第三次，美国—香港—上海—青岛—天津—北京

1910—1911年

第四次，美国—日本长崎—上海—青岛—北京—天津—北京—安阳—开封—郑州—巩县（巩县石窟、北宋皇陵）—洛阳（龙门石窟）—北京—沈阳—大连—旅顺—上海—杭州—上海—日本长崎

11.1

自学成才的收藏家

图11-1 弗利尔

弗利尔美术馆是由美国著名艺术品收藏家弗利尔（图11-1）捐赠的艺术馆，位于美国首都华盛顿市中心的国家广场（The National Mall）南侧。

弗利尔是美国著名的工业家与艺术品收藏家，他的藏品在亚洲艺术与美国19世纪艺术收藏方面闻名于世。1906年，他决定将自己毕生收藏的艺术品捐献给由美国联邦政府代管的美国最高科研机构——同样位于华盛顿的史密森博物学院。这个博物学院是全世界最大的博物馆群，管辖着19座博物馆、美术馆、国家动物园，以及9家研究机构（图11-2）。在他与史密森博物学院的契约生效之后，弗利尔出资建造了以他个人命名的弗利尔美术馆，并继续从中国、日本、美国收购亚洲艺术品，一并加入他的捐献之列。弗利尔美术馆最终收藏了上万件艺术品（包括他人的捐献）。

1923年，弗利尔美术馆正式对外开放。它的许多中国文物都是中国艺术史研究领域不可或缺的精品。如今的弗利尔美术馆与相邻的赛克勒美术馆为一套行政管理下的两个独立博物馆（弗利尔博物馆不对外借入或借出其藏品，赛克勒则没有此项规定），二者合称

图11-2 鸟瞰华盛顿国家广场之国会大厦与史密森博物学院
（圈中标识为弗利尔美术馆）

为国立亚洲艺术博物馆（National Museum of Asian Art），隶属史密森博物学院。

1856年2月25日，弗利尔出生于纽约州的肯斯顿（Kingston）。他的祖先是法兰西胡格诺教徒（Huguenots），因17世纪的宗教迫害逃离法国。他的来美始祖，是纽约州新帕尔茨（New Paltz）土地出让的原始拥有者之一。按照家族传统，从公共学校中学毕业后，14岁的弗利尔进入邻居开办的水泥厂工作。16岁，他成为位于肯斯顿的一间杂货店总店（John C. Brodhead）的一名店员。纽约、肯斯顿与雪城（New York, Kingston & Syracuse）铁路公司的办公室也恰好在这座办公楼里，公司的主管弗兰克・J. 赫克（Col. Frank J. Hecker）很赏识弗利尔的工作能力，并于1873年将弗利尔雇入铁路公司，弗利尔的铁路事业由此开始。几年后，弗利尔跟随赫克来到底特律，参与半岛火车公司（Peninsular Car Works）的建立并担任财务助理。1880—1900年间，弗利尔一直投身于这份工作。1900年，在完成公司合并、组成新的美国汽车铸造公司（American Car & Foundry Co.）之后，弗利尔从他活跃的生意场中退休，

图11-3
弗利尔（左二）和他的朋友在埃及开罗的一家照相馆（1909年）

时年44岁（图11-3）。

在人生的后19年里，弗利尔以极大的兴趣致力于艺术品收藏的研究与发展。1880年代初期，弗利尔开始进行艺术品的收藏。他购买的第一批艺术品是蚀刻版画与平版印刷品。在其最早收藏的艺术品中，有他于1887年购买的美国著名印象派画家惠斯勒的一套蚀版画作品——《威尼斯：第二系列》（*Venice, Second Series*）。1888年，他在访问英格兰时遇见了惠斯勒（图11-4）。但从那时起，他逐渐将越来越多的注意力转向日本艺术。经过短暂的对日本浮世绘版画的兴趣之后，他又把更多的兴趣投入日本古代绘画、屏风画与陶瓷艺术中，并由此将他的收藏方向转向中国古典艺术。

弗利尔于1895年、1907年、1909年、1910—1911年共4次访问东亚。在这些旅行与访问之中，弗利尔对一些公共与私人艺

图11-4 弗利尔和他收藏的美国画家惠斯勒的作品《维纳斯从海中诞生》（1909年，Alvin Langdon Coburn拍摄）

术品收藏进行了研究，与当地学者、收藏家们探讨有关问题，大量购买他感兴趣的艺术品，这都在弗利尔的日记与信件中有所记录。

1895年，39岁的弗利尔首次访问中国，这次中国行事实上只是前往日本途中的意外停留。弗利尔当时对香港做了3天的短暂访问，然后又在上海停留一周，再乘船前往日本做为期4个月的旅行。这次计划外中国之行的短暂一瞥，让弗利尔对中国产生了浓厚的兴趣。1895年4月到达日本之后，弗利尔偶遇大丝绸出口商与艺术收藏家原富太郎（1868—1939）。之后，弗利尔成了位于横滨郊区的原富太郎公馆的常客，并得以了解原富收藏的许多艺术精品。原富还介绍弗利尔认识了另一位收藏家、极具国际声誉的三井住友银行总裁——益田孝（1848—1938）。得天独厚的机遇让弗利尔有机会在他们的指导下发展自己在远东艺术领域的兴趣与知识，构筑自己的亚洲艺术收藏体系。

1907年，当弗利尔在12年后再次访问中国时，作为收藏家，他已闻名遐迩。与上一次相同的是，这次的中国行也很短暂。抵达香港时，正值星期日复活节的3月

图11-5　元代钧窑瓷罐（12厘米 x 16.1 厘米，现藏弗利尔美术馆，编号：F1907.64）

31日，弗利尔购买了一些中国陶瓷器（图11-5），然后于4月2日前往广东去寻找更多的艺术品。与香港的西方风格形成鲜明对比，被古城墙围绕着的广州给他带来了极佳的深刻印象。之后，他再次返回香港，又买了一些陶器和青铜器（图11-6），再前往上海。在上海逗留的3天时间里，他集中精力购买了一些文物，然后乘船前往日本。此时的日本收藏家对他的到来表示热烈的欢迎，并希望弗利尔前去参观或购买他们的藏品，弗利尔得以见到日本博物馆与私人收藏家手中的大部分早期中国绘画作品（图11-7）。

图11-6　商代青铜斝（41.8厘米 x 21.5厘米 x 22.3厘米，现藏弗利尔美术馆，编号：F1907.37）

1909年，弗利尔再次来到香港。他住在德国驻港总领事位于山间的别墅里，可以远眺香港海湾的美景。这位德国总

图11-7
弗利尔在日本访问
（1907—1911年）

领事也十分喜爱中国古代艺术，给弗利尔介绍认识了许多来自广东与香港的古玩专家、收藏家与古董商人。之后，弗利尔去上海短期停留，再前往山东青岛，接着，他经由天津前往北京。在天津访问期间，他参观了满洲贵族、金石学家、收藏家端方（1861—1911）的私人收藏。在弗利尔的眼里，这是他所见过的最好的私人收藏，而端方这位曾经的封疆大吏、金石学家，也是他遇到过的最热情与最有才情的收藏家。

在北京，弗利尔参观了几个著名的历史建筑，包括天坛、先农坛、鼓楼等。为了方便处理自己的生意，他在北京内城租了几间房子——许多中国古董商因此误以为他是为美国拍卖行收购中国文物的商人。热闹的北京城极大地吸引着弗利尔，让他不由自主地将其与同为历史文化名城的埃及开罗、土耳其君士坦丁堡相比。在四个半星期的北京之行里，弗利尔还参观了颐和园、长城、明十三陵，更重要的是，他搜集到了包括青铜器、陶瓷器与绘画在内的大批收藏。在离开北京之前，他将购买的所有中国文物打包装了8个货运箱，运往他的位于底特律的家（图11-8）。他自豪地写道：这次购入使他的中国藏品水平超越了日本与波斯藏品。

图11-8　弗利尔在底特律的故居（约1906年）

11.2
考察中国史迹

令弗利尔印象最为深刻的是他于1910—1911年的最后一次中国之行。旅行期间，弗利尔的日记与通信里记录了大量古董商、收藏家、鉴赏家的名字，如美国德裔汉学家夏德（Friedrich Hirth，1845—1927）、美国中国艺术史学者兼收藏家福开森（John Calvin Ferguson，1866—1945）、美国考古学家与东亚艺术史学家华尔纳、美国艺术评论家与收藏家巴尔（A. W. Bahr，1877—1959）。1910年9月11日，弗利尔从日本长崎抵达上海，当天就开始到各地参观中国陶瓷器与绘画作品。3天后，他乘船前往青岛，并在同月21日之前返回北京。当时，美国国防部部长及其妻子正在北京访问，弗利尔有幸参加他们举办的晚宴，并由此得以参观紫禁城。之后，他又一次前去天津拜访端方，亲见以前没有看到的著名藏品。

弗利尔最后一次中国行的最主要目的是到中国内地去。在行程之初，他原计划参观3个中国古代都城：开封、洛阳、西安。10月19日，他乘火车前往彰德府（今河南安阳），于第二天到达开封。那里的古城、古寺与宫殿遗址都令他着迷。在他的描述中，这些对他来说，就好比是日本奈良的法隆寺，让人神往。在开封，他参观了卧龙宫、大相国寺、二曾祠、龙亭、佑国寺与铁塔、天清寺与繁塔、禹王台等文物古迹和名胜。10月26—27日，在巩县的旅行中，他走访了白沙村，参观了著名的巩县大力山石窟寺和部分北宋皇陵。10月29日—11月12日，他参观了河南洛阳伊河两岸的龙门石窟。在这里，他遇到了在中国最困难、最危险的一段旅行。

那时的龙门东山与西山石窟前是车水马龙的公路，而山间的洞窟给当地拦路抢劫的土匪们提供了藏身之所，熟悉弗利尔的中国人都提醒他要注意安全。前往龙门之前，弗利尔咨询了河南省地方长官，后者特意拨给弗利尔考察队6名士兵全程保护。弗利尔的考察队还包括河南府派来制作拓片的宗先生、一个姓贾的厨师，从北京带来的一个姓蔡的用人，在本地找的一个用人、一个名叫石头的劳工，以及摄影师周裕泰、向导兼翻译南明远。南明远也是弗利尔考察团队的主管（图11-9）。因为政府的关照，不论他到哪里，总是被至少4名士兵贴身保护，洛阳的地方官还派卫

图11-9　弗利尔的随从与河南府的4名士兵、寺院的僧人在龙门石窟宾阳洞前合影（1910年11月9日，周裕泰拍摄）

兵去龙门一带巡逻，不时对天鸣枪吓走土匪。持续不断的枪声缓解了考察队员们因害怕土匪而产生的紧张与恐惧感。弗利尔和队员们每天都在龙门石窟很长时间，他们在伊水两岸的龙门山崖间拍摄了大量关于各种洞窟与雕刻的照片，还制作了很多浮雕拓片。这些照片和拓片现保存在弗利尔美术馆档案部，为学习与研究中国佛教雕塑的学者提供了极为重要的关于龙门石窟历史遗迹的原始记录。

在龙门的考察结束以后（图11-10），河南府尹在衙门里以很高的规格宴请了弗利尔和队员们。在洛阳，弗利尔还参观了关林庙，拍摄了一些照片。弗利尔原本打算接着考察山西大同的云冈石窟，但队员们却觉得挣的钱足够了，全部拒绝继续前往山西。而与此同时，洪水也阻止了他向西访问的愿望。于是，弗利尔带着他意气消沉的队员返回了北京。

图11-10　龙门石窟潜溪寺前，弗利尔一行准备离开（1910年11月12日，周裕泰拍摄）

图11-11 西周青铜簋（24.8厘米 x 35.6 厘米，现藏弗利尔美术馆，编号：F1909.259a-b）

回到北京后，他又花了大量的时间购买陶瓷器、青铜器和绘画（图11-11）。12月21日，弗利尔离开北京前往沈阳，去考察那里的宫廷文物收藏。在这个东北城市，他度过了一个相当寒冷的圣诞节，又来到大连与旅顺，然后再乘船于1911年1月前往上海。在那里，他见到了著名收藏家庞元济（1864—1949）收藏的文物精品，并购买了他的一些艺术品。庞元济是浙江南浔人，有“全世界最负盛名的中国书画收藏大家”之称。庞元济收藏文物的资本来自他创办的实业。从光绪二十一年（1895）起，他与人合资先后在杭州拱宸桥、德清塘栖（今余杭塘栖）开设世经、大纶缫丝厂和通益公纱厂。后在上海与人合资创办龙章机器造纸有限公司，任总经理。此外，在南浔、绍兴、苏州、杭州等地开设米行、酱园、酒坊、中药店、当铺、钱庄等大小企业，并在以上地方拥有大量田产和房地产。庞元济既拥有财力，又精于鉴赏，收藏有铜器、瓷器、书画、玉器等文物，尤以书画最精，为全国著名书画收藏家之一。弗利尔从庞元济手中购买的文物包括传为唐代著名画家阎立本《锁谏图》的元

图11-12　传为唐阎立本绘《锁谏图》元明时期摹本局部（绢本设色，画面36.9厘米 x 207.9厘米，现藏弗利尔美术馆，编号：F1911.235，常青拍摄）

明时期摹本，表现的是十六国前赵国（304—329）廷尉陈元达向皇帝刘聪（310—318年在位）冒死进谏的情景，画面气氛紧张，人物表情十分传神生动，是弗利尔美术馆收藏的中国人物画中的杰作（图11-12）。

经过长期的旅行，弗利尔决定给自己放放假，和几位朋友去美丽的杭州来一次愉快轻松的旅行。2月9日，他们租了两艘形如房子、被命名为“安妮（Annie）”与“洛伊斯（Lois）”的大船，由纤夫拉着，行水路从上海前往杭州（图11-13）。在杭州，他游历了西湖沿岸，参观了灵隐寺、飞来峰石窟、雷峰塔、保俶塔、净慈寺、岳王庙、苏小小墓、竹素园等名胜古迹，留下了大量的珍贵历史照片（图11-14）。在弗利尔的日记与信件中，这个美丽的城市让他心潮澎湃。1911年2月20日，弗利尔乘火车从杭州返

图11-13 杭州的运河、拱桥、洋人的船只（1911年，弗利尔拍摄）

图11-14 弗利尔与达琳女士在杭州竹素园留影（1911年）

图11-15　南宋建窑黑瓷盏（6.7厘米 x 12.9厘米，现藏弗利尔美术馆，编号：F1911.355）

图11-16　良渚文化玉琮（18.8厘米 x 7.7厘米x 7.8厘米，现藏弗利尔美术馆，编号：F1916.157）

回上海，再从上海乘船前往日本长崎，结束了他最后一次中国之行。回到美国之后，费时日久地著录他的藏品以及一连串的疾病让弗利尔没能再次前往东亚。但四次东亚之行让他对藏品的洞察力与日俱增（图11-15、11-16）。

弗利尔对中国艺术无疑是热爱的。在他的眼里，龙门石窟是"伟大的艺术品"。他对中国文物的研究深度可以被他在中国的旅行日记所证明，大量的内容记录着中国著名的瓷窑及其产品的特征。他还试图学习一些中文口语的基本原理，日记中有对一些中文基本词语发音的笔记。而在中国的旅行和与中国人打交道，也加深了他对中国的情感，他感叹道："美国对中国的了解太少了，我们美国人需要向中国人学习的地方太多了！""和越多的中国人打交道，就让我对他们越加尊重，越有信心。有朝一日，他们会恢复数世纪以前的地位，在众多方面引领世界。"

11.3 珍贵的收藏品

弗利尔收藏的中国艺术品，上自新石器时代，下至现当代艺术，包括陶瓷器、玉器、青铜器、绘画、雕塑、漆器、乐器等，种类齐全，应有尽有，在学术研究上有着重要价值，很多精品是学者们无法忽视的，也是无法避开的。

在弗利尔的中国画收藏中，有传为北宋郭熙的《溪山秋霁图》，传为北宋范宽的《溪山独钓图》《华岳晴岚图》，北宋米芾的《云起楼图》，南宋阎次于的《山村归骑图》册页，南宋夏圭的《洞庭秋月图》，元代盛懋的《山水图》团扇，元代王蒙的《夏山隐居图》，以及元代钱选的《贵妃上马图》等，还有很多明清绘画杰作。南宋临摹的无款《洛神赋图》（图11-17）就是他收藏的一件珍贵作品。此画原是端方的藏品。1911年武昌起义，端方身首异处，其妻儿在此后出售了他的全部藏品。这幅画由当时担任北京故宫博物院顾问的福开森买下，福开森后来向大都会艺术博物馆索价10万美元，遭到拒绝。弗利尔知道后，痛快地以高价买下这幅作品。

《洛神赋图》是东晋名画家顾恺之有感曹植《洛神赋》而作。由于顾恺之所作原本现已亡佚，仅存数套摹本传世。曹植原文借对梦幻之境中人神恋爱的追求，抒发了爱情失意的自我感伤。迄今存在的《洛神赋图》摹本尚有7种之多，分藏在北京故宫博物院、辽宁省博物馆、台北“故宫博物院”、美国弗利尔美术馆、伦敦大英博物馆等处。各本均仿六朝绘画风格，将全本的故事情节分为五幕十二景，其中的代表作品是北京本和大英本。辽宁本《洛神赋图》应是南宋高宗时期（大约1162年之前）所做的摹本。北京故宫藏本在各段没有附诗赋说明，卷中有乾隆的御题和藏印，还有元代赵孟頫行书抄录的《洛神赋》全文，以及历代皇帝的题和跋。至于弗利尔藏本，和北京故宫藏本一样也无赋文，两者绘制形象近似，同属宋人摹本。今人研究此图，多用大英博物馆的藏本，书画鉴定者虽对这个版本的《洛神赋图》有许多争论，但从未真正动摇过顾恺之作为原画作者的地位。一般的观点认为：现存此画不是顾恺之的原作，应是后人根据他的稿本临摹的。有的说是唐人摹，也有人说是宋人摹，说法不一。

图11-17　南宋摹本《洛神赋图》局部（绢本设色，画面24.2厘米 x 310.9厘米，现藏弗利尔美术馆，编号：F1914.53）

弗利尔收藏的《洛神赋图》是一件公认的南宋摹本。有学者认为，这幅画中的山水很明显地展示了一角构图，与13世纪马远、夏圭的绘画传统有关。但画中的最大特点仍是人大于山，是六朝山水画的主要特征。因此，此画仍是研究六朝山水画以及顾恺之原作画风的重要参考资料。

弗利尔还收藏了330多件中国佛教雕塑，材质包括鎏金铜、石雕、木雕、夹苎干漆、铁铸、瓷塑等，上自南北朝，下迄清代，可以贯穿大部分中国佛教雕塑史。其中有来自龙门石窟、巩县石窟、响堂石窟等地的珍贵石刻，也有来自武则天资助的长安城光宅寺七宝台的两件石刻观音像。而一件由刘国之于刘宋元嘉二十八年（451）造的金铜弥勒坐像更是不可多得的南朝早期造像（图11-18）。

中国佛教艺术史上有几次划时代的改革，最大的一次就是佛像服装的变革。北魏孝文帝（471—499年在位）做了一次汉化改革，让鲜卑族改易汉俗。这种汉化改革反映在佛教艺术上，使佛的服装从印度的袒裸右肩式与通肩式变成了中国式的“褒衣博带”——穿着宽大的大衣，系一根长长的带子。位于龙门石窟宾阳中洞的主佛像就是一座穿着这种汉式佛装的雕像，雕造于6世纪初的北魏。这种汉式佛像是在南朝创造的。那么南朝的这种新式佛像到底是怎么产生的呢？为什么会产生这么一个理念，变印度式的服装成为中国式服装呢？如果我们能发现多一些的南朝造像，对这个理论研究将会起到非常重要的作用。从现存北魏与南朝造像来看，着汉式佛装的佛像，一般还具备着清秀的面容、削瘦的身躯，被称作“秀骨清像”。弗利尔美术馆收藏的这件刘宋鎏金铜坐佛像，虽然穿着印度式的服装，不是汉式的“褒衣博带”装，但面容与身躯却是“秀骨清像”，即当时的南北朝人士欣赏的瘦瘦的男子形象，其实是一种病态美，代表着当时的审美风尚。通过这件造像，我们可以了解到，

图11-18 刘宋元嘉二十八年（451）刘国之造金铜弥勒坐像（高29.3厘米，现藏弗利尔美术馆，编号：F1911.121）

南朝汉式佛像的发展也是渐变的，不是突变的。它先是保持着印度式的外衣，发展了中国式的面容与身躯，然后再给佛像换上了汉式的服装。这尊坐佛像是目前发现的南朝造像的几个例子之一，对研究南朝佛像艺术十分重要，被很多讨论中国佛像发展史的著作提及，十分珍贵。

11.4 为人类增强知识的美术馆

作为一名收藏家，弗利尔对美有着敏锐的感知力与洞察力，而这给他探索中国古典艺术带来了极大的益处。弗利尔留下的有关增加美术馆藏品及进行研究的条款，对发掘其藏品的学术、艺术价值有十分重要的意义（图11-19）。

弗利尔不仅将自己毕生收藏捐赠给了史密森博物学院，并提供资金修建美术馆，还用自己的钱设立了一个基金，以基金的收入来为美术馆购买更多的东方艺术品、资助东方文明研究项目。他还立下遗嘱，任何学习东方艺术的学者、学生都可以进入美术馆的库房研究未在展厅展出的艺术品，这给无数人的研究提供了极大便利。捐赠封条上写着他留下的一句话："为了人类知识的增强与传播。"

1916年，弗利尔美术馆破土动工（图11-20）。1919年9月25日，弗利尔因病逝于纽约。由于第一次世界大战，美术馆的工程延迟至1921年方才竣工。弗利尔没能

图11-19 弗利尔（1915年，Edward Steichen拍摄）

图11-20 1916年弗利尔美术馆的动工仪式

图11-21　1927年的美国华盛顿弗利尔美术馆

亲眼看到自己的美术馆建成，应是一大憾事。1923年5月2日，他建立的美术馆正式对外开放。弗利尔并不是一名学者，但他对艺术品的了解及其捐赠行为对增进西方世界对东方艺术的认识与研究产生了很大的影响。（图11-21）。

根据弗利尔的遗嘱，从建馆之始，工作人员就开始不断地增加着东方艺术品的收藏。随着岁月的流逝，美术馆工作人员对东方艺术的兴趣与知识也与日俱增。同时，远东与近东艺术品的市场价格也变得越来越高。20世纪中期与晚期，弗利尔美术馆的藏品不仅在数量上大大增加，在质量上也上升到了一个新的高度。毫不夸张地说，在今天，在收藏或研究亚洲艺术方面，弗利尔美术馆的藏品都被认为是建立公共与个人亚洲艺术品收藏的楷模。

由于展厅空间大小的限制，更重要的是要保持那种雅致的常规展品安装，博物馆每次只能展出极少一部分藏品（图11-22）。但是，展出的艺术品总是在更换。对于那些收藏在库房里的艺术品，人们只要对那些文物有特殊的兴趣，都可以提前预约，进入库房里仔细观看、拍照（图11-23）。弗利尔在其《赠品契约》（*Deed of Gift*）的第一段就对这点做了强调："博物学院将用遗赠金额修建与装备该美术馆，特别留意对学生和其他人不间断地研究这些藏品提供方便。"美术馆也举办一些特别展，以展示东方艺术的某个特殊方面。《赠品契约》特别禁止将馆内藏品借往他地展出，也禁止别地收藏的艺术品进入弗利尔美术馆展出。

1951年，弗利尔美术馆建立了保存科学实验室，承担了东代艺术品制作方法与制作材料的研究项目。这项研究具有双向目的：增进人们对亚洲艺术品制作技术历史的认识，使美术馆能更好地保存与保护这些受弗利尔嘱托的艺术品。

今天，屹立在华盛顿国家大广场上的弗利尔美术馆依然在践行着弗利尔的遗愿。馆里的东方艺术收藏仍在不断地增长，不仅在艺术种类方面有所扩展，在艺术品的质量上也有所提高。馆内工作人员的学术研究也不断在艺术品的宗教、历史、物质

图11-22 弗利尔美术馆孔雀厅中陈列的中国瓷器

图11-23　本书作者常青在弗利尔美术馆库房观察《洛神赋图》南宋摹本（2006年5月22日）

的起源等方面为人们带来新见解。历代美术馆的馆长们力求将馆里的各项工作保持在同样最佳的高度，不忘美术馆的创建人弗利尔对发展前景的嘱托。

参考书目

一、中文文献

[001] [英]斯坦因著，向达译：《斯坦因西域考古记》，北京：中华书局，1936年；1946年再版。乌鲁木齐：新疆人民出版社，2010年。

[002] 陈梦家编纂：《海外中国铜器图录》，上海：商务印书馆，1946年。1962年，科学出版社再版，将书名改为《美帝国主义劫掠的我国殷周铜器集录》。

[003] 佚名：《雕刻工作者刘开渠等十人向人民日报来信揭发奸商岳彬盗卖龙门石窟的严重罪行》，《文物参考资料》，1953年第12期。

[004] 王世襄：《记美帝搜刮我国文物的七大中心》，《文物参考资料》，1955年第7期。

[005] [英] 彼得·霍普科克著，杨汉章译，宋子明校：《丝绸路上的外国魔鬼》，兰州：甘肃人民出版社，1983年。

[006] 台北"故宫博物院"编辑委员会：《海外遗珍·佛像》，台北：台北"故宫博物院"，1986年。

[007] 金荣华：《斯坦因——敦煌文物外流关键人物探微》，《敦煌研究》，1989年第2期。

[008] 刘进宝：《伯希和与敦煌遗书》，《西北师大学报（社会科学版）》，1989年第4期。

[009]《流散在国外的巩县石窟寺北魏造像简目》，刊于河南省文物研究所编:《中国石窟·巩县石窟寺》，北京：文物出版社、东京：平凡社，1989年。

[010] 台北“故宫博物院”编辑委员会:《海外遗珍·佛像（续）》，台北：台北“故宫博物院”，1990年。

[011] [法] 劳合·福奇兀著，杨汉璋译，杨爱程译审:《伯希和在敦煌收集的文物》,《敦煌研究》，1990年第4期。

[012] [英] 珍妮特·米斯基著，田卫疆等译:《斯坦因：考古与探险》，乌鲁木齐：新疆美术摄影出版社，1992年。

[013] [日] 中野照男:《二十世纪初德国考察队对库木吐喇石窟的考察及尔后的研究》，刊于新疆维吾尔自治区文物管理委员会等编:《中国石窟·库木吐喇石窟》，北京：文物出版社、东京：平凡社，1992年。

[014] [日] 东山健吾:《流散于欧美、日本的龙门石窟雕像》，刊于《中国石窟·龙门石窟》第2卷，北京：文物出版社、东京：平凡社，1992年。

[015] [瑞] 斯文·赫定著，徐十周等译:《亚洲腹地探险八年1927—1935》，乌鲁木齐：新疆人民出版社，1992年。

[016] 俄罗斯科学院东方研究所:《俄藏敦煌文献》(全17册)，上海：上海古籍出版社，1992—2001年。

[017] 王冀青:《奥莱尔·斯坦因的第四次中央亚细亚考察》,《敦煌学辑刊》，1993年第1期（总第23期）。

[018] 张惠明:《1896至1915年俄国人在中国丝路探险与中国佛教艺术品的流失——圣彼得堡中国敦煌、新疆、黑城佛教艺术藏品考察综述》,《敦煌研究》，1993年第1期。

[019] [意] 杜齐著、张亚莎、李建雄译:《西藏艺术》(上、下),《西藏艺术研究》，1993年第2期、1994年第2期。

[020] 龙门石窟研究所编：《龙门流散雕像集》，上海：上海人民美术出版社，1993年。

[021] [印] 查雅・巴塔恰尔雅著，杨富学译：《柏林印度艺术博物馆"吐鲁番藏品"中克孜尔出土木质佛像风格研究》，《敦煌研究》，1994年第1期。

[022] 施萍婷：《有关大谷探险队的答问》，《敦煌研究》，1994年第4期。

[023] [俄] 鄂登堡著，杨自福译：《鄂登堡来华考察日记摘译》，《敦煌学辑刊》，1994年第1期（总第25期）。

[024] [美] 哈理・斯德本、玛丽琳・赖著，李崇峰、李裕群译：《天龙山雕刻的复原与年代》，《敦煌研究》1995年第1期。

[025] 许洋：《丝路上消失的王国：西夏黑水城的佛教艺术》，台北：历史博物馆，1996年。

[026] 王克孝：《俄罗斯国立埃尔米塔什博物馆敦煌文物收藏品概况》，《敦煌研究》，1996年第4期。

[027] 晁华山：《二十世纪初德人对克孜尔石窟的考察及尔后的研究》，刊于新疆维吾尔自治区文物管理委员会等编：《中国石窟・克孜尔石窟》第3卷，北京：文物出版社、东京：平凡社，1997年。

[028] 俄罗斯艾尔米塔什博物馆、上海古籍出版社编纂：《俄罗斯国立艾尔米塔什博物馆藏敦煌艺术品》6卷，上海：上海古籍出版社，1997—2000年。

[029] [德] 勒寇克著，陈海涛译：《普鲁士皇家第一次（即德国第二次）新疆吐鲁番考察队的缘起、行程和收获》，《敦煌研究》，1999年第3期。

[030] [瑞] 斯文・赫定著，江红译：《游移的湖》，乌鲁木齐：新疆人民出版社，2000年。

[031] [俄] 孟列夫著，廖霞编译：《被漠视的敦煌劫宝人——塞缪尔・马蒂洛维奇・杜丁》，《敦煌学辑刊》，2000年第2期（总第

38期)。

[032] 荣新江:《王道士——敦煌藏经洞的发现者》,《敦煌研究》,2000年第2期。

[033] 彦生:《从陈万里西行日记看华尔纳第二次剥离敦煌壁画阴谋的破产》,《档案》,2000年第4期。

[034] 姜洪源:《华尔纳剥离敦煌壁画的前前后后》,《上海档案》,2000年第5期。

[035] [法] 伯希和等著,耿昇译:《伯希和西域探险记》,昆明:云南人民出版社,2001年。

[036] [瑞] 斯文·赫定著,李宛蓉译:《我的探险生涯:西域探险家斯文·赫定回忆录》,台北:马可孛罗文化出版社,2010年。

[037] 张林堂、孙迪编著:《响堂山石窟——流失海外石刻造像研究》,北京:外文出版社,2004年。

[038] 常青:《关于北美收藏的山西寺院壁画的研究与问题》,刊于中山大学艺术史研究中心编:《艺术史研究》(第十三辑),广州:中山大学出版社,2011年,第333—367页。

[039] [瑞] 斯文·赫定著,张鸣、赵书玄、王蓓译:《穿过亚洲》,乌鲁木齐:新疆人民出版社,2013年。

[040] [美] 查尔斯·兰·弗利尔著,李雯等译:《佛光无尽——弗利尔1910年龙门纪行》,上海:上海书画出版社,2014年。

[041] 罗德瑞克·韦陀编集解说,林保尧编译:《西域美术:大英博物馆斯坦因搜集品》(上下册),台北:艺术家出版社,2014年。

[042] [法] 罗拉著,卞婉钰译:《卢芹斋传》,北京:中国文联出版社,2015年。

[043] 常青:《金石之躯寓慈悲——美国弗利尔美术馆藏中国佛教雕塑》(研究篇、著录篇,共2卷),北京:文物出版社,2016年。

[044] 常青:《探寻与研究:弗利尔美术馆藏龙门雕像溯源》,《美成在

久》，2017年7月总第18期，第52—69页。
[045] 常青：《美国大都会艺术博物馆藏龙门雕像再研究》，《美成在久》，2017年7月总第18期，第70—81页。
[046] [法] 伯希和著，萧菁译：《伯希和北京日记》，桂林：广西师范大学出版社，2017年。
[047] [法] 菲利普·弗朗德兰著，一梧译：《伯希和传》，桂林：广西师范大学出版社，2017年。
[048] 常青：《美国的中国佛教艺术收藏及其研究价值》，《艺品》，2018年第1期。
[049] 赵莉主编：《海外克孜尔石窟壁画复原影像集》，上海：上海书画出版社，2018年。
[050] 新疆龟兹研究院编：《海外藏克孜尔石窟壁画及洞窟复原影像集》，兰州：甘肃教育出版社，2018年。
[051] 常青：《美国纽约大都会艺术博物馆及其中国艺术收藏》，《中国美术》，2019年第1期。
[052] 常青：《物华旧影：1910—1911年弗利尔镜头里的中国文化史迹》，北京：文物出版社，2019年。
[053] 赵莉：《克孜尔石窟壁画复原研究》，上海：上海书画出版社，2020年。

二、日文文献

[054] [日] 山中定次郎：《天竜山石仏集》，大阪：山中商會，1928年。
[055] [日] 上原芳太郎編：《新西域記》（大谷家蔵版）上、下，東京：有光社，1937年；東京：井草出版，1984年。
[056] 故山中定次郎翁傳編纂會：《山中定次郎傳》，大阪，1939年。
[057] [日] 秋山光和：《ペリオ調査團の中央アジア旅程とその考古學

的成果》(上、下),《佛教藝術》第19号，1953年，第82—96页;《佛教藝術》第20号，1953年，第56—70页。

[058] 東京国立博物館:《大谷探検隊将来品篇》，東京：東京国立博物館，1971年。

[059] 大英博物館:《西域美術》3卷，東京：講談社，1982年。

[060] [日]仲嶺真信:《龍門石窟の復元:パリ・ギメ博物館所蔵・旧蓮華洞迦葉像頭部を中心として》,《芸術学論叢》第6期，1983年3月，第23—41页。

[061] ジャック・ジエス(Jacques Giès)編集:《西域美術 ギメ美術館ペリオ・コレクションⅠ》，東京：講談社，1994年。

[062] 東京國立博物館編:《シルクロード大美術展》，東京：読売新聞社，1996年。

[063] [日]長澤和俊編:《シルクロード探検：大谷探検隊》，東京：白水社，1998年。

三、西文文献

[064] Col. N. Prejevalsky. "From Kulja, across the Tian Shan, to Lob-Nor." Translated by E. Delmar Morgan. *Nature* 20.4, 1879.

[065] E. Delmar Morgan. "Dr. Regel's Expedition from Kuldja to Turfan in 1879-80." *Proceedings of the RGS*, June, 1881.

[066] Sven Hedin. *Through Asia*. 2 vols. Methuen, 1898.

[067] Dimitri Klementz. *Turfan und seine Altertumer in Nachrichten uber die von der Kaiserlichen Akademie der Wissenschaften zu St. Petersburg im Jahre 1898 ausgerustete Expedition nach Turfan*. St. Petersburg, 1899.

[068] Dr. A. R. Hoernle. "A Collection of Antiquities from Central Asia." *Journal of the Asiatic Society of Bengal*, Part 1, 1899; Part 2, 1901.

[069] Sven Hedin. *Central Asia and Tibet.* 2 vols. Hurst and Blackett, 1903.

[070] Aurel M. Stein. *Sand-Buried Ruins of Khotan: Personal Narrative of a Journey of Archaeoorgical and Gorgraphical Exploration in Chinese Turkestan.* London: T. F. Uniwn, 1903.

[071] Aurel M. Stein. *Ancient Khotan: Detailed Report of Archaeological Explorations in Chinese Turkestan.* Oxford: Clarendon Press, 1907.

[072] Édouard Chavannes. *Mission Archéologique La Chine Septentrionale.* Paris, 1909.

[073] Albert von Le Coq. *Kokturkisches aus Turfan.* Leipzig, 1909.

[074] Fernand Farjenal. "Les Manuscrits de la mission Pelliot." La Revue Indigene. Paris, December, 1910.

[075] Albert von Le Coq. *Sprichworter und Lieder aus Turfan.* Leipzig, 1911.

[076] Aurel M. Stein. *Ruins of Desert Cathy: Personal Narrative of Explorations in Central Asia and Westernmost China.* London: Macmillan, 1912.

[077] Albert Grynwedel. *Alt-Buddhistische Kultstattenin Chinesisch-Turkistan.* Berlin, 1912.

[078] Albert von Le Coq. *Chotscho: Koniglich Turfan-Expedition.* Berlin: Dietrich Reimer, 1913.

[079] Albert Grynwedel. *Alt-Kutscha, Tafelwerk.* Berlin, 1920.

[080] Aurel M. Stein. *Serindia: Detailed Report of Explorations in Central Asia and Westernmost China.* Oxford: Clarendon press, 1921.

[081] Sir A. Stein and L. Binyon. *Ancient Buddhist Painting from the Cave-Temples of Tun-Huang on the Western Frontier of China.* Oxford, 1921.

[082] Albert von Le Coq. *Die Buddhistische Sprtantik in Mittelasien.* Berlin, 1922-1924.

[083] Paul Pelliot. *Les Grottes de Touen-houang.* 6 vols. Paris: Librarie Paul Geuthner, 1922-1924.

[084] Langdon Warner. "The Freer Gift of Eastern Art to America." *Asia*, vol. 23, no. 8, Auguest 1923, pp. 590-594.

[085] Pyotr Kuzmich Kozlov. *Mongolia and Amdo and the Dead City of Khara-Khoto.* Moscow, 1923.

[086] Victor Segalen. *Mission Archuoorgique en Chine (1914 et1917) Atalas.* Paris, 1923-1924.

[087] Osvald Siren. *Chinese Sculpture from the Fifth to the Fourteenth Century.* London: Ernest Benn Ltd.1925; Reprinted by Hacker Art Books, New York, 1970.

[088] Yamanaka & Company, Inc. *Exhibition of Early Chinese Bronzes, Stone Sculptures and Potteries.* New York, 1926.

[089] Langdon Warner. *The Long Old Road in China.* New York: Doubleday, Page & company, 1926.

[090] Aurel M. Stein. *Innermost Asia: Detailed Reported of Explorations in Central Asia, Kan-su, and Eastern Iran.* Oxford: Clarendon press, 1928.

[091] Albert von Le Coq. *Buried Treasures of Chinese Turkestan.* London: George Allen & Unwin Ltd., 1928.

[092] Albert von Le Coq. *Von Land und Leuten in Ostturkistan.* Leipzig: White Lotus Press, 1928.

[093] Aurel M. Stein. *On Ancient Asian Tracks: Brief Narrative of Three Expeditions in Innermost Asia and North-West China.* London: Macmillan, 1933.

[094] Langdon Warner. *Buddhist Wall-Painting: A Study of a Ninth-Century Grotto at Wan-Fo-Hsia near Tun-huang.* Cambridge: Harvard University Press, 1938.

[095] C. T. Loo. *An Exhibition of Chinese Stone Sculpture,* New York: C. L. Loo & Co., 1940.

[096] C.T. Loo & Co. *An Exhibition of Ancient Chinese Ritual Bronzes*. Detroit, Mich. : Detroit Institute of Art, 1940.

[097] Alan Priest. "A Stone Fragment from Lung Men." *Metropolitan Museum of Art Bulletin* 36, no. 5 (May 1941), pp. 114-16.

[098] Yamanaka & Company, Inc. *Collection of Chinese and Other Far Eastern Art*. New York, 1943.

[099] Sven Hedin. *History of the Expedition in Asia, 1927-1935 35*. Parts 1-3. Stockholm, 1943-1944.

[100] Alan Priest. *Chinese Sculpture in the Metropolitan Museum of Art*, New York: Metropolitan Museum of Art, 1944.

[101] Lionel Giles. *Six Centuries at Tunhuang: A Short Account of the Stein Collection of Chinese Mss. in the British Museum*. London: China Society, 1944.

[102] Paul Pelliot. *Paul Pelliot*. Paris: Societe Asiatique, 1946.

[103] Richard Hadl. "Langdon Warner's: Buddhist Wall-Paintings." *Artibus Asiae*, Vol. 9, No. 1/3 (1946), pp. 160-164.

[104] Jack A. Dabbs. *History of the Discovery and Exploration of Chinese Turkestan*. Mouton: The Hague, 1963.

[105] Paul Pelliot. *Toumchouq*. 2 vols. Paris, 1961, 1964.

[106] Harry Vander Stappen and Marilyn M. Rhie. "Sculpture of T'ien Lung Shan: Reconstruction and Dating." *Artibus Asiae*, Vol. 27 (1965), pp.189-237.

[107] Hsio-yen Shih. *Chinese Art in the Royal Ontario Museum*. Toronto: The Royal Ontario Museum, 1972.

[108] Musee Guimet. *Catalogue Raisonne des Objets en bois Provenant de Dunhuang et Conserves au Musee Guimet*. Paris: Editions des Musees Nationaux, 1976.

[109] Jeannette Mirsky. *Sir Aurel Stein: Archaeological Explorer.* Chicago: University of Chicago Press, 1977.

[110] Lars-Erik Nyman. *Great Britain and Chinese, Russian and Japanese Interests in Sinkiang, 1918-1934.* Stockholm: Esselte Studium, 1977.

[111] Peter Hopkirk. *Foreign Devils on the Silk Road: The Search for the Lost Cities and Treasures of Chinese Central Asia.* Amherst: The University of Massachusetts Press, 1980.

[112] Paul Pelliot. *Les Grottes de Touen-houang, Carnet de Notes de Paul Pelliot.* Paris, 1981.

[113] Herbert Hartel. *Along the Ancient Silk Routes: Central Asian Art from the West Berlin State. Museums: an Exhibition Lent by the Museum fur Indishe Kunst. Staatliche Museen Preussischer Kulturbesitz. Berlin, Federal Republic of Germany.* New York: Metropolitan Museum of Art, 1982.

[114] Mikhail Piotrovsky, ed., *Lost Empire of the Silk Road: Buddhist Art from Khara Khoto (X-XIIIth Century).* Milano: Electa; Lugano: Thyssen-Bornemisza Foundation, 1993.

[115] Christoph Baumer. *Southern Silk Road: In the Footsteps of Sir Aurel Stein and Sven Hedin.* Bangkok: White Orchid Books, 2000.

[116] Hartmut Walravens. *Paul Pelliot (1878-1945): His Life and Works - a Bibliography.* Bloomington, Ind.: Indiana University, Research Institute for Inner Asian Studies, 2002.

[117] Jan Stuart and Chang Qing. "Chinese Buddhist Sculpture in a New Light at the Freer Gallery of Art." *Orientations* 33, no. 4 (April 2002): 32-35.

[118] Chang Qing. "Search and Research: The Provenance of Longmen Images in the Freer Collection." *Orientations* 34 (May 2003): 16-25.

[119] Chang Qing. "Revisiting the Longmen Sculptures in the Collection

of The Metropolitan Museum of Art." *Orientations*, vol. 38, No. 1, January/February 2007, pp. 81-89.

[120] Chang Qing. "Genuine or Forged: Methods of Identifying Forgeries of Chinese Buddhist Sculptures." *Ars Orientalis* 36, 2009, pp. 78-109.

[121] Katherine R. Tsiang, ed. *Echoes of the Past: The Buddhist Cave Temples of Xiangtangshan*. Chicago and Washington DC: Smart Museum of Art, Arthur M. Sackler Gallery, 2010.

[122] Imre Galambos. "Japanese 'spies' along the Silk Road: British suspicions regarding the second Otani expedition (1908-09)." *Japanese religions*, Vol. 35 (1 & 2), 2010, pp. 33–61.

[123] Imre Galambos and Kitsudo Koichi. "Japanese exploration of Central Asia: The Ōtani expeditions and their British connections." *Bulletin of the School of Oriental and African Studies* 75, 2012, pp. 113–134.

附录1　西方探险家主要考察路线

斯文·赫定探险路线

1886年，前往伊朗，短暂停留。

1888年，第一次去中国，只在新疆短暂停留。

1890年，从伊朗前往马什哈德—阿什哈巴德—布哈拉—撒马尔罕—塔什干—喀什。

1893—1897年，第一次探险，斯德哥尔摩—圣彼得堡—塔什干—帕米尔山脉—喀什—塔里木盆地北沿—塔克拉玛干沙漠南沿—和田丹丹乌里克—喀拉峻湖—博斯腾湖—和田—西藏北部—北京—蒙古—俄罗斯—斯德哥尔摩。

1899—1902年，第二次探险，克什米尔—加尔各答—叶尔羌河、塔里木河、开都河—罗布泊—楼兰古城遗址—西藏北部—拉萨附近（未准进入）—列城—拉合尔—德里—阿格拉—勒克瑙—贝拿勒斯—加尔各答。

1905—1909年，第三次探险，前往西藏。

1927—1933年，第四次探险，涉足蒙古、新疆和西藏北部的大部分。北京—包头—蒙古—乌鲁木齐—塔里木盆地的北部和东部地区等。

德国吐鲁番探险队路线

1902年12月—1903年4月，第一次探险队。

队长：格伦威德尔；成员：勒柯克、胡特、巴塔斯

路线：固勒札（今新疆伊宁）—乌鲁木齐—吐鲁番（高昌故城、柏孜克里克石窟、胜金口石窟、吐峪沟石窟）—托克逊—焉耆—库车（库木吐喇石窟、克孜尔石窟）—阿克苏—图木舒克—巴楚—喀什。

1904年11月—1905年12月，第二次探险队。

队长：勒柯克；成员：巴塔斯

路线：乌鲁木齐—吐鲁番（高昌故城、交河故城）—哈密—吐鲁番—塔里木盆地北沿—喀什。

1905年—1906年6月，第三次探险队。

队长：格伦威德尔；成员：勒柯克、波尔特、巴塔斯

路线：喀什—图木舒克—库车（库木吐喇石窟、克孜尔石窟、克日西石窟）—库尔勒（寺庙和硕尔楚克石窟）—吐鲁番—乌鲁木齐—哈密—吐峪沟石窟—硕尔楚克石窟—吐鲁番—乌鲁木齐—返程。

1913年6月—1914年2月，第四次探险队。

队长：勒柯克；成员：巴塔斯

路线：喀什—库车（克孜尔石窟、克日西石窟、森木塞姆石窟、库木吐喇石窟）—图木舒克—喀什。

斯坦因探险路线

1900—1901年，第一次探险，塔里木盆地南沿—和田—尼雅遗址—米兰遗址—楼兰遗址。

1906—1908年，第二次探险，塔里木盆地南沿—和田热瓦克佛寺遗址—尼雅遗址—米兰遗址—敦煌—塔里木盆地北沿—吐鲁番—塔克拉玛干沙漠—和田—昆仑山。

1913—1916年，第三次探险，塔里木盆地南沿—米兰遗址—敦煌—内蒙古额济纳河黑水城遗址—吐鲁番（阿斯塔那、柏孜克里克石窟）—库车（克孜尔石窟）—喀什—帕米尔高原（阿富汗边界）—伊朗西部锡斯坦地区。

1930—1931年，第四次探险，塔里木盆地南沿—敦煌及以东地区—吐鲁番（阿斯塔那、柏孜克里克石窟）—喀什。

伯希和探险路线

1906—1909年，巴黎—莫斯科—塔什干—喀什—图木舒克—库车（库木土喇石窟、苏巴什佛寺遗址）—乌鲁木齐—吐鲁番—哈密—敦煌—西安—北京。

大谷光瑞探险队路线

1902—1904年，第一次探险队。

成员：渡边哲信、堀贤雄、本多惠隆、井上弘圆

路线：伦敦—俄罗斯—喀什—和田—库车、拜城（克孜尔石窟）—西安—日本。

1908—1909年，第二次探险队。

成员：橘瑞超、野村荣三郎

橘瑞超、野村荣三郎路线：北京—蒙古—准噶尔盆地—吐鲁番（柏孜克里克石窟）—库尔勒。

橘瑞超路线：库尔勒—楼兰遗址—若羌—和田—喀什—翻越喀喇昆仑山口—列城。

野村荣三郎路线：库尔勒—库车（克孜尔石窟）—阿克苏—喀什—翻越喀喇昆仑山口—列城。

1910—1912年、1911—1914年，第三次探险队。

成员：橘瑞超、吉川小一郎

橘瑞超（1910—1912年）路线：伦敦—俄罗斯—塔城—乌鲁木齐—吐鲁番—楼兰遗址—且末—横穿塔克拉玛干沙漠—库车—喀什—和田—西藏北部—且末—若羌—敦煌—安西—哈密—吐鲁番—乌鲁木齐—西伯利亚—日本。

吉川小一郎（1911—1914年）路线：日本—上海—武汉—兰州—敦煌—哈密—乌鲁木齐—吐鲁番—焉耆—库车（库木吐喇石窟、苏巴什佛寺遗址、克孜尔石窟）—喀什—和田—伊犁—乌鲁木齐—吐鲁番—哈密—敦煌—酒泉—北京—日本。

柯兹洛夫探险路线

1884年，第一次考察，恰克图—戈壁沙漠—黄河发源地—唐古拉山—西藏北部—新疆（罗布泊、塔里木河）—卡拉库尔。

1889—1890年，第二次考察，卡拉库尔—伊塞克湖—天山—南疆—莎车—喀什—尼雅古城—罗布泊—斋桑湖—俄罗斯。

1893—1895年，第三次考察，卡拉库尔—天山—吐鲁番—哈密—敦煌—祁连山—阿尼玛卿山—青海—黄河源头—吐鲁番—斋桑湖—俄罗斯。

1899—1901年，第四次考察，恰克图—科布多—阿尔泰山—中央戈壁—腾格里沙漠—河西走廊—西宁—青海湖—柴达木盆地—四川昌都—长江和黄河发源地—兰州—库伦（今蒙古乌兰巴托）—恰克图—俄罗斯。

1904年，第五次考察，俄国—库伦（拜会达赖喇嘛图登嘉措）。

1907—1909年，第六次考察，莫斯科—伊尔库茨克—恰克图—库伦—土谢图汗部、赛因诺颜汗部—黑水城遗址—阿拉善沙漠北缘—阿拉善旗首府定远营—安多藏区—青海湖—兰州—黑水城遗址—喀尔喀蒙古—库伦—俄罗斯。

1923—1926年，第七次考察，库伦—诺彦乌拉山（发掘匈奴墓葬）—肯特山区—黑水城。

奥登堡考察路线

1909—1910年，第一次考察，圣彼得堡—鄂木斯克—塔城—乌鲁木齐—焉耆（七个星佛寺）—吐鲁番（交河故城、吐鲁番老城、高昌故城、阿斯塔那、胜金口石窟、柏孜克里克石窟、木头沟、吐峪沟石窟）、库车（苏巴什佛寺遗址、森木塞姆石窟、克日西石窟、克孜尔石窟、库木吐喇石窟）。

1914—1915年，第二次考察，圣彼得堡—塔城—乌鲁木齐—吐鲁番—哈密—敦煌。

华尔纳考察路线

1923—1924年，第一次考察，北京—洛阳（龙门石窟）—西安—额济纳旗黑水城遗址—敦煌—兰州—北京。

1925年，第二次考察，北京—敦煌—安西榆林窟—泾川县象洞石窟—北京。

弗利尔到中国参观与购买文物路线

1895年，第一次，美国—香港—上海—日本。

1907年，第二次，美国—香港—广州—香港—上海—日本。

1909年，第三次，美国—香港—上海—青岛—天津—北京。

1910—1911年，第四次，美国—日本长崎—上海—青岛—北京—天津—北京—安阳—开封—郑州—巩县（巩县石窟、北宋皇陵）—洛阳（龙门石窟）—北京—沈阳—大连—旅顺—上海—杭州—上海—日本长崎。

附录2　本书所记国宝流失大事记

1840—1842年（清道光二十至二十二年）

第一次鸦片战争。

1851年（清咸丰元年）

1月11日，洪秀全在广西桂平县金田村誓师起义，向清王朝宣战，建号太平天国，起义军称为太平军。至1864年，南方地区无数佛教文物毁坏，包括南京著名的明代大报恩寺琉璃塔。

1854年（清咸丰四年）

2月25日，美国工业家、艺术品收藏家弗利尔出生于纽约州肯斯顿。

1856年（清咸丰六年）

7月31日，德国考古学家格伦威德尔出生于慕尼黑。

1860年（清咸丰十年）

9月8日，德国考古学家勒柯克出生于柏林。

10月，英法联军攻占北京，火烧圆明园，园中无数文物被掠夺，上至先秦时期的青铜礼器，下至唐、宋、元、明、清的历代名人书画和各种奇珍异宝。

1862年（清同治元年）

11月26日，英国考古学家斯坦因出生于匈牙利布达佩斯。

1863年（清同治二年）

9月26日，俄国东方学家奥登堡出生于俄国比扬基诺。

10月3日，俄国考古学家柯兹洛夫出生于俄罗斯斯摩棱斯克州的杜霍夫希纳。

1865年（清同治四年）

2月19日，瑞典地理学家斯文·赫定出生于斯德哥尔摩。

1866年（清同治五年）

8月20日，日本古董商山中定次郎出生于大阪堺市。

1874年（清同治十三年）

9月12日，日本探险家渡边哲信出生于广岛县三原。

1876年（清光绪二年）

12月27日，日本京都净土真宗西本愿寺第22代法主大谷光瑞出生。

1878年（清光绪四年）

俄国军官探险家普尔热瓦尔斯基考察新疆罗布泊，发现中国地图中罗布泊的位置错误。

5月28日，法国汉学家伯希和出生于巴黎。

1879年（清光绪五年）

匈牙利地理学会会长洛克齐到中国西北甘肃一带考察地质地理，访问了敦煌莫高窟。

普尔热瓦尔斯基进行第三次中亚探险时进入敦煌。

1879—1880年，俄国医生、植物学家、中亚研究者和考古学者阿尔伯特·雷格尔在中亚地区考察植物时考察了吐鲁番，报道了吐鲁番地区荒废的佛教寺庙遗址和遗物。

1880年（清光绪六年）

2月1日，古董商卢芹斋出生于浙江湖州卢家渡。

1881年（清光绪七年）

8月1日，美国亚洲美术史学家华尔纳出生于马萨诸塞州。

1884年（清光绪十年）

俄国考古学家柯兹洛夫开始随普尔热瓦尔斯基在中国新疆、西藏以及蒙古一带探险。

1885年（清光绪十一年）

5月23日，日本探险家吉川小一郎出生于京都下京区。

1888年（清光绪十四年）

瑞典地理学家斯文·赫定首次进入新疆做短暂考察。

1890年（清光绪十六年）

1月7日，日本探险家橘瑞超出生于爱知县名古屋市。

12月，斯文·赫定再次进入中国新疆，驻留在喀什，次年离开。

1894年（清光绪二十年）

5月1日，斯文·赫定再次抵达新疆喀什。

是年，日本古董商山中定次郎在美国纽约开设山中商会分部。

1895年（清光绪二十一年）

俄国考古学家柯兹洛夫开始独立率队，继续在中亚进行探险。

4月10日，斯文·赫定的驼队离开新疆麦盖提的拉吉里克村，开始塔克拉玛干沙漠的死亡之旅。

是年，弗利尔在前往日本途中对香港作了3天的短暂访问，然后又访问上海一周，再乘船前往日本做为期4个月的旅行，开始构筑自己的亚洲艺术收藏体系。

1896年（清光绪二十二年）

1月23日，斯文·赫定发现古于阗国的丹丹乌里克佛寺遗址。

1898年（清光绪二十四年）

俄国科学院派克莱门兹率队考察吐鲁番。他们考察了高昌故城，发掘了阿斯塔那墓地，测绘了柏孜克里克千佛洞，带回了几件梵文和回鹘文的印本佛典。

1899年（清光绪二十五年）

11月25日，俄国东方学家、地理学家、探险家崔比科夫受俄国地理学会的派遣进入西藏。1900年8月到达拉萨，其后他的足迹遍布西藏和青海的许多地方。1902年4月4日结束探险考察回国，从西藏携归藏文典籍约300卷。

是年，日本古董商山中定次郎在美国波士顿、芝加哥等地开设山中商会分店。

1900年（清光绪二十六年）

3月，斯文·赫定发现新疆楼兰古城遗址。

3月，斯坦因开始第一次中亚考察。

6月26日，敦煌道士王圆箓在莫高窟第16窟甬道壁发现藏经洞（第17窟）。

8月，八国联军攻陷北京，慈禧太后和光绪皇帝出逃西安。

11月25日，斯坦因在于阗国故都遗址约特干村开始发掘，获得文物近百件。

12月19日至1901年1月3日，斯坦因在于阗国丹丹乌里克遗址发掘，共发现寺庙房屋15座，获取文物180件左右。

是年，法国汉学家伯希和被选为印度支那古迹调查会（河内法兰西远东学院）的资助生，被三次派遣前往中国进行考察，收集了大量古物和古籍。

是年，日本古董商山中定次郎在英国伦敦开设山中商会分店。

是年，美国收藏家弗利尔从他的生意场中退休，从此专心致力于艺术品收藏的研究与发展。

1901年（清光绪二十七年）

1月28日—2月13日，斯坦因在位于今和田民丰县的尼雅发现被沙子掩埋的城市遗址，并进行考古发掘，发现大量汉文与佉卢文木制简牍，各种绘画，以及刻有贵霜王国特色雕花的木椅、木桌和门框，带回大英博物馆。

3月，斯文·赫定发掘楼兰古城遗址。

4月11日—18日，斯坦因在距离和田县东北约40公里处的玉龙喀什河对岸发掘热瓦克佛寺遗址，发现以佛塔为中心的寺院，以及塔围墙上高大的塑像，发掘出土90多尊浮塑的立佛像，并带走较小的佛像。

5—12月，斯文·赫定考察和测绘西藏疆域。

7月2日，斯坦因携带挖掘出的约1500件文物返回伦敦，结束第一次中亚考察，文物现主要藏在大英博物馆东方古物部和大英图书馆东方部。

是年，河内远东学院汉学教授伯希和第二次到中国考察，为远东学院带回大批汉、蒙、藏文书籍和艺术品。

1902年（清光绪二十八年）

8月，日本大谷光瑞组织的第一次中亚探险队出发，队员有探险家渡边哲信、堀贤雄、本多惠隆和井上弘圆。

是年，德国柏林民族学博物馆研究人员格伦威德尔和勒柯克等人组成第一次德国中亚探险队前往吐鲁番地区进行探险，考察高昌故城等遗址。

是年，伯希和第三次到中国考察，为远东学院收罗了大批书籍和雕刻艺术品。

是年，卢芹斋随张静江前往法国巴黎。

1903年（清光绪二十九年）

4月，日本大谷光瑞探险队的渡边哲信和堀贤雄到达新疆拜城，调查克孜尔石窟，拍摄壁画和洞窟外景照片，在部分洞窟内切割壁画，成为首个切割克孜尔石窟壁画的探险队。他们还清理了洞窟，发现了不少残存的文书残纸和木简，获取著名的《唐建中五年孔目司文书》。他们还发掘了一些墓葬，从中也发现了一些文书。

5月，渡边哲信和堀贤雄结束了大谷探险队的第一次中亚探险活动，携带掠取的大量中国文物经西安回国。

1904年（清光绪三十年）

9月，勒柯克带领的普鲁士皇家考察队从柏林出发，第二次前往吐鲁番地区。

11月18日，勒柯克团队到达吐鲁番，前往高昌故城和柏孜克里克石窟探险和考古，切割了大量壁画。之后，又在吐峪沟石窟调查，发现了很多珍贵壁画。

1905年（清光绪三十一年）

美国亨廷顿探险队考察新疆楼兰古城遗址。

是年，俄国考古学家柯兹洛夫在库伦（今蒙古国乌兰巴托）与第十三世达赖喇嘛图登嘉措会见。

是年，日本古董商山中定次郎在法国巴黎开设代理店，并将其公司改组为山中商会集团公司，自己担任业务执行。

1906年（清光绪三十二年）

2月26日，德国第三次中亚考察队到达克孜尔石窟，考察队长是格伦威德尔，队员有勒柯克、巴塔斯和波尔特，切割走大批壁画。

6月15日，伯希和与地理学家路易·瓦杨、自然史学家兼摄影师夏尔·努埃特组成三人考察队，从巴黎出发前往中国。三人乘火车经莫斯科和塔什干进入新疆。

8月末，伯希和探险队到达喀什，对喀什绿洲的三个前伊斯兰文明古迹做了考察和发掘，还考察了几个喀什地区的佛教遗址，为期一个多月。

10月8日，英国斯坦因探险队第二次中亚考察，到和田热瓦克遗址进行第二次发掘。

10月下旬，斯坦因重返尼雅遗址附近进行重复发掘。

10月29日，伯希和考古探险队到达位于喀什和库车之间的图木舒克村，在该地区一直停留到同年12月15日，发掘佛教遗址，获得佛教泥塑像、壁画、陶器和杂物、雕刻品、版画等。伯希和把其中3幅大型彩塑像切割搬走，现藏法国巴黎吉美博物馆。

11月，斯坦因向罗布泊楼兰遗址进发，发掘罗布泊南边的若羌米兰遗址，发现佛寺与佛塔，和有翼天使壁画。在罗布泊，斯坦因发掘出包括著名的吐蕃戍堡在内的14座遗址，陆续获得珍贵文物500件以上，并带走了米兰寺庙遗址中的壁画。

是年，弗利尔决定将自己毕生收藏的艺术品捐献给由美国联邦政府代管的美国最高科研机构——史密森博物学院。

1906—1907年，俄国科卡诺夫斯基率考察队再访吐鲁番，共得到20项文献资料，其中有1件纸质梵文写本，9件汉文写本，2件藏文写本和印本，1件蒙文印本，3件回鹘文写本，2件回鹘文、汉文双语文书，以及几件粟特文摩尼教文书。这些材料先是交给了俄国皇家地理学会，而后转归亚洲博物馆收藏。

1907年（清光绪三十三年）

是年，伯希和探险队到达库车，共勘测发掘了8个月，在库车附近的都勒杜尔和苏巴什挖掘了佛寺遗址，获得大量的珍贵文物，还发现了婆罗米文字写成的古代文书。

2月11日，斯坦因结束在米兰遗址的发掘，将所获文物包装运往喀什。

3月，斯坦因到达敦煌。

3月31日，弗利尔抵达香港，购买了一些中国陶瓷器。

4月，弗利尔在广东、香港、上海大量购买文物，之后乘船前往日本。

5月底，斯坦因第四次到莫高窟，从王道士处得到藏经洞写本7000余件，佛画与绣品200多件，共装满29口箱子，只花费40块马蹄银，相当于500卢比，全部运到伦敦大英博物馆。

10月，伯希和探险队抵达乌鲁木齐，结识了澜国公载澜，获赠敦煌藏经洞发现的《法华经》写本一卷。

是年，法国汉学家沙畹考察中国北方史迹与文物，拍摄了大量照片，于1909年出版《北中国考古图谱》。

1907—1909年，斯文·赫定考察西藏。

1907—1909年，俄国考古学家柯兹洛夫领导的第五次考察队在内蒙古阿拉善盟额济纳旗境内纳林河东面的巴丹吉林沙漠边沿地带发现了西夏古城黑水城遗址。共发现300多幅佛教绘画，20多件木版印刷品，70余件木雕、泥塑像、铜和镀金铸像、丝麻织品、钱币及纸钞等，还有很多西夏、汉、藏、回鹘、突厥、女真、蒙古文书籍、文书，共有各类文物3500多件。

1908年（清光绪三十四年）

2月，伯希和探险队到达敦煌莫高窟。

3月3日，伯希和进入藏经洞浏览文书3个多星期，共2万多件文书。他以一个重约50两的银元宝抵一捆写本的价钱，选购了文书6000余卷，还有100多幅唐宋画卷与幡幢、织物、木制品、木制活字印刷字模和其他法器。文书全归巴黎国立图书馆，绘画、木雕、绢幡、经帙以及各类丝织品，先是入藏卢浮宫，1947年再入藏吉美博物馆。伯希和等人还调查了莫高窟的各洞窟，给窟中的塑像和壁画拍照，为洞窟编号，并做了详细的笔记，特别是详细记录了洞窟中许多现在已无法识读的壁画题记。后将考察成果编辑出版为《敦煌石窟图录》和《伯希和敦煌石窟笔记》。

6月，日本大谷光瑞组织的第二次探险队出发，队员有橘瑞超和野村荣三郎，主要发掘吐鲁番、楼兰、库车等地古代遗址。在吐鲁番柏孜克里克石窟切割壁画7块，获得泥塑佛像7身。

是年，在俄国皇宫举办了一个有关俄国在中国新疆考古探险所获得的文物及资料的成果展。

是年，卢芹斋在巴黎正式开设来远公司，之后在北京和上海开设分号，开始了自己的古董生意。

1909年（清宣统元年）

2月，日本大谷探险队的野村荣三郎在库车周围进行发掘、调查，然后经阿克苏到达喀什。

3月18—20日，野村荣三郎在克孜尔石窟发掘了13个洞窟，切割走了第206窟甬道侧壁的部分菱格本生和因缘故事壁画，以及224窟左甬道内侧壁《八王分舍利图》中的婆罗门多卢那壁画。橘瑞超则进入了罗布泊沙漠去探查楼兰，获得了前凉时期著名的“李柏文书”。之后，橘瑞超沿沙漠南道经若羌、和田抵达喀什。两人会合后，结束了为期18个月的第二次中亚探险。

6月，俄国柯兹洛夫在黑水城遗址发掘“辉煌舍利塔”的佛塔遗址，发现地宫里的20多尊佛像和书籍，还有众多汉、蒙、藏和西夏语的经卷写本，以及300多幅汉风佛画和藏风唐卡。

6月，俄国奥登堡在克莱门兹考察队的基础上组建了他的第一次俄国赴新疆考察队，开始在喀什、吐鲁番、库车等地挖掘与考察古代遗址，到1910年结束，获得了大量文物。

9月29日，俄国奥登堡考察队抵达吐鲁番。

10月3日—11月12日，俄国奥登堡团队考察了交河故城、吐鲁番老城、高昌故城、阿斯塔那村附近、吐鲁番北部峡谷、胜金口、柏孜克里克、木头沟村附近以及吐峪沟等大小几十处石窟寺遗址，做了考古编号、测绘、拍摄、记录。之后，奥登堡考察队又前往库车地区，以克孜尔石窟作为主要调查对象，割取大量壁画。奥登堡的第一次考察共带回30多箱壁画、木雕等艺术品，近百件写本残片，还有 1500多张考察照片。写本残片中有各种语言的世俗文书，包括汉文和回鹘文、粟特文、梵文写本。这些文物被保存在艾尔米塔什博物馆。

10月，伯希和回到巴黎，结束探险活动。

是年秋，俄国柯兹洛夫获得的黑水城文物运抵圣彼得堡，保存在俄国皇家地理学会的新建大楼里，于1910年初首次公开展出。随后，有关艺术、考古类的文物被送往俄国亚历山大三世博物馆之民族学部门。书籍、文稿则运往俄国科学院，即现今的东方研究所圣彼得堡分所保存。1933年，博物馆典藏的文物转送国立艾尔米塔什博物馆（冬宫博物馆）东方部门收藏。

是年，弗利尔再次来到香港。之后，先后前往上海、青岛、天津、北京。此行弗利尔积累了包括青铜器、陶瓷器与绘画在内的众多收藏，最终将8个满载中国文物的货运箱运往他位于底特律的家。

1910年（清宣统二年）

8月，日本大谷光瑞组织的第三次探险开始，橘瑞超从俄国入境中国，至新疆塔城，然后经乌鲁木齐、吐鲁番再次进入楼兰地区考察。接着又从且末北上，横穿塔克拉玛干沙漠到达北疆的库车。他又从库车向西到达喀什，再向南由和田进入西藏北部，再回到且末、若羌一带考察。在吐鲁番、楼兰、和田等地，他做了一些发掘。

9月11日，弗利尔从日本长崎抵达上海。

10月19日—11月14日，弗利尔访问开封、巩县、洛阳的历史遗迹，重点考察了龙门石窟。之后返回北京，专注于购买陶瓷器、青铜器、绘画。

是年，清政府学部正式拨款6000两白银，电令陕甘总督毛庆蕃、敦煌知县陈泽将莫高窟藏经洞剩余文书全部运往北京。王道士在此前把许多他认为可贵的经装成了两木桶，名为“转经桶”。从藏经洞收集的8600多残卷移交学部前，李盛铎把略有意义的古写本全都据为己有，再把比较长的卷子撕裂为两三卷，以凑足原来8600多卷之数。这些文书现存国家图书馆，历史学家陈垣编有《敦煌劫余录》。被李盛铎偷下来的，后来大都流往日本。

1911年（清宣统三年）

1月，弗利尔前往上海，访问了著名收藏家庞元济，并从庞元济手中购买了传为唐代著名画家阎立本绘《锁谏图》的元明时期摹本等。

是年，大谷光瑞派吉川小一郎去中国寻找橘瑞超，吉川于10月5日到达敦煌，考察并拍摄了一些洞窟。

10月10日，武昌起义爆发。

是年，端方收藏的大量青铜器和书画被家人卖给美国大都会博物馆、弗利尔美术馆等处。

1912年

1月26日，橘瑞超到达敦煌，与吉川会合。

2月，橘瑞超与吉川小一郎离开敦煌。吉川小一郎在敦煌用特制的化学胶布粘走了莫高窟26方精美的壁画，将洞窟中两尊佛像买下，获取碑文的部分拓片，拍了大量洞窟照片，还用11两银子从王道士处骗购100多卷唐代经卷。橘瑞超从王圆箓处获得260

卷写经。他们雇了100多头骆驼，装载着86件“行李物品”，总重6000多斤，将所获宝物运出敦煌。

2月12日，清宣统帝颁布退位诏书。

11月，大谷光瑞在京都二乐庄举办他的收集品展览。

是年，山中商会以34万大洋买下了恭王府除了大部分书画以外的青铜器、陶瓷、玉器、翡翠等器物收藏。

1913年

是年，日本大谷探险队的吉川小一郎在吐鲁番附近发掘，2月，离开吐鲁番，经过焉耆再到库车。他调查了库木吐喇石窟、苏巴什佛寺等地后，在克孜尔石窟停留了数日，切割了一些壁画，并拍摄、临摹了一部分壁画。然后，又西进喀什，南下和田，北上阿克苏、伊宁等地调查佛教遗迹。

5月，巴黎古董商保罗·马龙将唐太宗昭陵六骏浮雕从原址运离，但遭到当地农民的攻击，六骏全部被政府没收于西安。

7月1日，德国第四次“普鲁士皇家吐鲁番考察队”到达克孜尔石窟，由勒柯克率领，队员有巴塔斯，切割走大批壁画。

是年，在纽约美国艺术画廊，山中商会举行了“天上艺术至宝”拍卖会，拍卖从恭王府购得的珍宝。这次拍卖成交总额达到27.6万余美元。

1914年

年初，英国斯坦因探险队开始第三次中亚考察。斯坦因一行到达新疆若羌米兰，将第二次考察间未能拿走的精美壁画全部剥下，共剥得壁画11块，放进6只大箱中带走。

3月，斯坦因再次来到敦煌莫高窟，从王圆箓处得到藏经洞文书数百件，共支付500两银子，还在莫高窟剥移了一批壁画。

4月，德国第四次考察队的最后一批文物木箱运抵柏林。

5月，斯坦因向北沿额济纳河进发，前去考察内蒙古黑水城遗址。

是年上半年，日本大谷探险队的吉川小一郎在乌鲁木齐、吐鲁番、哈密、敦煌、酒泉等地考察，于5月至北京，再回日本，结束了大谷光瑞派遣的三次中国西北考察活动，搜集的文物包装成近百件行李。

5月，俄国奥登堡第二次考察队从圣彼得堡出发，队员由摄影师兼画家杜丁、画家宾肯贝格、矿业工程师兼地形测绘员斯米尔诺夫、民族学家罗姆贝格以及翻译和辅助人员等组成。

6月，斯坦因在黑水城的垃圾堆与废塔中发现了大量用汉、西夏、吐蕃、回鹘文写成的文书，还有一张保存完好的波斯语文书。

7月28日，第一次世界大战爆发，至1918年11月11日结束。

是年，俄国奥登堡第二次考察队取道塔城，经新疆乌鲁木齐、吐鲁番、哈密，经过了80天的旅程，于8月20日抵达敦煌莫高窟。他们对莫高窟做了颇为详细的研究记录，逐窟测绘平面图、剖面图，并对石窟形制和内容做了文字记录。杜丁和罗姆贝格在南、北区石窟内外拍摄了上千张照片。他们还对莫高窟北区石窟做了一些考古清理。奥登堡团队一共测绘了443个洞窟，并对洞窟进行清理，获取很多窟内残留的文物，包括D464 窟的130块回鹘文木活字。他们在洞窟内总共发掘出了1万多件写本残件。

10月，斯坦因来到新疆吐鲁番，着手剥离柏孜克里克石窟壁画，共获壁画90箱左右。到次年2月，斯坦因已在吐鲁番周边获取文物141箱。

是年，大谷光瑞辞去法主一位和伯爵爵位，他三次探险得来的文物开始分散各地。

是年，卢芹斋在巴黎举行大型古董展览会，其中有6件完整的圆雕佛像凿自响堂石窟。

是年，山中商会再次在纽约美国艺术画廊举办“天津中国贵族私人收藏及山中商会北京所购文物”专题拍卖会，拍卖恭王府珍宝，成交额近20万美元。

1915年

1月26日，俄国奥登堡第二次考察队启程回国。留下关于莫高窟的文字著录6本（共著录洞窟177个），拍摄的黑白图片约2000张，以及实测图与平面图、壁画的临摹图和线描图，奥登堡和其他考察人员的日记和笔记2本，杜丁关于敦煌壁画的笔记等等。他们在敦煌石窟收获的文物包括幡画66件、绢画137件、纸本画43件、织物58件，还切割壁画14幅，拿走大小彩塑像28尊，还有数量庞大的零散文物，文书多达11014件，其中364件是比较完整的写本手卷。奥登堡将所获写本存入亚洲博物馆，即今天的俄罗斯科学院东方学研究所圣彼得堡分所。他获得的艺术品、测绘资料、考察日记等则分门别类藏于俄国的民族学博物馆等处，后全部收藏于艾尔米塔什博物馆东方部。

农历二月二十二日，醇亲王府将乾隆年间编写的《秘殿珠林》《石渠宝笈》中记载的6件古书画作品卖给山中商会，即唐代韩幹的《马性图》、北宋李公麟的《便桥会盟图》、北宋赵令穰的《鹅群图》、南宋陈容的《六龙图》、元代王冕的《雪梅图》、元代赵孟頫的《洗马图》。由醇亲王府管事张彬舫经手办理。

5月，斯坦因前往库车，考察克孜尔千佛洞，拍摄了部分壁画照片。此后，斯坦因返回喀什，第三次中亚考察期间所获文物与资料共装了182个箱子，又有8箱胶卷、底片等物。至此，斯坦因的第三次中亚考察正式结束，共历时2年又8个月。

是年，卢芹斋和上海人吴启周在纽约麦迪逊大道与第57街的街角开了一间美国最大的古董店——卢吴公司，专门从事向美国人出售中国文物的生意。

是年，唐太宗昭陵六骏中的“飒露紫”和“拳毛騧”被偷运出西安，后经卢芹斋之手运至美国。

1916年

美国亚洲美术史学家华尔纳来到中国，为新成立的俄亥俄州克里夫兰艺术博物馆收集中国文物。

是年，山中商会在纽约举办了11次中国古董美术品拍卖会，一举奠定其世界最大中国艺术品交易商的名号。

1917年

山中定次郎在北京购入肃亲王家一处300平方米的四合院作为山中商会在北京的支店，支店长是高田又四郎，包括日本店员4人，中国雇员15人。

1918年

3月9日，宾夕法尼亚大学考古与人类学博物馆馆长乔治·高登在大都会艺术博物馆库房见到了唐太宗昭陵六骏中的“飒露紫”和“拳毛騧”二浮雕。经过协商，卢芹斋把它们租借给了宾夕法尼亚大学考古与人类学博物馆，并提出“免除租借费”。5月8日，二骏抵达宾夕法尼亚大学。

是年，山中定次郎改组公司为山中商会股份有限公司，并就任社长。

1919年

9月25日，美国收藏家弗利尔在纽约逝世，终年65岁。

1920年

11月，俄罗斯帝国军队的残部900多人由少校阿连阔夫带领，被新疆政府遣送到敦煌，被安排住进莫高窟的洞窟里，他们在洞窟内支锅生火做饭，许多精美的壁画被烟熏黑无法辨认。有人还在壁画上恣意胡刻乱写，将大批的彩塑佛像断手凿目，甚至挖心捣腹，以查看里面是不是藏有宝物。1921年8月，他们被遣送出敦煌，分赴上海、天津等地。

是年，卢芹斋以12.5万美元价格将昭陵二骏卖给了宾夕法尼亚大学考古与人类学博物馆。

1923年

5月2日，弗利尔美术馆正式对外开放。

7月，美国哈佛大学教授与福格艺术博物馆东方艺术策展人华尔纳的第一次赴中国考古队到达北京，队员有霍拉斯·杰恩。之后，他们顺路参观了龙门石窟，去内蒙古黑水城遗址做了两周左右的考察。

是年，卢芹斋获知河南与山西边界附近有一所被毁的寺庙，经与当局协商，他将这些壁画从寺庙残骸中清理出来，转往巴黎。

1924年

1月，华尔纳考古队到达敦煌莫高窟。华尔纳在莫高窟用胶水剥离了莫高窟第320、第321、第323、第328、第329、第331、第335、第372等窟的唐代精品壁画26方，共计32006平方厘米。又以70两银子的价钱，从王道士处得到了第328窟通高120厘米的盛唐精美彩塑供养菩萨像一身。在敦煌还购得了《妙法莲华经》写本残卷。

4月，华尔纳一行返回兰州，经北京回国。他们把一块块壁画夹放在平板之中，用毯子裹紧，再用皮条捆牢，经过马车、火车、轮船先后18个星期的运输，被送到哈佛大学福格艺术博物馆。

1924—1925年，俄国柯兹洛夫在蒙古国的诺彦乌拉山发现了大量汉代匈奴墓葬，发掘了其中大墓6座、小墓4座，获得大量汉朝和匈奴文物。

是年，日本古董商山中定次郎访问天龙山石窟，拍摄了大量照片。

1925年

2月16日，美国华尔纳第二次考察团离开北京，开始考察活动。

5月19日，华尔纳到达敦煌。由于当地百姓的密切监视，他们无法在莫高窟获取文物。华尔纳等人只在当地购得一件敦煌写本《大般若经》，还拍了一些石窟照片，便草草结束考察活动。

5月23日，华尔纳离开敦煌。之后，他们又去了安西榆林窟，拍了一些照片。华尔纳一行还在甘肃陇东地区参观并拍摄了泾川县象洞石窟（即王母宫石窟）。

是年，卢芹斋在巴黎市右岸的17街区购买了古塞拉路库尔塞街8号的一个小楼，并将其改建成一个中国宝塔般的建筑，即日后著名的“巴黎红楼”（Pagoda Paris）。

是年，山中定次郎前往洛阳龙门石窟、大同云冈石窟调查。

1926年

7月9日，国民革命军在广州誓师北伐。

1927年

1927—1933年，斯文·赫定组织中国西北科学考察团，在内蒙古、新疆等地进行考古学、植物学、地质地理、气象学等多个科学领域的考察。

1927—1928年，贝格曼率瑞典探险队对黑水城进行了考察。

是年，山中定次郎拜会管理天龙山石窟和山脚下寺院的方丈净亮和尚，开始盗凿天龙山石窟造像。在25所洞窟里，有150多件精美雕刻被盗凿。

1928年

12月29日，张学良宣布东三省易帜，国民革命军在形式上统一中国，定都南京。

是年，河南洛阳金村发现东周王陵和贵族墓地。随后数年间，有8座大墓被盗掘，出土文物数千件，包括很多精美玉器、青铜器。其中的很多文物经卢芹斋之手被卖往美国，大部分进入了哈佛大学福格艺术博物馆收藏，其他的则进入弗利尔美术馆等地。

1930年

4月21日，勒柯克于德国柏林逝世，终年70年。

是年，斯坦因组织第四次中亚考察。此次考察未能成功，所有获得的文物均未带走。

1931年

9月18日，日军发动九一八事变。

1932年

11月，山中商会在日本东京美术协会举办了“世界古美术展”，将凿下的天龙山石雕公开拍卖。

是年，伯希和为调查当时中国文史学的发展，并为巴黎大学中国学院采购普通应用书籍，再度来华，经香港、上海到达北平。

是年，河南洛阳龙门石窟宾阳中洞北魏《文昭皇后礼佛图》浮雕被盗凿，碎片流入古董市场。

1933年

斯文·赫定重返新疆罗布泊。

1934年

2月28日，奥登堡逝世于俄罗斯圣彼得堡，终年71岁。

10月21日，美国大都会艺术博物馆的东方艺术策展人阿兰·普爱伦和北京琉璃厂的古玩商人岳彬签了购买河南洛阳龙门石窟宾阳中洞北魏《孝文帝礼佛图》浮雕的合同，价格1.4万银圆。

1935年

9月26日，柯兹洛夫逝世于俄罗斯圣彼得堡的彼得宫城，终年72岁。

10月28日，格伦威德尔在德国伦格里斯逝世，终年79岁。

是年，北京琉璃厂古玩商人岳彬在洛阳地区的土匪、保长、石匠的合作下成功掠取宾阳中洞北魏《孝文帝礼佛图》浮雕，浮雕于同年入藏大都会艺术博物馆。

是年，伦敦举办中国艺术世界博览会，卢芹斋将5.78米高的隋代白石立佛像赠送给大英博物馆。

1936年

10月30日，日本古董商山中定次郎逝世于日本京都，终年70岁。

1937年

7月7日，侵华日军在河北省宛平县卢沟桥发动事变，抗日战争全面爆发。

10月，卢芹斋前往日内瓦参加当地中华妇女联合会举办的义卖，共提供9件拍卖品，义卖所获收益全部捐献给中国红十字会，用于救助战争受难者。

是年，山中商会捐赠给柏林亚洲艺术博物馆几个天龙山佛头。

1938年

1月，卢芹斋在伦敦赞助了一场中国文物展，招揽收藏家捐款。其收入全部捐献给美国医药援华会。

1939年

1939—1940年，纳尔逊艺术博物馆东方部策展人史克曼从各地古董市场收购了龙门石窟宾阳中洞《文昭皇后礼佛图》浮雕碎片，根据前人出版物中的照片与拓片，拼接完成这幅礼佛图并在馆内展出。

1943年

10月26日，斯坦因在阿富汗进行探险考古时逝世，终年81岁，遗体安葬于喀布尔的英国军营。

是年，山中商会将美国各地店铺物品统一规划进行拍卖，首次拍卖的物品有1683件。哈佛大学福格艺术博物馆在这次拍卖中获得了众多天龙山雕刻。这次大规模拍卖一直持续到1944年6月底，拍卖的总金额高达50万美元，拍卖所得都归美国政府所有。

1944年

中国现代著名古文字学家、考古学家、诗人陈梦家与妻子赵萝蕤在芝加哥大学深造期间，调查流散海外的中国青铜器，得到卢芹斋的帮助。卢芹斋共帮助他拍摄了850张文物图片。

1945年

上半年，英美联军对德国进行了无差别战略性轰炸，柏林民族学博物馆被毁。

8月15日，日本昭和天皇通过广播发表《终战诏书》，宣布日本无条件投降。抗日战争胜利。

10月26日，伯希和在巴黎因癌症去世，终年67岁。

是年，林语堂在卢芹斋的资助下完成了“明快打字机”的发明。

1948年

10月5日，大谷光瑞病逝于日本大分县别府市，终年72岁。

是年，在陈梦家的鼓动下，卢芹斋向清华大学文物陈列室捐赠了1928年河南洛阳金村出土的战国青铜器“令狐君嗣子壶”。

是年，卢芹斋豪掷百万法郎，从中国著名书画收藏家谭敬处购置了一批假古董和假画，跌入破产边缘，被迫清空公司股票，清仓甩卖，偿还欠债，并将生意转给了长期共事的同事弗兰克·卡罗。

1949年

10月1日，中华人民共和国成立。

1951年

卢芹斋将自己收藏的中国佛教寺院壁画捐赠给了美国7个艺术博物馆。

1952年

11月26日，斯文·赫定于瑞典斯德哥尔摩逝世，终年88岁。

是年，山中商会重回纽约，继续开展业务。

1954年

日本大谷光端三次探险所得敦煌写本600余件，从旅顺博物馆调到北京图书馆保存。

是年，古玩商人岳彬死于北京狱中。

1957年

3月17日，日本探险家渡边哲信逝世，终年83岁。

8月15日，古董商卢芹斋逝世于瑞士尼翁镇，终年78岁。他的遗体被运回巴黎，葬在妻子的家族墓地古何贝瓦。

1968年

11月4日，日本探险家橘瑞超逝世，终年78岁。

1978年

9月5日，日本探险家吉川小一郎逝世于京都市西京区，终年93岁。

西方国家主要探险地点分布图

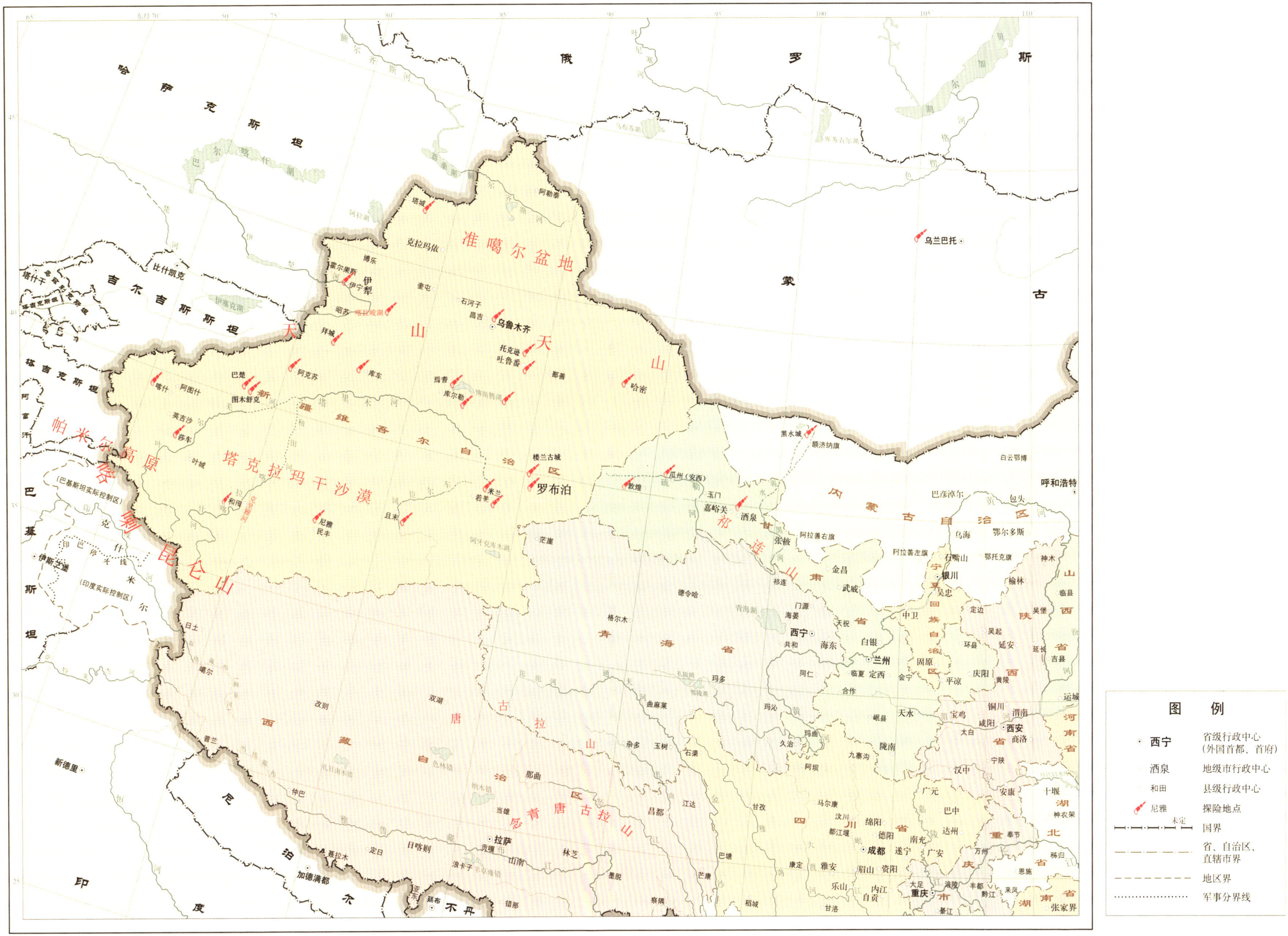

审图号：GS浙（2022）2号